TIMOTHY LEARY
NEUROPOLITIK

TIMOTHY LEARY
NEUROPOLITIK

DIE SOZIOBIOLOGIE DER MENSCHLICHEN METAMORPHOSE

MIT ROBERT ANTON WILSON
UND GEORGE A. KOOPMAN

SPHINX VERLAG BASEL

Aus dem Amerikanischen
von Pociao und Ralph Neun

CIP-Kurztitelaufnahme der Deutschen Bibliothek
Leary, Timothy:
Neuropolitik: d. Soziobiologie d. menschl.
Metamorphose / Timothy Leary.
Mit Robert Anton Wilson u. George A. Koopman.
[Aus d. Amerikan. von Pociao u. Ralph Neun.] –
Basel: Sphinx-Verlag, 1981.
Einheitssacht.: Neuropolitics ‹dt.›
ISBN 3-85914-503-7

1981
© 1981 Sphinx Verlag Basel
Alle deutschen Rechte vorbehalten
© 1977 Timothy Leary
Originaltitel: Neuropolitics
Starseed/Peacepress, Culver City, USA
Umschlaggestaltung: Thomas Bertschi
Gesamtherstellung: Rombach + Co, Freiburg
Printed in Germany
ISBN 3-85914-503-7

«Ich habe ein Buch geschrieben ... das meine Arbeit der letzten sechs Jahre zusammenfasst. Ich glaube, dass ich unsere Probleme endlich gelöst habe. Das klingt vielleicht arrogant, aber ich bin nun mal davon überzeugt. Ich habe das Buch beendet ... und wurde zwei Monate später verhaftet. Ich wünschte, ich könnte es Ihnen kopieren, aber es ist ziemlich lang, und es gibt keinen sicheren Weg, es Ihnen zukommen zu lassen ... Ich werde es veröffentlichen, sobald ich wieder zuhause bin.»

Ludwig Wittgenstein an *Bertrand Russell*
aus dem Gefängnis, März 1919

Die Taktiken der Evolution:

Auswanderung ins All
Intelligenz-Steigerung
Lebens-Verlängerung

Das Ziel der Evolution:

Fusion
(auf höheren Ebenen von Intensität, Beschleunigung und ästhetischer Komplexität)

Dieses Buch ist Susan gewidmet

Inhalt

Vorwort

Wir sind die erste Spezies mit der Fähigkeit, bewusst in unsere Evolution einzugreifen. Aus diesem Grund wird der *Homo sapiens* schon bald ausgestorben sein. Nach seiner mehr als dreihunderttausend Jahre andauernden Herrschaft wird er sich der grössten evolutionären Welle aller Zeiten unterwerfen. Die Propheten, die den Weltuntergang durch nuklearen Holocaust, Energieknappheit und Bevölkerungsexplosion voraussagen, irren sich. Der *Homo sapiens* wird nur der Bedrohung nachgeben, der er machtlos ausgeliefert ist – einer neuen menschlichen Spezies mit besseren Voraussetzungen für ein Leben in neuen Welten.

Auf den folgenden Seiten kombiniert Timothy Leary die Geschichte der Vergangenheit und die der Zukunft zu einem optimistischen und faszinierenden Handbuch evolutionärer Erfüllung. Die einende Thematik läuft darauf hinaus, dass wir uns als lebendigen Organismus mit einer drei Milliarden Jahre alten Geschichte begreifen und dementsprechend handeln müssen, um eine Fortsetzung unserer Evolution zu gewährleisten.

Teil I, «Das Zwielicht irdischer Politik», ist konzentriertes Feedback. In diesen Kapiteln werden die Erkenntnisse eines modernen Abenteurers nachgezeichnet, dem es darum geht, die Vorgänge in jenem Jahrzehnt zu analysieren, das mehr als jedes andere die Grundlagen unserer Existenz bis in alle Ewigkeit verändert hat. Dem optisch, akustisch und theoretisch beleuchteten Hintergrund der Sechziger wird das gegenübergestellt, was sich tatsächlich hinter den Büchern, Zeitungsartikeln, Schlagzeilen und Fernsehbildern dieser turbulenten Ära abgespielt hat. Learys Insider-Sichtweise in bezug auf Woodstock, Outlaw-Industrie, Leutnant Calley, C.I.A., sexuelle Domestizierung des vierhirnigen Zweibeiners und den Fluch des Oval Room verbindet Authentizität mit der verführerischen Faszination des *Déjà vu*. Manche Leser wird er erschrecken, andere inspirieren. Aber keiner wird sich der Tatsache verschliessen können, dass diese Essays weder Hass noch Selbstmitleid enthalten, obwohl sie zum grössten Teil das Werk eines in Einzelhaft gehaltenen politischen Gefangenen sind. Eher vermitteln sie eine Ahnung von seinem leidenschaftlichen Kampf für eine selbstauferlegte evolutionäre Mission, die einem sicheren Gefühl von Optimismus und Zweckhaftigkeit entspringt. Mag sein, dass Abenteurer eine aussterbende Rasse sind, aber wer würde nicht immer noch davon träumen, einer zu sein?

Von allen Bedrohungen, die in den siebziger Jahren auf uns eingestürmt sind, ist die Gefährdung des menschlichen Überlebens vielleicht die entscheidendste. Durchhalten, das Boot nicht umkippen, sondern es in Balance halten – das sind die vorherrschenden Parolen dieses Jahrzehnts. Die Ereignisse der sechziger Jahre dagegen waren eine Renaissance von Aktion und Kreation. Vor allem anderen aber haben sie uns gelehrt, dass wir unser Bewusstsein verändern können. Plötzliche Verschiebungen von Verhaltensweisen und Sexualmoral, sowie ein zunehmender Gebrauch von Drogen stimulierten eine noch nie dagewesene Erweiterung der persönlichen Freiheit, von Wunschvorstellungen und Verantwortlichkeit. Diese kulturellen Mutationen schliessen eine entscheidende Lücke in unserem gegenwärtigen evolutionären Programm. Wir sind für eine Veränderung bereit.

Die Zukunft steht allen offen, und Leute, die Spass an Erneuerung und Kreativität haben, sind die mit den besten Voraussetzungen. Fragt euch, wo das erweiterte menschliche Bewusstsein uns hinführen wird. Versucht, euch die Anzahl der Sterne im Universum oder die Summe aller möglichen neuralen Verbindungen in eurem Gehirn vorzustellen, und ihr seid in der richtigen Stimmung für Teil II.

Teil II, «Die Dämmerung ausserirdischer Politik», handelt von der Notwendigkeit, diesen Planeten zu verlassen und den Möglichkeiten einer Existenz im Weltraum. Leary argumentiert für die unausweichliche Auswanderung der Menschheit ins All und prägt für diesen nächsten Schritt in die Evolution das Acronym S.M.I.²L.E. – *Space Migration* (Auswanderung ins All), *Intelligence Increase* (Intelligenz-Steigerung) und *Life Extension* (Lebens-Verlängerung).

Parallele Fortschritte der Wissenschaft in den Bereichen Biologie, Genetik, Psychologie, Pharmakologie, Biochemie und Astrophysik lassen die Auswanderung ins All als praktische Alternative zu einem Leben auf unserem vergifteten und überbevölkerten Planeten erscheinen, und das in einer Zeit, in der die NASA das Raumschiff Enterprise in Science-Faction umsetzt. Die meisten Experten haben es inzwischen aufgegeben, aktiv gegen eine Auswanderung ins All anzukämpfen, wenn auch nicht viele in der Öffentlichkeit darüber sprechen, um nicht den Eindruck zu riskieren, die offensichtlichen Fakten zu ignorieren oder grenzenlos naiv zu sein.

Auswanderung ins All auf Mini-Erden auf hoher Umlaufbahn *(High Orbital Mini Earths – H.O.M.E.s)* werden jede Menge Möglichkeiten für kollektives Handeln und Selbstfindung bieten. Neuartige, offene und jedem zugängliche Weltraum-Habitate werden eine Steigerung der Intelligenz bewirken (nicht zu verwechseln mit dem sterilen Konzept des Intelligenzquotienten). Biologen gehen jetzt schon davon aus, dass die nach 1990 geborene Menschheit nicht mehr sterben wird. Lebensverlängerung kommt ganz von selbst, wenn wir erst mal im grenzenlosen Raum leben und entsprechende Pillen jedermann zugänglich gemacht werden können. Von daher überrascht es auch nicht, wenn informelle Umfragen ergeben, dass mindestens fünfzig Prozent aller Amerikaner, vor die Wahl gestellt, sich für ein Leben in H.O.M.E.s jenseits des Todes aussprechen.

In den letzten Kapiteln setzt Leary sich mit möglichen Kontakten zu Höheren Intelligenzen und politischen Auseinandersetzungen um die Beherrschung des Weltraums auseinander. Wer wird dabei sein dürfen? Zwar verfolgt die NASA im Moment noch ein sehr elitäres Konzept, doch sollte man nicht vergessen, dass sie noch relativ jung ist. Es ist unbedingt erforderlich, die demokratische Idee zu unterstützen, indem man die Öffentlichkeit in alle Phasen der Erforschung des Weltalls mit einbezieht und sie an sich daraus ergebende Entscheidungen beteiligt. Leary schliesst mit dem Vorschlag, der uns allen eine Stimme in dieser wichtigsten genetischen und politischen Debatte aller Zeiten garantiert. Wessen Kinder sollen die Sterne erben?

Diejenigen, die wissen wollen, wie es war, als der Mensch erwachsen wurde, werden Learys ehrliche Essays begeistert zu schätzen wissen.

Daniel Gilbertson

Teil 1

Das Zwielicht irdischer Politik

Susan Leary, Richard Alpert (Baba Ram Dass),
Timothy Leary, Millbrook, New York, 1963.

Die Saat der Sechziger

Heutzutage ist jedes Jahrzehnt ein eigenes Statement der ewig andauernden, global-menschlichen Verständigung.

An der kulturellen Botschaft der sechziger Jahre war jeder Amerikaner beteiligt, egal, ob aktiv oder passiv. So kam es, dass auch ich mich inmitten dieses sozialen Wandels wiederfand. Mitglied und gleichzeitig schamanistischer Sprecher für eine Gruppe von innovativen Intellektuellen, die versuchte, sichtbar werdende kulturelle Signale zu empfangen, zu ergänzen und weiterzugeben.

Die wahre Bedeutung dieses explosiven Jahrzehnts wird erst im Verlauf der Geschichte richtig beurteilt werden können. Natürlich werden die Beteiligten ihre Erlebnisse darstellen und zukünftige Geschehnisse voraussagen.

Im Januar 1960 nahm ich eine Einladung der Universität von Harvard an. Ich sollte neue Programme für Verhaltensforschung ausarbeiten. Ich war überzeugt, dass Geisteskrankheiten heilbar sind. Drastische Einschränkungen der intellektuellen und emotionalen Funktionen wurden von einem erstarrten Geisteszustand ausgelöst. Statische Prägungen und konditionierte Nervensysteme produzierten und konservierten künstliche Fehleinschätzungen der wahrgenommenen Realität.

Ich stellte mir das Nervensystem als ein biochemisch-elektrisches Netzwerk vor, das die Möglichkeit hatte, Serien von anpassungfähigen Realitäten zu empfangen und eigenständig zu produzieren, wenn der chemische Schlüssel zur Bewusstseinsveränderung gefunden und in eine adäquate Theorie eingebaut werden könnte. Gemäss dem Zeitgeist von Salk, Fleming und Pauling glaubte ich, dass die entsprechende chemische Substanz, richtig angewandt, die Heilung bedeuten würde. Die «Hauptkrankheit», die ich als heilbar bezeichnete, war die menschliche Natur. Um es zu vereinfachen, ich glaubte, dass der Mensch nicht wusste, wie er seinen Kopf benutzen sollte. Der statische, auf Wiederholung konditionierte Schaltkreis, besser bekannt als das Normalbewusstsein, war selbst die Quelle der Krankheit. Die Aufgabe des Psycho-Neurologen war es, die Neurodroge zu entdecken, die das Bewusstsein verändert, d. h. neue Prägungen neuer Realitäten und andersartig konditionierte Anordnungen zuzulassen. Unsere ersten Experimente in Harvard liessen darauf schliessen, dass LSD diese Droge sein könnte.

In den frühen Sechzigern testeten wir diese Hypothese in einer Serie kontrollierter Experimente, in denen wir unter folgenden Bedingungen Hunderten von Menschen LSD gaben: Das **Set** oder die Inhalte galten philosophischen Untersuchungen und der Selbsterfahrung; das **Setting** war unterstützend, sicher und solide. **Es gab keine Zwischenfälle oder «schlechte Trips».** Unsere Testpersonen erfuhren in ganz normaler Art und Weise die Kräfte des Meta-Minds und wurden ermutigt, über die persönliche und soziale Anwendbarkeit dieser neuen Zeichen nachzudenken.

Die Resultate dieser und anderer Erfahrungen mit psychedelischen Drogen führte uns zu dem Ergebnis, dass organische Neuro-Chemikalien als Instrumente zur Erforschung des Nervensystems dienen könnten, uns helfen würden, das Gehirn von den Grenzen des Bewusstseins zu befreien und schliesslich eine Möglichkeit waren, menschlichen Wesen die Fähigkeit anzutrainieren, neue neurale Schaltkreise (neue Minds) für Empfang, Ergänzung und Übermittlung zu entwickeln.

Die Anwendungsmöglichkeiten dieser Ergebnisse in bezug auf die menschliche Freiheit waren weitreichend. Eine neue Wissenschaft war geboren. Ich schlug die Bezeichnung Neurologik vor: das Verstehen und die Kontrolle des eigenen Nervensystems. Wichtiger noch, eine neue mythische Konzeption der menschlichen Natur entsteht. Der Mensch ist mit verschiedenen Formen des Bewusstseins ausgestattet (als Nervenschaltkreise definiert), die im

Eine neue Wissenschaft war geboren. Ich schlug die Bezeichnung Neurologik vor: das Verstehen und die Kontrolle des Nervensystems.

Laufe der persönlichen Entwicklung in Erscheinung treten. Sie können selektiv und adaptiv ein- und ausgeschaltet werden, genauso wie man die zahlreichen externen elektrischen Schaltkreise beeinflusst, die den modernen Menschen umgeben.

Von 1960 bis 63 testeten wir diese Theorien in einer Serie objektiver Studien über Gefangenenrehabilitation, psychedelischer Psychotherapie und Persönlichkeitsveränderung. Die Hypothesen wurden bestätigt. Die Rückfallquote der Gefangenen wurde um neunzig Prozent reduziert. Wir demonstrierten quantitative psychometrische Verbesserungen der Persönlichkeit. Es war eine saubere Forschungsarbeit, die zudem noch mit Preisen belohnt wurde. Im Gegensatz zu den Klinikdirektoren teilten die Testpersonen unseren Enthusiasmus. Wir waren naiv genug, uns darüber zu wundern, dass viele Administratoren die pathologischen Fälle, die sie ja letztlich zu verwalten hatten, gar nicht eliminieren wollten.

Gott sei Dank mochten sie mich persönlich, respektierten unsere Resultate und hofften, dass wir recht behielten. Aber es gab auch diese unbewusste, larvale Angst vor Veränderung. Dreimal bekam ich Verlängerungsangebote von Harvard (ausserdem sollte ich Chef-Psychologe des städtischen Krankenhauses von Massachusetts werden), für den Fall, dass ich die Drogenexperimente nur etwas herunterspielen würde. Doch mittlerweile ging es um mehr als gefährdete Karrieren. Wir begaben uns in den Bereich mythischer Dialoge und flossen im Strom hingebungsvoller Hoffnung und der riskanten Überzeugung, dass die Menschheit sich zu höherer Weisheit weiterentwickeln könnte. Es war der bekannte gnostische, hermetische, neo-platonische, alchimistische, Faustisch-Jeffersonsche Glaube an das Individuum als Mikrokosmos. Die Übervision vom vielzentrigen Universum, das der individuellen Existenz Leben einhaucht, immer wieder zurückkehrend, immer wieder von der Inquisition bedroht, und ständig angegriffen von der jeweilig gültigen Version von zynisch-distanziertem Stoizismus.

Wir dachten in grossartigen Geschichtsabläufen. Wir waren etwa dreissig Studenten, junge Professoren und Theologen in Harvard, die glaubten, dass es nach den laschen, nostalgischen fünfziger Jahren an der Zeit war, Visionen in diesem Stil zu produzieren. Wir wussten, dass Amerika keine Philosophie mehr hatte, dass eine neue, empirische, greifbare Metaphysik dringend gebraucht wurde. Wir wussten, dass unsere mechanischen Mythen in Hiroshima untergegangen waren, dass die Vergangenheit vorbei und Politik keinesfalls in der Lage war, das geistige Vakuum zu füllen.

Die Vision, die wir anboten, war der «Kopf-Trip» – wissenschaftlich, experimentell, neurologisch. Während die vorwissenschaftlichen orientalischen Philosophien und die westlichen, mystischen Ableger vage von der Göttlichkeit des Einzelnen sprechen, versuchten wir, die alten Lehren grundlegend neu zu definieren und einen experimentellen Neo-Platonismus zu entwickeln.

Dein Gehirn ist das Zentrum deines Universums. Lies fundamentale Texte über das Nervensystem. Versuche herauszufinden, welche der sieben Arten des Drogen-Yoga bestimmte Schaltkreise des Nervensystems aktivieren. Lerne dein Zeitschiff zu kontaktieren, einzustimmen und in den Griff zu bekommen. Erst dann kannst du lernen, Verantwortung für die Realitäten zu übernehmen, die du kreuzt.

Die Basis für diese neue Metaphysik war der Glaube, dass Fortschritte in der modernen Wissenschaft es heute möglich machen, das Nervensystem verstehen zu lernen, seine Ent-

Wir dachten in grossartigen Geschichtsabläufen . . . und glaubten, dass es an der Zeit war, Visionen zu produzieren. Wir wussten, dass Amerika keine Philosophie mehr hatte, dass eine neue, empirische, greifbare Metaphysik dringend gebraucht wurde.

wicklung im Individuum, wie auch in der Spezies, und die Auswirkungen von chemischen und elektronischen Mitteln auf seine expandierende Funktion. Dieses neue Verständnis der Quelle und des Instrumentariums des Bewusstseins führt uns zu einer wirklich wissenschaftlichen Philosophie von der selbstverantwortlichen menschlichen Natur.

Der wache und durchschnittlich gebildete Mensch im Jahre 1960 wusste von folgenden wissenschaftlichen Konzepten, die, wenn sie den alten Philosophen bekannt gewesen wären, sicherlich deren Theorien beeinflusst hätten. (1) Die Einsteinschen Gleichungen in bezug auf Relativität und die Veränderlichkeit von Raum und Zeit. (2) Das Nervensystem als Bio-Computer, in hierarchisch aufgebauten Zentren organisiert, die selektiv Empfang, Speicherung, Analyse und Übermittlung von Botschaften auslösen. (3) Elementare Computertheorie. (4) Elektrische und elektronische Technologien, die das Abstimmen von Frequenzen, Intensivität und Klarheit des Signals ermöglichen. (5) Der DNS-Code als Impulsquelle, um sowohl den Körper als auch das Nervensystem zu konstruieren, zu erhalten und weiterzuentwicklen.

Mit diesen wissenschafltichen Konzepten in Form von suggestiven Texten, LSD als instrumentellen Hintergrund und Gebeten um göttliche Gnade, fingen wir an zu schreiben und öffentlich über die Möglichkeiten einer neuen Philosophie, einer neuen, individuellen, wissenschaftlichen Theologie nachzudenken.

Um 1963 verliess ich Harvard, gab die Rolle des herkömmlichen Wissenschaftlers auf und wurde, ohne es zu wissen, ein **Schamane**. Diese Verschiebung meiner beruflichen Funktion vollzog sich langsam, zögernd, suchend und nicht ohne eine gewisse Selbstironie. Zuerst erfuhr ich durch ein gewissenhaftes Studium der Religionsgeschichte, dass in den grossen Kulturen der Vergangenheit – Ägypten, Persien, Indien, China und Griechenland – der Gebrauch von psychedelischen Pflanzen immer von grosser Bedeutung gewesen war. Und zwar immer dann, wenn es um den Eintritt zum Erwachsensein, der Einführung ins spirituelle Leben oder um die Unterweisung von Schamanen, Propheten und speziellen Priestern ging, die eine farbenfrohe und sicherlich notwendige öffentliche, zeremonielle Aufgabe innehatten. Zur gleichen Zeit fing ich mein persönliches Training in Hindu-Vedanta an. Buddhistisches Tantra und taoistische Techniken, die mir den Fluss der zahlreichen Energien erschlossen, folgten. Danach kam die «obligatorische Pilgerfahrt» nach Indien.

Im Jahre 1963 starteten wir Übungszentren für Bewusstseinserweiterung, gaben eine Zeitung heraus und machten Lesungen, um über die Ergebnisse unserer Forschungen zu diskutieren. Wir befassten uns speziell mit der Entwicklung einer neurologischen Sprache, verbal, und wichtiger, mit der Anwendung elektrischer und elektronischer Modelle zur Erfassung der erweiterten Reichweite des Bewusstseins.

Unsere *Castalia Foundation* in Millbrook, New York, wurde von Musikern, Tontechnikern, Malern und Lichttechnikern besucht. Die neuen Kunstrichtungen, die wir entwickelten (basierend auf den Fähigkeiten des Nervensystems, beschleunigte und komprimierte multi-mediale Eindrücke zu empfangen, zu verstehen und weiterzugeben), sind seitdem sowohl vom Film als auch vom Fernsehen übernommen worden.

Diese ganze erzieherische Arbeit war ausserordentlich erfolgreich. Millionen von Ameri-

Diese ganze erzieherische Arbeit war ausserordentlich erfolgreich. Millionen von Amerikanern akzeptierten unsere «Kopf-Philosophie» und die Überzeugung, dass Ego und «soziale Wirklichkeit» eine neurale Fiktion sind.

kanern akzeptierten mehr oder weniger unsere «Kopf-Philosophie» und die Überzeugung, dass Ego und «soziale Wirklichkeit» eine neurale Fiktion sind, Anhäufungen synaptischer Verbindungen, allgemeine Paranoias. Der Begriff neoradikaler Nominalismus charakterisierte diese philosophische Revolution, eine unsichtbare, schweigende, amüsierte, manchmal fromme Distanzierung von gesellschaftlichen Konventionen und den Ängsten, welche diese produzieren sollen. Eine generelle, «hippe» Ablehnung von Parteipolitik, Krieg, Gewalt, Militärdienst, Rassismus (weiß und schwarz), blindem Karrierismus, erotischen Lügen, Sexismus, etablierter Religion und orthodoxen Gesetzen über Kleidung, Körperpflege, Geisteshaltung und Kunst. Eine Ablehnung des Grössenwahns, den eigenen eingeschlossen, und letztlich eine Ablehnung der seichten Hippie-Philosophie selbst. Diese Zeichen von Hoffnung und Friede wurden in der ganzen Welt verbreitet. Dichter in sowjetischen Gefängnissen hörten davon, junge Leute überall.

Die unvermeidliche Reaktion auf diese Botschaften der persönlichen Stärke folgte 1966, als Gesetzgeber und der Kongress darüber abstimmen liessen, ob LSD und ähnliche Drogen für ungesetzlich erklärt werden sollten. In diesem Jahr sagte ich zweimal vor Kommissionen des Senats aus. Ich drang darauf, dass unter Aufsicht der Gesundheitsbehörden von Bund und Staat die Kontrolle der bewusstseinsverändernden Drogen den Medizinern überlassen werden sollte. Ich prophezeite einen grösseren Schwarzmarkt für den Drogenhandel als zur Zeit der Prohibition, wenn die Kontrolle den Justizbehörden überlassen bliebe. Ausserdem würde ein Wachstum repressiver Polizeistaatbürokratie nicht ausbleiben. Wer würde so etwas schon wollen.

Meine politischen Standpunkte waren in dieser Zeit weder einzelgängerisch noch radikal. Während Johnsons Amtszeit wurde um diese Probleme überall hart gekämpft. Mediziner und Wissenschaftler (von den Kennedys unterstützt) stimmten für eine Kontrolle durch die Ministerien für Gesundheit, Erziehung und Soziales. Die Law and Order-Fraktion sprach sich für das Justizministerium aus. Es ist gut möglich, dass die Übergabe der Drogen-Kontrolle an die Polizei die zweitgrösste kriegerische Auseinandersetzung war, die Johnson nach Vietnam zu führen hatte. LSD wurde illegal, und die meisten der Drogenwissenschaftler begannen sich der Staatsgewalt zu entziehen. Wieder einmal wurde der Ketzerei ein Krieg erklärt.

Damals wurde das «neue Bewusstsein» zu einer politischen Idee, die unlösbar eng mit Vorstellungen von Friede, sexueller Befreiung, Bildungsreform, Rassengleichheit, Ökologie und Kriegsdienstverweigerung verknüpft war. Ich nehme an, dass diese politischen Manifeste unvermeidlich waren, deshalb schloss ich mich dem Kreis an. Friede, Liebe und Bewusstseinserweiterung war die Losung.

Es ist mein Fehler, an die Jeffersonschen Ideen und den ersten Verfassungszusatz zu glauben. Ich erkenne das Erbe Merlins an, das Vertrauen in die Nation. Könnte dieses ursprüngliche Amerika gerettet werden? Wir sagten uns, dass wir die Gesetze, die sie gemacht hatten, ja nur wieder aufheben mussten. Mit anderen Dissidenten redete ich gegen den Krieg, verteidigte Marihuana und LSD gegen wissenschaftliche Verleumdungen. Wir warnten vor der Heroinsucht und anderem Drogenmissbrauch durch die allgemeine Uninformiertheit. Ich

Es ist gut möglich, dass die Übergabe der Drogen-Kontrolle an die Polizei die zweitgrösste kriegerische Auseinandersetzung war, die Johnson nach Vietnam zu führen hatte.

verteidigte nicht die Drogen selbst (das war gar nicht nötig), sondern ein rationelles, aber auch philosophisches und wissenschaftliches Verständnis der Drogen. Es war die Zeit (kann sich noch jemand erinnern?) der Bürgerrechte, gewaltfreier Demonstrationen und deren Niederschlag in Wahlergebnissen und Prozessen.

Ich wurde verfolgt und verhaftet wie jeder andere auch. Ich führte Prozesse und erreichte, dass die Marihuanagesetze für verfassungswidrig erklärt wurden. Es ist amerikanische Tradition, die Dinge, an die man glaubt, zu verteidigen. Jedes Gerichtsurteil und die Wahlergebnisse zeigten, dass das «neue Bewusstsein» an Boden gewann. Love-ins, Hippieperlen, die Beatles und die Demonstrationen waren nichts als Schaumschlägerei. Das Eigentliche sah man, wenn Leute sich anschauten und lächelten, weil sie wussten, dass etwas Neues, Selbstverantwortliches in ihren Köpfen passierte. Die Welt wurde aufmerksam. Wir erhielten Nachrichten aus dem Untergrund der Sowjetunion und Brasiliens. Die wahre Revolution der Sechziger war neurologisch.

Das Entstehen einer neuen Philosophie ist ein seltenes Ereignis in der Geschichte. Politische, soziale und ökonomische Veränderungen sind Ergebnisse einer veränderten menschlichen Natur. Die Bewusstseinsrevolution der Sechziger beeinflusste alle Institutionen und moralischen Prinzipien, auf denen unsere Gesellschaft aufgebaut war.

Das systematische Infragestellen der Strenggläubigkeit führte unvermeidbar zu Nixons Konterreformation und dem Versuch, die alte Autorität durch Polizeigewalt wiederherzustellen. Aber die Geschichte der Inquisitionen zeigt die Unmöglichkeit der Kontrolle einer kulturphilosophischen Idee. Da helfen weder Ketzerprozesse, aufwendige Gesetze, noch Einsatz von Doppelagenten und Geheimpolizei.

Eine zweite klassische Reaktion auf den Zusammenbruch von Autoritäten ist existenzielle Einsamkeit. Wenn man erst einmal verstanden hat, dass das Nervensystem mit Hilfe des heraklitischen Flusses eine eigene Wirklichkeit produziert, welche Hilfestellungen gibt es dann noch, welche Richtungen und welche neuen Ziele? Andersartigkeit, Individualismus und utopischer Optimismus der sechziger Jahre wurden von einer gewaltigen Reaktion zerstört. Dieses philosophische Vakuum wurde zeitweise mit einer Renaissance alter Dogmen aufgefüllt, die zu den neuen Energieformen – empirischem Christentum, homogenisiertem Buddhismus und TV-Hinduismus – führten. Diese pessimistischen, nostalgischen Glaubensbekenntnisse dienten dazu, die explosiven Erweiterungen des letzten Jahrzehnts auszuschalten, abzuschwächen und zu beruhigen. Die Jesusfreaks sind langhaarige Rednecks. Der Maharishi ein C.I.A.-Agent usw.

Ich glaube daran, dass eine neue Philosophie der nach Hiroshima Geborenen die menschlichen Lebensumstände drastisch ändern wird. Sie wird über folgende Charakteristika verfügen: (1) Sie wird vom Inhalt her wissenschaftlich sein und sich nach Science Fiction Art darstellen. (2) Sie wird auf Bewusstseinserweiterung, Verständnis und Kontrolle des Nervensystems basieren und einen Quantensprung in bezug auf intellektuelle Energie und emotionales Gleichgewicht hervorbringen. (3) Politisch gesehen liegt die Betonung auf Individualismus, Dezentralisierung der Amtsgewalt, einer «Leben und leben lassen»-Toleranz der Unterschiede, lokalen Wahlmöglichkeiten, einem «Kümmere dich um dich selbst»-Indeterminismus. (4) Sie wird den Trend zum offenen Sexualverhalten verstärken

Die Saat der Sechziger hat Wurzeln geschlagen. Die Blüte wird kommen.

und ein ernsthaftes realistischeres Anerkennen sowohl der Ähnlichkeit als auch des magnetischen Unterschieds zwischen den Geschlechtern fördern. Das mythisch religiöse Symbol wird nicht der Mann am Kreuz sein, sondern ein männlich-weibliches Paar, das in einer höheren Liebeskommunion vereinigt ist. (5) Sie wird Offenbarung und höhere Intelligenz nicht in formellen Ritualen an eine antropomorphe Gottheit suchen, sondern mit natürlichen Prozessen, dem Nervensystem, dem genetischen Code und Versuchen, ausserplanetarische Kommunikation zu initiieren. (6) Sie wird praktisch-technische, neurologisch-psychologische Verhaltensweisen implizieren, welche die im Prozess des Sterbens enthaltene gemeinsame Unsterblichkeit erklären und handhaben lassen. (7) Die gefühlsmässige Tendenz der neuen Philosopie wird lebensfroh, optimistisch und liebevoll sein. Wir erleben jetzt eine ruhige, vorbereitende Zeit des Wartens. Jeder weiss, dass etwas passieren wird. Die Saat der Sechziger hat Wurzeln geschlagen. Die Blüte wird kommen.

Die Outlaw-Industrie

April 1976
Bundesgefängnis San Diego

«*Ich zielte mit der Pistole auf den Präsidenten, um auf Manson aufmerksam zu machen.*»

Lynette Fromme

Der Durchschnittsamerikaner schaut täglich fünf Stunden Fernsehen. Das ist eine neurologische Tatsache mit derart gefährlicher Tragweite, dass man sie kaum in Worte fassen kann. Würde es wirklich ein Jahr dauern, bis uns mit Hilfe des Fernsehens und neurologischer Demonstrationen klar würde, wie abhängig unsere Gehirne vom elektronischen «Junk» sind, wie der abendliche Krimi in der nächsten Woche tatsächlich passiert, wie die Bilder und Illusionen im Hinblick auf Politik entstehen?

Bei der Aufgabe, den Fluss der «Neuigkeiten» zu verpacken und zu präsentieren, braucht unsere TV-Zivilisation ein ständiges Kontingent an Nachrichtenmachern . . . Wirklichkeits-Spieler aus den Tages- und Abendsendungen, die unsere Existenz bestimmen.

Und wer weiss schon ausser dem «Verrückten Programmierer» von ABCBS, wie Nachrichten sorgfältig aufbereitet werden, um den saisonbedingten Einschaltquoten des Fernsehens gerecht zu werden?

Es ist beispielsweise kein Zufall, dass politische Veranstaltungen gewöhnlich im Sommer als Ersatzprogramme gezeigt werden. Lokale Aufstände, Versammlungen und Umstürze finden zwar im Sommer statt, aber nicht des guten Wetters wegen. Meint ihr nicht? Sie sind eingeplant, um die Langeweile des Sommerprogramms ein wenig abzubauen. Es geht nicht um die Hitze, sondern um die Gier.

Viele haben sich gefragt, wieso die Untersuchungen über Watergate bis nach den Wahlen verschoben wurden. Es ging darum, eine Programmüberlastung zu verhindern! Das ist doch einleuchtend, oder? Die Ervin-Hearings brachten uns gut durch den öden Sommer von 1973, dann verlief der Skandal ein wenig im Sande der Abendnachrichten, um von Juli bis August 1974 das Programmvakuum mit neuen Impeachment-Hearings aufzufüllen. Im wesentlichen sind die «Nachrichten» natürlich nichts anderes als eine moderne Version von römischen Spielen im Kolosseum und Gladiatorenkämpfen. Die amerikanische Bevölkerung scheint aus gewissen, eindeutig biblischen Gründen zu verlangen, dass ihre Führer, die politischen Helden, öffentlich geopfert werden.

In Amerika hat sich eine gigantische Industrie entwickelt, die dem Pyramidenbau in Ägypten, dem Bau der Kathedralen in Mitteleuropa und dem Aufbau von Gefangenenlagern im stalinistischen Russland durchaus vergleichbar ist. – Hier geht es um die Produktion politischer Märtyrer, gefallener Helden und «Konzipierter Outlaws».

Über die Rolle des politischen Märtyrers gibt es nichts Neues zu sagen. Wie bei jedem Wettkampf gibt es auch in der Säugetierpolitik stets einen Gewinner und viele Verlierer. Die Verlierer fabrizieren dann traditionsgemäss Märtyrer, um so ihrem Groll gegen die Machthaber Ausdruck zu verleihen. Dreyfuss, Sacco-Vanzetti, die Scottsboros, Alger Hiss, Patrice Lumumba und Che Guevara sind klassische «Helden der Verlierer». Alle sind sie dem leitenden Opfermythos unserer Zeit nachempfunden – der politische Mord an Christus, ausgeführt von einer italienischen Gang.

Die amerikanische TV-Kultur hat dem Ganzen noch einen altertümlichen Anstrich gegeben. In einem Ritual, das den Blutfesten der Azteken gleichkommt, scheinen die Amerika-

In Amerika hat sich eine gigantische Industrie entwickelt, die dem Pyramidenbau in Ägypten, dem Bau der Kathedralen in Mitteleuropa und dem Aufbau von Gefangenenlagern im stalinistischen Russland durchaus vergleichbar ist.

ner die öffentliche Opferung der höchsten Beamten zu fordern. Diese mysteriöse Entwicklung hat den Namen «Fluch des Oval Office» bekommen. Er erinnert uns daran, dass seit dem Beginn des amerikanischen Imperiums um 1900 die psychologische Geschichte der amerikanischen Präsidentschaft einen unheilverkündenden Rekord an Versagen, Zusammenbrüchen und Tod offenbart.

1900	William McKinley	ermordet
1904	Theodore Roosevelt	1912 nicht wieder kandidiert
1908	William Howard Taft	1912 unterliegt Wilson
1912	Woodrow Wilson	physischer und geistiger Zusammenbruch – nicht wiedergewählt
1920	Warren Harding	starb während der Amtszeit
1924	Calvin Coolidge	vor zweitem Amtsantritt gestorben
1928	Herbert Hoover	1932 nicht wiedergewählt
1932	Franklin Roosevelt	starb während der Amtszeit
1948	Harry Truman	während der Amtszeit abgedankt
1952	Dwight D. Eisenhower	Herzattacke während der Amtszeit
1960	John F. Kennedy	ermordet
1964	Lyndon B. Johnson	nicht wiedergewählt
1968	Richard Nixon	während der Amtszeit abgewählt
1972	Gerald Ford	1976 nicht wiedergewählt

Nur zwei von ihnen, Coolidge und Eisenhower, verliessen das Weisse Haus ohne einen psychologisch-politischen Zusammenhang. Gibt es da etwa ein mythisches Geheimnis? Man wird an den «Ritus der Heldenopferung» erinnert, der in der Vergangenheit den Sturz des Führers forderte. Dionysos, Anu, Adonis, Attis, Lao, Jesus und Osiris. Heute lastet der Fluch auf dem Thron der amerikanischen Weltmacht.

Diese rituelle Zerstörung «des Führers» ist ein Thema, das eine eingehende Analyse verlangt. Die Serien von Gottesurteilen via Bildschirm, die der Märtyrer-Kandidat hinter sich bringen muss, um endlich zum Opferaltar im Oval Office zu gelangen, ist im Wahljahr eine ehrfurchtseinflössende Sache. In diesem bescheidenen Essay befassen wir uns mit dem Phänomen «Outlaw-Märtyrer», der gewaltigen Medienindustrie, die es kommerzialisiert und der allmächtigen Anwaltskaste, die es produziert.

Der Outlaw-Märtyrer

«Patty und die Harrises lesen etwas über Jack Scotts neuerlich schlechten Ruf. Sie sind in die öffentliche Bibliothek von Sacramento gegangen, um sich mit der Medienchronologie der SLA-Saga vertraut zu machen... In den Bergen von Büchern und Zeitungsausschnitten hatten sie immer noch das unfertige Manuskript, das Scott ihnen zu schreiben geholfen hatte... bevor sie ausfielen. Bill hatte ei-

Wie die Film- und Plattenindustrie, benötigt auch die Outlaw-Industrie ein ständiges Kontingent an neuen Gesichtern und Gruppen.

ne Idee. Sie konnten Jack und sich selbst einen Gefallen tun, wenn sie das Manuskript an einen der führenden Verlage verkaufen würden.

Anfang Mai wurde Scott von einem Boten der S.L.A. informiert. Wenn Scott die Vermittlerrolle für die Flüchtlinge übernehmen würde, wären sie bereit, den Profit mit ihm zu teilen.»

Rolling Stone

Die «Outlaw-Industrie» hängt von der Zusammenarbeit dreier Gruppen ab:

1. Die symbolischen Outlaws sind die Talente, die Schauspieler.
2. Die Verteidiger und Staatsanwälte sind die Produzenten.
3. Die Medien übernehmen die Rolle der künstlerischen Leitung.

Wie die Film- und Plattenindustrie, benötigt auch die Outlaw-Industrie ein ständiges Kontigent an neuen Gesichtern und Gruppen.

Die gemächlichen Druckschrift-Kulturen der Vergangenheit benötigen nicht mehr als einen «Konzipierten Kriminellen» pro Generation. Dreyfuss. Scopes. Alger Hiss. Heute fordert das gefrässige Fernsehen jedes Jahr einen ganzen Posten neuer Outlaws. 1975 zum Beispiel bescherte uns Joan Little, Hurricane Carter, Donald Cinque De Freeze, Patty, Squeaky, Jane Moore, Emily und Bill Harris. Dann wäre noch die Rückkehr der unbezähmbaren Berrigan Brüder zu erwähnen, die ewigen Streiche von Dick Gregory und das Reinkarnations-Comeback von Eldrige Cleaver.

Die Rituale und Auftritte von «Konzipierten Kriminellen» sind völlig stereotyp und werden sowohl von den Spielern wie auch vom konsumierenden Publikum ausnehmend gut verstanden.

1. Ein öffentlich begangenes symbolisches Verbrechen.
2. Die Jagd oder Kapitulation.
3. Die Verhaftung.
4. Die grossen Hearings im Schwurgericht (wahlweise).
5. Der Rechtsstreit.
6. Der Prozess und das Urteil.
7. Der Verkauf der Publikationsrechte durch die Anwälte.

Das symbolische Verbrechen muss vorsätzlich und öffentlich begangen worden sein. Im Gegensatz zum Berufsverbrecher steht der Kriminelle hinter seiner Tat! Diese Tabu-Überschreitung kann nichts mit den normalen Motiven wie Gier oder Leidenschaft zu tun haben. Diese Offensive ist öffentliche Schelte für die Autorität. Die Ungeheuerlichkeit eines solchen Aktes reicht von den subtilen Schwindeleien der Berrigans, Bombenlegen, Flugzeugentführungen bis hin zu Mord.

Das Ziel ist es, jedesmal moralisch zu schockieren, Vergeltung herauszufordern und die öffentliche Meinung aufzuwühlen. Das Verbrechen (besser: Sünde) richtet sich gegen ein geheiligtes Objekt – die Nationalflagge, Wehrerfassungsbescheide, eine autoritäre Figur oder ein Symbol der Autorität, den Präsidenten oder ein Gebäude. Anderseits wird auch die heiliggehaltene Sicherheit angegriffen; Flugzeugentführungen, Überfälle auf die Mittelklasse à la Manson, Black-Panther-Pistolen mitten auf der Strasse.

Kriminelle – angefangen vom organisierten Verbrecher bis hin zum Strassenrowdy – tauchen auf, spielen ihren Part und werden von der Bühne gezerrt, während die Anwälte weiterverwalten, profitieren und die nächste Show vorbereiten.

Die Jagd ist natürlich der grösste Nervenkitzel für die Säuger – in jedem Fernseh-Krimi zelebriert und später in der Jagd auf den Weather Underground, die S.L.A. (Symbionese Liberation Army), Cleaver und Leary nachvollzogen.

Die Verhaftung ist der Höhepunkt, der den ersten Akt des Outlaw-Spiels beendet. Es sind die obligatorischen AP-Photos und Fernsehaufzeichnungen, die den Helden in galiläischen Handschellen zeigen, umringt von grimmig dreinschauenden Agenten. Momente des Triumphs für die Polizei. Die erste willkommene geistige Wunde für die Gläubigen der symbolisierten Sache.

Das Schwurgericht folgt dem klassischen Drehbuch des Neuen Testaments und bietet den Freunden des Märtyrers an, sich entweder von ihm abzuwenden oder aber sich trotzig vor die Kameras zu stellen, und eher in den Knast zu gehen, als ihn zu verraten! In dieser Phase des Dramas ist auch der Auftritt von Informanten, Doppelagenten und zwielichtigen Judasfiguren gewährleistet.

Der Rechtsstreit bringt die Verteidiger auf die Bühne. Sie umkreisen ihr Opfer wie Aasgeier, um die Öffentlichkeit, das Drehbuch und den Verteidigungsfond zu kontrollieren. Dem Opfer wird auch die Möglichkeit gegeben, Anwälte anzuheuern oder zu feuern, den Selbstverteidigungsstatus zu fordern oder auf die Nebenbühne zu gehen, um auf den geheiligten Moment zu warten.

Der Prozess und das Urteil sind Höhepunkte im zweiten Akt des Rituals. Von Pontius Pilatus über Kunstler, Sirica und Jaworski ist die Szene mit dem Urteilsspruch die wichtigste Zeremonie irdischer Zivilisation. Die Ankläger präsentieren unerbittlich den rachebedürftigen, angegriffenen Staat; der Symbol-Held rächt sich mit ihrem/seinem Verrat an Cäsar und stellt die alternative Ketzerische Moral dar.

Das Urteil richtet sich gewöhnlich nach den Stellenwerten des herrschenden Moralmarkts. Schwarze und andere radikale Wortführer haben zur Zeit einen grossen Schuld-Bonus, aus dem sie Vorteile ziehen können; sie werden oft freigesprochen. Ruchell Magee, der schwarze Gefangene aus San Quentin, konnte nicht verurteilt werden, obwohl kurze Zeit vorher sein Bild um die ganze Welt ging: er hielt ein Gewehr an den Kopf eines gekidnappten Richters.

Es ist erwähnenswert, dass Mitglieder des Establishments unweigerlich verurteilt werden, weil sie die Gesellschaftsregeln missachtet und Tabus der politischen Ethik verletzt haben. (Wenngleich die Schande ihres Sturzes gewöhnlich als derart harte Strafe angesehen wird, dass sie vor dem Gang ins Gefängnis verschont bleiben.) Senator Joe McCarthy, Parnell Thomas, Nixon, Agnew, Hunt, Liddy, J. Edgar Hoover standen alle schon vor dem Richterstuhl und spürten die Peitschenhiebe und den Hohn des Kolosseums für gefallene Moralisten; kurz darauf folgten immer die Buchverträge in Millionenhöhe.

Die Anwälte sind die Produzenten der «Outlaw»-Show.

In einer zivilisierten Gesellschaft kann man erwarten, dass etwaige Verletzungen gesellschaftlicher Regeln genau untersucht werden, damit die Sachlage wirklich und eindeutig dargestellt wird. Mitfühlende Intelligenz würde dem Opfer zugute kommen und sicherstel-

Wie bei jedem Hollywood-Film, der von den Produzenten «zusammengebastelt» wird, die einen guten Überblick über das Unternehmen haben und deswegen auch den Löwenanteil der Gewinne kassieren, kontrollieren die Anwälte die Outlaw-Industrie.

len, dass sich die Ursachen für das Verbrechen nicht wiederholen können. Es ist klar, dass alle beteiligten Parteien ins Gericht berufen werden, um nach der W.A.H.R.H.E.I.T. zu suchen, wie Richter John Sirica sagte.

In den Vereinigten Staaten stellt sich der juristische Prozess allerdings als ein bitterer Streit der beiden Parteien dar. Es gibt nur wenige Fälle, bei denen mit wissenschafltichen Fakten darauf eingegangen wird, ob der Angeklagte alleinschuldig sein Verbrechen begangen hat, oder ob die Umstände der Tat als strafmildernd betrachtet werden sollten. Das juristische Klima stellt sich eher als ein Wettkampf dar. Es werden Terrains abgesteckt, Strategien ausgetüftelt und Informationen zurückgehalten. Verwirrungen und Bluffs sind Werkzeuge der raffinierten Anwälte.

Um es noch einmal zu sagen: In Amerika ist das Verbrechen ein Geschäft, das von denen gemacht wird (und für deren Profit), die die Gesetze machen – den Anwälten.

Die amerikanische Regierung ist eine Regierung von Anwälten. Es gibt mehr als zweihunderttausend Anwälte, die direkt von der Regierung bezahlt werden!

Jede private Opposition gegen die amerikanische Regierung, jedes antisoziale Verhalten, sei es politisch oder kriminell, wird von den Anwälten geschickt gelenkt und verwaltet. Kriminelle – angefangen vom organisierten Verbrecher bis hin zum Strassenrowdy – tauchen auf, spielen ihren Part und werden von der Bühne gezerrt, während die Anwälte weiterverwalten, profitieren und die nächste Show vorbereiten. Es ist nicht zu hochgegriffen, wenn man veranschlagt, dass etwa die Hälfte der Profite, die durch kriminelle Aktivitäten gemacht werden, in die Taschen der Anwälte fliesst. Prozessieren ist ein Milliarden-Dollar-Geschäft, das von den Anwälten kontrolliert wird.

Das alte Klischee «Verbrechen lohnt nicht» muss auf den neuesten Stand gebracht werden. Es lohnt sich nicht für die drei Opfer eines jeden Verbrechens: das Opfer, den Steuerzahler und den Täter. Verbrechen lohnt sich aber immer, und zwar ganz ordentlich, für die Anwälte, die dieses nationale Krimispektakel veranstalten.

«Es ist schlimm, aber ich glaube, die Jugendlichen wollen nicht mehr kämpfen», sagte William Kunstler, nachdem Weatherwoman Jane Alpert aufgetaucht war und erklärte, dass sie ihre illegalen, revolutionären Aktivitäten aufgeben würde.

Nach allem bisher Geschehenen ist der Prozess das wichtigste Ziel des radikalen Aktivismus in diesem Land. Natürlich glaubte niemand, der über ein bisschen Grips verfügte, dass in Amerika eine bewaffnete Revolution möglich sei. Die im letzten Jahrzehnt sporadisch ausgedrückte Gewalt der Neuen Linken war und ist symbolisch. «Exemplarische Aktionen», um den Jargon der Weather-Romantiker zu benutzen. Jeder weiss, dass Militanz nicht im Regierungssturz endet, sondern im gründlich ausgeschlachtetem Gerichtsurteil.

Hinter der Rhetorik und den Schlagzeilen arbeiten die Anwälte der Bewegung, die illegale Aktionen begünstigen, planen, anstacheln und unterstützen, um sie dann später vor Gericht zu verteidigen. Wie bei jedem Hollywood-Film, der von den Produzenten «zusammengebastelt» wird, die weit weniger bekannt sind als die Schauspieler und Regisseure, aber einen guten Überblick über das Unternehmen haben und deswegen auch den Löwenanteil der Gewinne kassieren, kontrollieren die Anwälte die Outlaw-Industrie.

Sind wir nicht alle durch die Medien darauf trainiert, den schmuck gekleideten Mann mit der eleganten Aktentasche zu erkennen, der den Angeklagten flankiert?

Erinnern wir uns daran, dass die bekanntesten Outlaw-Kapriolen des letzten Jahrzehnts am besten durch ihre Klassifizierungen und Numerierungen im Gedächtnis bleiben. Die Chicago Seven. Welches Verbrechens waren sie schuldig? Wer waren sie? Die New York 21. Was haben sie gemacht? Gainsville ist der Platz des Gerichts, nicht der des ketzerischen Verbrechens. Wir können uns an die Fälle von Huey, Angela, Bobby Seale und Hurricane Carter erinnern, wissen aber nur vage um die jeweiligen Taten, deren sie bezichtigt wurden. Es bleibt die Erinnerung an aufsässiges Verhalten im Gerichtssaal und an ungewöhnliche Rechtsverteidigung.

Das führt uns direkt zu den Einnahmen der Theaterkassen im Outlaw-Geschäft. Verteidigungsfonds. Im Jahre 1976 grübelte Eldridge Cleaver darüber nach, dass für den Prozess von Huey Newton über eine Million Dollar aufgebracht wurden. Wo war das Geld geblieben? Der Prozess von Ellsberg-Russo kostete achthunderttausend Dollar. Wie? Warum? Wo war das Geld?

Das Drehbuch ist stereotyp. In vier Fällen befand ich mich kurze Zeit nach der Verhaftung in der Besucherzelle des Gefängnisses und sprach mit Anwälten. Der erste Punkt des Geschäfts ist der Verteidigungsfond. Planung der finanziellen Unterstützung? Bittbriefe per Post und Cocktailparties zugunsten des Fonds.

Die Verteidigung der Verteidungsfonds erklärte sich so: Die Regierung verfügt über unerschöpfliche Quellen, um Ankläger, Ermittlungsbeamte und Sachverständige anzuheuern und um Tests, Kopien und Zeugenaussagen zu bezahlen. Sollte nicht auch der politische Märtyrer ein Anrecht auf diese Armee professioneller Bürokraten haben? Welche Ungerechtigkeit! Natürlich soll der Outlaw soviel Geld für Anwälte aufbringen können wie die Regierung.

Die symbolischen Kriminellen stellen den Prozess nicht in Frage. Welche Wahl haben denn diese angeketteten Outlaws, die mit der Möglichkeit einer Haftstrafe konfrontiert werden? Auf die Rechtfertigung ihrer Tat durch den Gerichtshof hoffen? Sich durch die angebotene Unterstützung rückversichert fühlen? Sie kennen das Drehbuch ganz genau.

Die Belohnung für den Produzenten (den vor Gericht auftretenden Anwalt) sind nicht nur finanzieller Natur. Erregender Ruhm winkt dem Verteidiger des konzipierten Angeklagten. Sind wir nicht alle durch die Medien darauf trainiert, den schmuck gekleideten Mann mit der eleganten Aktentasche zu erkennen, der den Angeklagten flankiert? Seine Anklagen gegen die Ungerechtigkeit werden in den Morgenausgaben zitiert. Beifall dem mutigen Kämpfer in diesem Prozess, der ohne weiteres eine Mahnung wegen Missachtung des Gerichts riskiert.

Der erfolgreichste Anwalt der Bewegung ist William Kunstler, der, wie man sich erinnert, mit einem geschickten, lehrbuchreifen Medienmanöver die Show im Joan Little-Prozess gestohlen hatte. In einem Tag flog Battling Bill nach Raleigh, North Carolina, platzte mitten in eine laufende Gerichtsverhandlung gegen eine Farbige, stellte sich dem Richter als beratender Rechtsbeistand vor, wurde vom Gericht als überflüssig erkannt und abgewiesen, erhielt für seine hitzige Anklage eine Mahnung wegen Missachtung des Gerichts, wurde zu einer **zweistündigen** Haft (!) verurteilt, hielt nach seiner Entlassung eine Pressekonferenz und nahm den Spätnachmittagflug zurück in den Norden! Die Nachrichten sprachen an diesem

Der amerikanische Medienkonsument ist im Wohnzimmer Richter, Jury, Diktator, der nach Lust und Laune und mit einem Knopfdruck die Gewinner und Verlierer des Konsumentenwettkampfs bestimmt.

Abend vom mutigen Stosstruppunternehmen eines Kreuzfahrers. Bravo Bill! (Joan Little verbrachte die Nacht wie üblich in ihrer Gefängniszelle.) Zur Zeit ist Kunstler immer noch im Lande unterwegs, um den symbolischen Kriminellen seine Hilfe anzubieten, deren Fälle reif für eine Erwähnung im Nachrichtendienst zu sein scheinen. (Joan Little befindet sich jetzt im Staatsgefängnis und sitzt eine sieben- bis zehnjährige Strafe ab.)

Fairerweise muss man den Anwälten zugestehen, dass ihr Produktionsmonopol im Geschäft mit der Kriminalität nicht ihr Hauptinteresse ist. Ehre, wem Ehre gebührt. Anwälte haben die Regierung in der Hand, die Fabriken und letztlich auch die Gewerkschaften.

Die Massenmedien sind die Regisseure der Krimi-Shows.

Bis jetzt haben wir uns mit den Arbeitsmethoden der Outlaw-Industrie beschäftigt, ohne die grundlegende Frage zu stellen: Warum? Natürlich sind Ruhm und Geld die Ziele der Schauspieler, Produzenten und Regisseure. Aber warum kaufen die Konsumenten dieses stereotype Theater?

Die erste Antwort: Unterhaltung. «Die Nachrichten» sind ein Spektakel, künstlich hergestelltes Drama, Ablenkung von der Langeweile, die Chance, ein nachempfundenes, reicheres Leben zu leben. Der amerikanische Medienkonsument ist im Wohnzimmer Richter, Jury, Diktator, der nach Lust und Laune und mit einem Knopfdruck die Gewinner und Verlierer des Konsumentenwettkampfes bestimmt.

Missetäter – sowohl käufliche als auch konzipierte – spielen die Schlüsselrolle in den religiösen Ritualen einer elektronischen Medienkultur. Gewöhnliche Kriminelle begehen Verbrechen. Konzipierte Outlaws sündigen. Die Zeremonien der Jagd auf Sünder, ihre öffentliche Anklage und die Forderung nach Vergeltung sind die **grundlegenden religiösen Zeremonien** von domestizierten Primaten.

Finden wir uns damit ab, die konzipierten Outlaws – Patty, Calley, Manson, Berrigan, Huey Newton – wenn auch vor Gericht verurteilt – sind Medien-Ketzer, Tabuverletzer, Verräter des nationalen Empfindens. Wir bewegen uns auf dem gefährlichen Boden von Hexerei, Inquisition, **Glaubensverfolgung.**

Auf einer noch tiefergehenden Ebene spielt die Outlaw-Industrie eine wichtige Rolle in der Genetik der Spezies. Wie wir erst seit kurzem wissen, ist die menschliche Evolution eine Evolution des Nervensystems, das metamorphe Wachstum von Bewusstseins-Intelligenz, wenn neue Schaltkreise im Gehirn auftauchen. Der zivilisierte Primat verfügt über ein vierhirniges Nervensystem – Bio-Überleben, Körperbewusstsein – Gefühl, Symbolik und soziales Verhalten. Der Schlüsselfaktor in der neuralen Evolutiom ist Kommunikation. Je weiter eine Spezies entwickelt ist, desto schneller, komplexer und flexibler sind Art und Weise der Kommunikation.

Realität ist für jede Spezies durch Übertragungswege und Verfahrensweisen der Kommunikation definiert. Ein primitiver Stamm kommuniziert mit Hilfe von Grunzen, Gesten, Buschtrommeln, Läufern und Rauchsignalen. Die frühen Spezies von domestizierten Primaten kommunizierten durch bedrucktes Papier, Bilder, Kostüme, religiöse Dramen, Lieder und Denkmäler. Die Realität, die so entstand, konservierte gesellschaftliche Moral und ebensolche Überlebenstechniken, welche die vorelektronische Spezies leiteten.

Heutzutage wird Realität hauptsächlich durch Fernsehen und Filme geschaffen. Die Medienproduzenten haben sich zu einer Priesterkaste entwickelt, die Realität begleitet, steuert und handhabt.

Heutzutage wird Realität hauptsächlich durch Fernsehen und Filme geschaffen. Die Medienproduzenten haben sich zu einer Priesterkaste entwickelt, die Realität begleitet, steuert und handhabt.

«Now's the time for violent Revo... loooo... Shun!»

Dieser Auszug aus **Street Fighting Man** wurde 1969–70 von Millionen Jugendlicher gehört. Der Sänger, Mick Jagger, lebte derzeit in einer luxuriösen Villa in Südfrankreich (um den Steuern zu entgehen). Berauscht von hedonistischen, entspannenden Drogen.

Die Presse des Establishments ist ein mächtiges genetisches Werkzeug, bei der es um Kennzeichnung und Verteidigung der domestizierten Ethik geht. Die Nachrichten werden in einer kybernetischen Feedback-Schleife «gemacht». Die Presse spürt, was die Öffentlichkeit hören will und erzählt dann genau das, um die Zeitung verkaufen zu können. Schlagzeilen, Aufsehen, des Aufsehens wegen, Schwindel, Verfälschungen und Photos sind Bestandteile der Meinungsmache und definieren die Schauspieler, die das moralische Drama personifizieren. Das Spiel ist erbittert und gnadenlos. Während fast alles toleriert wird, wenn es sich im privaten Rahmen abspielt, kann ein öffentlicher Ausrutscher, ein Zeichen von Verletzlichkeit, das Image ein für allemal festlegen. FILM AB: Muskie, weinend im Schnee von New Hampshire. SCHNITT: Wallace steht vor der Tür des Klassenzimmers. FLASH: Teddy an der Brücke.

«Öffentliche Meinung» ist eine kollektive neurologische Prägung, die kontinuierliche Bestätigung fordert. Genauso wie dem einzelnen Bürger in jeder Minute seines bewussten Lebens bestätigt werden muss, dass er der ist, der er zu sein glaubt – so muss die öffentliche Meinung mit Hilfe von Wiederholung aufrecht erhalten werden. Zum Beispiel musste die Persönlichkeit von Winston Churchill wie eine Eisenmaske herausgehämmert werden, und nachdem sie einmal geformt war, musste ständig daran gearbeitet werden, um die Merkmale sichtbar zu erhalten. Eine falsche Bewegung und die Maske ist schwer beschädigt, vielleicht sogar irreparabel.

Eine amüsante Verdrehung der Medien-Meinungsmache passierte im Fall von Patty Hearst. Über ein Jahrhundert lang war das Hearst-Imperium vermutlich für mehr gespenstisch karikierte Medien-Sinnbilder verantwortlich, als irgendeine andere Realitäts-Industrie im Lande. Und plötzlich wurde es für Hearsts **San Francisco Examiner** notwendig, das Bild von Amerikas bekanntester Terroristin in das eines fehlgeleiteten, unschuldigen Mädchens umzuändern. In Tränen aufgelöst beschuldigte Mrs. Hearst die Presse, **ihr** Kind vorschnell zu verurteilen!

Die Untergrundpresse arbeitet in einer wirklich-magnetischen Polarität zur othodoxen Presse. Der Moral des Establishments wird durchweg widersprochen. Alles, was der Strenggläubige zur Sünde erklärt, wird von den Presseorganen der Gegenkultur fröhlich abgesegnet. Konspirative Theorien, die im «Schmutz» des Untergrunds wurzeln, wachsen und blühen auf. Es gibt keine teuflischen Anschuldigungen gegen orthodoxe Dogmen, die nicht wieder munter nivelliert werden können. Die Leser vestehen, dass es nicht um «Fakten» geht. Je unwahrscheinlicher die Anschuldigungen, um so erregender für das Publikum.

28

Die Untergrundpresse ist für ihr geistiges und ökonomisches Überleben im wesentlichen von der Outlaw-Industrie abhängig. Märtyrer müssen monatlich produziert werden! Ungerechtigkeiten müssen aufgedeckt werden!

Diese Bermerkungen sollen nicht als Kritik an der Gegenkultur-Presse interpretiert werden. Eine wertvolle Funktion wird ausgeübt. Monolithische Staatsmoral ist prädestiniert, den wirkungsvollen Insektenschwarm zu produzieren – bei gleichzeitiger Unterdrückung von Individualität und mutantischem Unterschied. Aber absolute Konformität in einer sozialen Gruppe hat negative genetische Auswirkungen – den Ausschluss von Anpassungsfähigkeit und Flexibilität. Die blinde Gegenreaktion der Untergrundpresse ist ein gesundes Phänomen in einer primitiven Gesellschaft. Gefährlich wird es, wenn eine rebellische Zeitung von einer vernünftigen, verantwortungsvollen Gruppe übernommen wird, die für engstirnige politische Ziele Partei ergreift. Der **Berkeley Barb** ist am besten, wenn er, ohne Sinn und Verstand, seine Schüsse wild in der Gegend verteilt.

Die Untergrundpresse ist für ihr geistiges und ökonomisches Überleben im wesentlichen von der Outlaw-Industrie abhängig. Märtyrer müssen monatlich produziert werden! Ungerechtigkeiten müssen aufgedeckt werden! Konzipiertes Verbrechen wird durch Schlagzeilen angestachelt, ermutigt und kontrolliert. Die Communiqués jedes Terroristenkults werden atemlos übermittelt, Erklärungen und anarchistische Drohungen schnell zum Druck gegeben. Konzipierten Verbrechen wird leidenschaftlicher Beifall gezollt.

Der Beitrag der Popmusik zur Outlaw-Industrie kann gar nicht hoch genug eingeschätzt werden. Erfolgreiche Popstars sind fähige Marktforscher, die Trends vorausahnen, das Bewusstsein der Jugend sondieren und für ihre Anhängerschaft das gleiche darstellen wie die Medien des Establishments; sie sagen dem Publikum, was es hören will. Mit schamloser «Offenheit» verkünden sie schmalzig die Botschaften des Augenblicks und widerspiegeln dabei genau den letzten Gegenkultur-Modeschrei der Jugend, Drogen, lange Haare, Friede, Revolution, Woodstock, Lässigkeit und Ökologie. Mick Jagger drückt dieses Phänomen «Sünde für Profit» eleganter, klassischer und zynischer aus, wenn er **Sympathy for the Devil, Sister Morphine** und **Brown Sugar** singt. Leichtgläubige Groupies sperren Mund und Ohren auf, wenn ihre bisexuellen «Satanischen Majestäten» nach Altamont rauschen, um dort einen draufzugeben – eine gewisse Dekadenz umfunkelt deren Cadillac-Perversionen.

Der aufdringlichste, banalste Ausbeuter des Outlaw-Geschäfts war John Lennon, der 1971 ein Vermögen mit einer Platte machte, auf der er zugab, dass er noch nie an die Inhalte seiner früheren profitablen Produktionen geglaubt hatte! Mit diesem eingestanden Zweck, alles zu sagen und zu tun, um in die Top-Charts zu kommen, hat Lennon in einem Jahr den Slogan eines Gouverneurskandidaten **(Come Together)**, das Motto der militanten Schwarzen **(Power to the People, Right on)** und die Friedensbewegung **(Give Peace a Chance)** ausgebeutet. Danach brachte er die Gewinne auf die Bank und beschaffte sich eine Mannschaft von ?... Anwälten ... um die Republikanische Administration davon zu überzeugen, dass er im amerikanischen Steuer-Hafen bleiben dürfe, weil er «harmlos» sei.

Erfolgreicher im Absahnen des Outlaw-Fliessbandes und um einiges bösartiger ist Robert Zimmerman, der sich fürs erste einen Platz auf der Medienbühne erschwindelte, indem er den Namen eines walisischen Lyrikers annahm und Plastik-Protestsongs zu Barbiturat-Beat sang. (Wenn sich das alles wie eine Philip Dick Science Fiction-Horrorgeschichte anhört – es ist wirklich so.)

Es ist das grosse Outlaw-Ausbeutungsspiel, Leute, lustiger und einfacher als Ölbohren in Texas. Wir müssen nur warten, bis der nächste Märtyrer entdeckt wird. Und aufgepasst! Wer ist der nächste?

«Something is happening, but you don't know what it is, do you Mr. Jones?» sang Zimmerman in den Sechzigern, und die ungebildeten, naiven Nervensysteme von Squeaky Fromme und Sandra Goode wurden von der autoritären Stimme überschwemmt, die warnte: «A Hard Rain's going to fall.» Höhnischer Hass und mahnende Verachtung, elektronisch verstärkt und verbreitet, um verabscheuungswürdige Realitäten für Millionen jugendlicher Zuhörer zu schaffen.

Wenn die Berühmtheit erreicht ist, zieht sich der zähnefletschende Rebell als Millionär zurück und nimmt eine verächtliche Position gegenüber den Unglücklichen ein, die ihm ihre Nervensysteme für seine kosmischen Krokodilstränen geöffnet haben.

1972, unter der Anschuldigung leidend, dass er sich verkauft habe, elektrifiziert «Dylan» die Gegenkultur mit seinem Trauergesang für George Jackson! Wieder wendet sich warnender Hass gegen das Establishment. Die Platte ist eine Sensation! Zimmerman-Fans weinen vor Dankbarkeit, dass der Barde zurückgekommen ist, um gegen die Ungerechtigkeit zu kämpfen! Sämtliche Radiosender ziehen mit! Die Single schiesst in die Tops! Dylan ist wieder der Messias. Es gibt nur einen kleinen Fehler bei dem ganzen Unternehmen.

Es gibt eine Person, die nicht da ist, um Gewinne und Beifall zu teilen. Der geschlagene Märtyrer. George Jackson ist wirklich tot. Egal, es gibt eine neue Saat Unzufriedener, ein neues Opfer, das heiliggesprochen wird, eine neue Generation leichtgläubiger Jugendlicher, die so zu nihilistischen Opfern und dummer Rebellion ermutigt wird. Es bedeutet auch eine neue Popularitätswelle für den cleveren Typ, der mit einer Platte, auf der er Guthrie kopiert, mehr Geld verdient, als Woody in seinem ganzen Leben. Es ist das grosse Outlaw-Ausbeutungsspiel, Leute, lustiger und einfacher als Ölbohren in Texas. Wir müssen nur warten, bis der nächste Märtyrer entdeckt wird. Und aufgepasst! Wer ist der nächste? Nur politisch dürft ihr nicht werden, weil man nicht *für* etwas sein oder Partei ergreifen darf, und weil McGoverns Einstellung zum Zionismus suspekt sein könnte. Doch als nächstes kommt Hurricane Carter, und wieder ein sicherer Platz in den Charts.

Natürlich verdient Hurricane Carter unsere Sympathien. Die verdienen aber auch Tausende anderer Gefangener, die den zynisch-zähnefletschenden Hass Zimmermans gekauft, sich die Arme zerstochen, auf Maggies Farm den Job hingeworfen oder Mr. Jones' Bank ausgeraubt haben, wo Dylan zufällig sein Geld liegen hat.

Vielleicht sollte Hurricane frei sein, aber nicht auf Kosten einer weiteren Generation Schwarzer, die dem höhnischen Text von Dylans neustem aufreizenden Abriss zuhörte, der ihnen erzählt, dass der Schwarze Mann in den Strassen nicht sicher ist.

Mittlerweile stehen Squeaky Fromme und Sandra Goode im Gericht von Sacramento, und weil sie genau das glaubten, was ihnen Zimmerman in den Sechzigern erzählte («You don't know what's happening Judge McGrath . . . a hard retribution is gonna fall on the polluters») und das Pech hatten, in ihrer sensiblen Jugend einen Plattenspieler zu besitzen, werden sie nun zu lebenslänglicher Haft abgeführt.

Der tiefgreifende neurologische Schaden, den der Zimmerman-Effekt angerichtet hat, wird wegen seiner unsichtbaren Verbreitung gar nicht empfunden. **Elektroide**, von elektronischer Gehirnprogrammierung roboterisierte Primaten, wissen natürlich nicht, dass sie in einer Realität leben, die ihnen ausgesucht und aufgebürdet wird. Neurologische Offenba-

Bei der bewussten Zerstörung von Hoffnung und Selbstbewusstsein im Text von «Like a Rolling Stone» läuft uns ein Schauer über den Rücken. Barbiturat-Barbarei.

rung zeigt sich dann, wenn man herausfindet, mit welchen Methoden einem die umschichtige Realität, in der man lebt, aufgezwungen wird. Normalerweise ist das ein ekstatischer Augenblick – andererseits kann man ihn genausogut auch als schreckliches Erlebnis erfahren.

Die erste Generation nach Hiroshima war die erste, die völlig **elektroid** war. Genau in dem Moment, als die riesige genetische Welle offen war, um nach-Einsteinsche Realiäten zu erfahren, RUMMS! . . . . knallten uns 4000 Jahre alttestamentarischer Pessimismus in der Person des elektronischen Horror-Trip-Evangelisten entgegen.

Der eine Song «It's All Over Now, Baby Blue» hat wahrscheinlich mehr biologische und philosophische Selbstmorde ausgelöst als irgendein anderer Text in der westlichen Geschichte. Dies ist kein Tribut an den trübseligen Dichter, sondern an die elektronische Verstärkung.

Wenn es möglich ist, sollten wir die Texte Zimmermans der Sechziger mit klarem Kopf untersuchen – Verachtung, Verzweiflung, Zorn und Spott. «Just Like a Woman». «No, no. no, It ain't me Babe». «Subterranean Homesick Blues». «It's All Right Ma, I'm only Bleeding.»

Die klassischen Techniken der Gehirnwäsche werden unterbewusst in diesen Platten angewendet. Zuallererst unterstützt der dogmatische Befehl: «Everybody must get stoned» den chemisch erzeugten Zustand von neuraler Empfänglichkeit. Man beachte die Semantik: *stoned*. Nicht: *get high,* nicht *space out,* nicht *trip* (mit ihren Möglichkeiten flexibler Multirealitäten) und nicht Verzückung. «You must get stoned» mit einem schweren, mühsam stampfenden Beat im Hintergrund. Und die ganzen anderen nihilistischen Hits, die systematisch eine ganze Generation auf neurotische Beschwerden umgestellt hat.

Bei der bewussten Zerstörung von Hoffnung und Selbstbewusstsein im Text von «Like a Rolling Stone» läuft uns ein Schauer über den Rücken. Barbiturat-Barbarei. «How Does It Feel?» Es fühlt sich an wie der Masochismus aus dem Alten Testament, Bob.

Das Schlimme am Zimmerman-Effekt ist nicht nur, dass er zerstörerische, unangenehme Realitäten in junge Gehirne eingeprägt hat – die viertausend Jahre alte jüdisch-christliche Kultur ist schon mobilisiert, dies ohne fremde Hilfe zu erledigen – noch unheilverkündender ist die falsche, künstliche Entfremdung von direkter Erfahrung. Elektronik ohne Erotik ist Roboterei. Der Zimmerman-Effekt entfremdet deshalb, weil der Medienmanipulator anderer Leute Erfahrungen und **nicht seine eigenen** an ein anonymes Publikum abgibt. Hat Dylan je irgendwo als Streikposten gestanden? Je vom Werkschutz eins in die Fresse gekriegt? Hat er in Chicago Tränengas geschluckt? Im Matsch von Woodstock geschlafen (ein paar Strassen weg von seinem gemütlichen Haus), im Staatsgefängnis auf einer Matratze voller Kakerlaken geschlafen? Sich jemals aktiv an einer wirklichen Aktion beteiligt? Hat er das Leben eines Flüchtlings gelebt? Ging er ins Exil während der Nixon-Agnew-Jahre? Oder hat er sein Nervensystem einer neurologischen Ausbeutung zur Verfügung gestellt? Ja, wir wissen, gegen was er war. Aber für was war er, mal abgesehen von der billigen Nostalgie? Als eine ganze Generation im Aufbruch war, in unentdeckte neurogenetische Territorien hineintrudelte, wo war er, der junge, herrenlose Millionär? Sicher und geborgen in den Armen seines Produzenten Al Grossman und seiner Promoter Bill Graham, Golda Meir, Allen Ginsberg, Joan Baez und eines ganzen Hilfstrupps von Mutterfiguren?

31

Zurückblickend kann man sagen, «Dylan» hat es wirklich nie verstanden, dass es falsch ist, die eigenen Erfahrungen von anderen machen zu lassen.

Zurückblickend kann man sagen, «Dylan» hat es wirklich nie verstanden, dass es falsch ist, die eigenen Erfahrungen von anderen machen zu lassen.

Akademische Zimmerman-Groupies werden einwenden, dass es nicht die Aufgabe des Sängers ist, die Mauern von Troja zu stürmen oder auf Argonautenschiffen gegen den Wind zu kämpfen, sondern viel eher, die Mythen der Ära in Versen weiterzugeben.

Aber es gibt zwei Tatsachen, die den Zimmerman-Effekt zu einer Peversion der klassischen und ehrwürdigen Rolle des Barden machen:

1. Zimmerman schildert nicht den Ruhm und den heroischen Stolz einer sich entwickelnden Spezies, sondern den dunklen und ängstlichen Gedanken des Verliererkults.

2. Der wirkliche Barde singt selbst; er wandert und hat immer engen Kontakt zu denjenigen, die er beeinflusst. Er wird dazu gezwungen, Mr. Jones und Maggys Vater ins Gesicht zu sehen, und jeder kann ihn beobachten und herausfinden, ob er echt ist oder nur schwätzt. Es ist einfach ungesund, wenn die Agenten, Plattenproduzenten und Steueranwälte die ganze Arbeit machen. Man muss unter das Volk gehen und in die Augen der Squeaky Frommes schauen, die man zur Rebellion auffordert.

Es ist kein Zufall, dass die Weathermen, die bekannteste Gruppe von Dylans Groupies, eine konfuse Bande von flüchtigen Terroristen, ihren Namen aus einem depressiven «Dylan» Song haben. Jetzt sind sie von ihrer Kultur abgeschnitten und führen ein Leben im Untergrund. Eines ist jedenfalls sicher, während der Un-Bürgerkrieg der Sechziger in die Geschichte eingeht, brauchen wir wirklich **keinen** Weatherman, um zu wissen, woher der Wind weht, denn wir sind alle längst Lichtjahre von der Rhetorik der gewalttätigen Revolution entfernt, oder etwa nicht, Bernadine?

Wir können anfangen, offen über den Zimmerman-Effekt zu sprechen, weil er sowieso langsam im Sande verläuft. Wir können uns jetzt voller Mitleid nicht nur den passiven, sondern auch den aktiven Unglücksfällen der elektroiden Gehirnwäsche widmen. Zimmerman war wie Manson das eigentliche Opfer des Effekts, der entsteht, wenn elektronische und chemische Verletzlichkeiten des Gehirns von berufsmässigen Ausbeutern missbraucht werden. «Dylan» jammerte endlos über sich und seine verlorene Unschuld. Aus neueren Erklärungen und aus seinem Verhalten wird jedoch klar, dass Dylan langsam merkt, dass er nicht zufällig durch Kräfte, die er selbst ablehnt, verfrüht den Popstar-Status erreichte. Er scheint zu merken, dass man nicht zurückschauen darf. Jetzt fängt er an zuzuhören und zu lernen. Endlich scheint er fähig zu sein, die hinter sich zu lassen, die versuchten, ihn als einen Beatnik abzustempeln. Dylan mutiert. Gib nicht auf, Bob. Du hast noch gar nicht richtig angefangen.

Das Fernsehen ist natürlich der grösste Hersteller und Verkäufer von Outlaw-Mythen. Wir sind mit den klassischen Formen der Konfrontation bestens vertraut: Cowboys und Indianer, Bullen und Gangster, Römer gegen Palästinenser, Kurzhaarige gegen Hippies und das FBI gegen Terroristen. Sechs Monate nach Erscheinen der TV-Serie SWAT zur Hauptsendezeit entstehen selbst bei lokalen Polizeibehörden SWAT-Teams von unkonventionellen Bullen, und eine neue Outlaw-Taktik wird populär. Verärgerte Ehemänner, die ein Jahr vorher ein paar Teller zerschmissen hätten, um danach in die nächste Kneipe zu fliehen, nehmen sich jetzt unterwürfig eine Pistole, halten die Dame als Geisel fest und warten ge-

Wir brauchen wirklich keinen Weatherman, um zu wissen, woher der Wind weht, denn wir sind alle längst Lichtjahre von der Rhetorik der gewalttätigen Revolution entfernt, oder etwa nicht, Bernadine?

lehrig versteckt im Wohnzimmer, bis die TV-Mannschaften mit Blaulicht eintreffen und sie auffordern, mit erhobenen Händen rauszukommen.

Mittlerweile spielt Henry Fonda Clarence Darrow, F. Lee Bailey spielt Perry Manson und Petrocelli bekommt von der Hearst Foundation eine Million Dollar, um Patty zu verteidigen.

Der krönende Abschluss dieses Essays wurde mir gerade von Eldridge Cleaver, meinem Zellennachbarn im Bundesgefängnis von San Diego, überreicht.

Das Dell-Programm
1. Dezember 1975
Ein wöchentlicher Katalog
von lieferbaren und
zukünftigen Büchern des Dell Verlag
für Privatkunden und Buchhändler
Soul on Ice zum Aufheizen

Jede Menge Aktionen in Eldridge Cleavers **Soul on Ice**. Nach Jahren des Exils in Frankreich hat der Black Power Radikale diese Woche eine spektakuläre Rückkehr in die Staaten gewagt. Seine bevorstehende Verhandlung wird sowohl ihn als auch seine Bücher wieder ins Gespräch bringen.

Partner

September 1973
Folsom-Gefängnis

Ich erhielt im Gefängnis von Folsom einen Brief aus Wien. Er übermittelte mir ein freundliches Signal von Andrej Amalrik und seiner schönen Frau. Andrej sitzt seine zweite dreijährige Haft in einem russischen Gefängnis ab, weil er den Abstieg und Zerfall der Sowjetunion prophezeit hat. Das KGB plant, ihn lebenslänglich zu inhaftieren.

Vasilios Choulos, Kent Russell und Melvin Belli haben gerade einen kurzen Bericht über meine Entführung durch amerikanische Agenten in Afghanistan geschrieben. Wir schickten eine Kopie an Kim Dae Jung, der von südkoreanischen Agenten aus Japan entführt worden war. Die amerikanische Regierung protestierte gegen diese illegale Aktion, weil die Geheimhaltung nicht mehr gewährleistet war.

Alexandros Panagoulis, der gerade aus einer fünfjährigen Haft in griechischen Gefängnissen entlassen wurde, verbreitet seine Botschaft kompromissloser Härte. Er wird ein Buch schreiben, wenn sie ihn lassen. Die Geheimpolizei hasst Öffentlichkeit.

Mittlerweile sind Alexander Solschenizyn (Schriftsteller) und Andrej Sacharow (Physiker) dabei, Fakten über die russischen Polizeimethoden zu veröffentlichen:

«Aber das ist ein Sonderfall, ich würde fast sagen, ein Vorteil unserer sozialen Struktur: Weder mir noch Mitgliedern meiner Familie wird jetzt oder in Zukunft ohne Wissen oder Billigung des KGB ein Haar gekrümmt werden. Bis zu diesem Grad werden wir beobachtet, beschattet, ausspioniert und abgehört.»

Wir haben heute eine kleine Welt von Dissidenten und einen kleinen, exklusiven Klub von furchtlosen, freien Männern und Frauen.

So ist es halt. Nixon ist noch im Weissen Haus, Cleaver ist noch im Exil, und ich bin immer noch im Gefängnis von Folsom.

Politischer Voyeurismus

September 1973
Folsom-Gefängnis

Es heisst, dass der Zwang, anderen nachzuspionieren, von der sexuellen Neugier des vorpubertären Kindes abgeleitet werden kann, das unbedingt wissen will, was sich hinter den Schlafzimmertüren der Erwachsenen abspielt. Nach Erreichen der Reife drückt der sexuell gesunde Mensch erotische Energie im Liebesakt aus. Der Voyeurismus der Kindheit bleibt als eine herrliche Form von Vorspiel bestehen. Für die sexuell Unreifen, deren erotische Ausrucksmöglichkeiten unterdrückt werden, kann der Voyeurismus, das heimliche Nachspionieren, zu einer hochgradigen sexuellen Wahnvorstellung ausarten. Wie die meisten anderen schuldbeladenen «sexuellen Irrläufer» ist auch der Voyeur unweigerlich politisch ein Konservativer – schockiert, moralistisch und kritisch gegenüber Verhaltensformen, die er zwanghaft und heimlich zu entdecken sucht. Wir denken an den Priester im Beichtstuhl, die Sittenpolizei oder an J. Edgar Hoover, der seinen Agenten unter Androhung von Entlassung verbot, aussereheliche Beziehungen zu haben, und der selbst unverheiratet, wahrscheinlich «unberührter» *Voyeur extraordinaire* war und Aktenschränke voller Berichte, Tonbänder und Photos bewachte, die die sexuellen Vergehen amerikanischer Politiker zeigten.

Wir definieren die Sechziger als eine Zeit erotischer Explosionen. Aber die Freiheit sexuellen Ausdrucks wurde nicht von allen geteilt. Während sich ein Teil der Bevölkerung liebte, las der andere Teil Spionageromane über Feinde, die Böses wollten und deshalb verfolgt und gestoppt werden mussten. Der kalte Krieg ging langsam zu Ende, als offensichtlich wurde, dass die Anführer der «Commies» im Grunde hart arbeitende, humorlose Law-and-Order Vertreter waren, und dass die «bösen» Dinge ausgerechnet hier in Amerika von potrauchenden, langhaarigen Leuten angezettelt wurden, die an Zahl und Einfluss zunahmen.

So wurde die C.I.A. wieder nach Hause gerufen, um bei der Hoover-Gang und Liddys Klempnern mitzumischen und ihren amerikanischen Mitbürgern nachzuspionieren.

Gordon Liddys erste Spionagekapriole

August 1973
Folsom-Gefängnis

Es war Samstagnacht – das stattliche Haus mit 64 Zimmern in Millbrook, New York, war voll von Mitarbeitern der Castalia Foundation und Wochenendgästen. Abendessen im eichengetäfelten Speisezimmer, niedrige Tische und Sitzkissen. Die grossen Lautsprecherboxen vibrierten unter Dylan, den Beatles und Ali Akhbar. Später spielte David vor dem riesigen Kamin auf seiner Gitarre. Musiker kamen nach Millbrook, um zu erfahren, dass Sound eine Energie war, mit der man spielen konnte. Merkwürdige neue Schwingungen lagen in der Luft. Maler entdeckten, dass Licht Energie war, die von der Leinwand befreit werden musste, liessen Farbe an den Wänden von Millbrook zerplatzen, zerrinnen und explodieren. Chromatische Muster, Blasen, Aufblühen von Regenbogenkristallen, vielfarbige Zellkerne, die sich in Wellenformen auflösten. Wunderschöne Frauen bewegten sich mit Yoga-Anmut, und die meisten Männer hatten lange Haare. Das war 1965.

Draussen, hinter dunklen Büschen versteckt, spähte G. Gordon Liddy mit einem Fernglas durch die Fenster, um die Aktivitäten im Haus zu beobachten. Der erste «redliche» Amerikaner, der eine «psychedelische» Lightshow sah, flüsterte Anweisungen in sein Walkie-Talkie, das er zärtlich an seine Wange gepresst hielt. Zwanzig uniformierte, gestiefelte und bewaffnete Sheriffs mit Texashüten waren um das Haus herum verteilt. Eine echte TV-Posse, die von zwei angehenden Distriktbevollmächtigten, Alphonse Rosenblatt und G. Gordon Liddy, geleitet wurde. Man beschloss, zu warten, bis sich die Zechbrüder im Schloss in ihre Schlafgemächer zurückziehen würden. Liddy war Warten gewöhnt. Castalia wurde seit Wochen observiert. G. Gordon Liddy und sein Kommandostab, hinter Bäumen versteckt, kundschafteten Speisezimmer, Schlafzimmer und Badezimmer aus, notierten, wer wo schlief, und hielten nach der Rückkehr ins Gerichtsgebäude endlose Konferenzen mit Karten, Plänen der einzelnen Stockwerke und Stundenplänen ab. Es war schon eine aufregende Sache.

Um Mitternacht brachen die Nahkämpfer in das Haus ein, indem sie die unverschlossenen Türen aufstiessen. Liddy, der vier Männer anführte, jagte nach oben in den dritten Stock und stiess die Tür zum grossen Schlafzimmer auf. Sie lag gerade auf dem Kissen des Spiegelbetts. Ich sass auf der Bettkante und unterhielt mich mit meinem Sohn Jack und dessen Freund. Ich stand auf und schaute in die wilden Augen von G. Gordon Liddy.

Illegalerweise wurde uns mit «Keine Bewegung» gedroht, während nervöse Hilfssheriffs den Raum durchsuchten, um unschuldige Geranien und persönliche Unterlagen meiner Freundin zu konfiszieren. Man erlaubte mir zwar, einen Anwalt anzurufen, aber seltsamerweise funktionierte das Telefon nicht. Rosenblatt und Liddy führten mich in ein unbenutztes Schlafzimmer und fingen mit dem üblichen Verhör an. Normalerweise sind Polizisten sehr von mir beeindruckt und versuchen immer, tiefsinnige Gespräche anzufangen. Im Grunde sind sie nämlich neidisch und hoffen insgeheim, dass ich recht habe.

Wie tausendmal vorher fing ich an, die wissenschaftlichen, philosophischen, historischem, politischen und rechtlichen Dimensionen unserer Arbeit zu umreissen. Rosenblatt diskutierte ruhig. Liddy verwickelte sich in Begriffe wie Drogen, Abhängigkeit, Killerkraut, moralische Korruption und «alle rausschmeissen». Das Tonband würde ich gerne nochmal hören.

An einen dummen Moment kann ich mich noch erinnern. Liddy beschuldigte uns, gefährliche Feinde der Gesellschaft zu sein. Ich erklärte dagegen, dass uns eines Tages die Ge-

Um Mitternacht brachen die Nahkämpfer in das Haus ein, indem sie die unverschlossenen Türen aufstiessen. Liddy, der vier Männer anführte, jagte nach oben in den dritten Stock und stiess die Tür zum grossen Schlafzimmer auf.

sellschaft sehr dankbar für unsere Arbeit sein würde. Dann machte Liddy diese seltsame Bemerkung. Er sagte: «Die Hölle wird zufrieren, bevor die Bevölkerung dieses Landes euch Denkmäler auf den Marktplätzen aufstellt.»

Der «grosse Schlag gegen Millbrook» war indes ein Reinfall. Der Durchsuchungsbefehl war illegal, es wurden keine Beweise gefunden, der Fall wurde zu den Akten gelegt. Aber Liddy fuhr auch weiterhin ungebrochen im Lande umher und erzählte staunenden Rotariern atemlos von seinem Kreuzzug gegen die Gottlosigkeit. Wie sein grosses Vorbild, J. Edgar Hoover, benutzte auch G. Gordon Liddy als Markenzeichen erst ein Initial, dann den Ruf- und Nachnamen.

Helikopter und Tipis

Juli 1973
Folsom-Gefängnis

Aber dieses Räuber-und-Gendarm-Drama, das so lange dauern und eine weltumspannende Rollenbesetzung beanspruchen sollte, hatte gerade erst angefangen. Der Überwachungsterror von Castalia dauerte an. Jedes Auto mit langhaarigen Insassen wurde automatisch gestoppt und durchsucht. Seltsam aussehende Männer kamen einmal wöchentlich, um das Telefon zu reparieren. Ich fühlte mich sicher. Die Abtastergebnisse von Schaltkreis Eins gaben bekannt, dass niemand umkommen würde. Die Instinkte von Schaltkreis Zwei versicherten, dass wir unser Gebiet unter Kontrolle hatten. Wir verboten jeglichen Drogenbesitz innerhalb des Hauses. Es muss noch mindestens hundert versteckte Depots im Wald geben, die für zukünftige Archäologen angelegt wurden. Um kleinere Mengen brauchte man sich keine Sorgen zu machen. Niemand wanderte wegen einer Handvoll Gras ins Gefängnis. Es war angenehm zu wissen, dass die Einwohner von Millbrook hinter uns standen. Mittlerweile kannten uns die Einheimischen schon ganz gut. Wir waren die besten Kunden in jedem Laden. In der winzigen Stadt und den wenigen Läden gaben die dreissig Leute von Castalia etwa einhunderttausend Dollar im Jahr aus. Unsere Leute waren jung, glücklich, offen und sahen nett aus. Das konservative Dorf nahm sich unserer in einer natürlichen Weise an und schützte uns vor den ehrgeizigen und trickreichen Politikern aus Poughkeepsie. In Millbrook wohnten Händler und Arbeiter, deren Familien sich ursprünglich dort niedergelassen hatten, um das Schloss, in dem wir wohnten, zu versorgen. Der Volksbaron Dietrich, der das Anwesen angelegt hatte, machte sein Geld mit Karbidlicht. Er war der erste, der diese neue Beleuchtungsform vertrieb. Man erzählte sich, dass jede Strassenlaterne im Staate New York eine Bestätigung seines Genius sei. Er liess Hunderte von italienischen Steinmetzen kommen, um Tore, Türme, Brücken, kilometerlange Steinmauern, eine bayrische Kegelbahn, Wasserfälle und gotische Gartenhäuschen bauen zu lassen. Nach seinem Tod war das Anwesen über dreissig Jahre lang verkommen. Wilde Vegetation überwucherte die Grünanlagen und Gärten. Der aristokratische Touch verblasste. Reiche Amerikaner hatten nicht genug Energie, um hektargrosse Rasenflächen und Gärten zu pflegen.

Dann übernahmen wir das Schloss mit unseren Guthaben von Mellon und dem Charisma von Harvard. Die Rasen waren wieder saftig und grün. Das grosse Schloss erstrahlte. Eine neue Aristrokratie von Jugendlichen voller Vertrauen und Visionen fuhr durch die riesigen Fallgatter. (Was Acid neben den kosmischen Erfahrungen und Gott oder Satori bei Millionen Jugendlicher auslöste, war, sie in den Adelsstand zu erheben, dem Monolith der Mittelklasse zu entreissen und sie zu befreien, damit sie im Land umherziehen konnten. Eine Amateurklasse königlicher Würdenträger entstand, die in einem Garten voller unvorstellbarer Geschenke spielte und die Welt als ein Hier-und-Jetzt-Paradies behandelte. Die Hippies von Laguna Beach tanzten barfuss über Strände und Berge und murmelten: «Dank dir, Herr».)

Das Städtchen Millbrook wurde wieder von Grandeur erfüllt, wenngleich auch etwas funky und kontrovers. Die Aufmerksamkeit der ganzen Welt richtete sich auf das Schloss. Wieder einmal schaute und hörte die Stadt auf das, was im grossen Haus passierte, um dann darüber zu reden. Und wieder zeterten die Politiker der grossen alten Parteien aus Poughkeepsie mit Unwissenheit und Cromwellscher, puritanischer Wut gegen alles, was «fremd», glamourös, frivol oder elegant war. Eine der vielen Besonderheiten der amerikanischen Gesellschaft ist das Fehlen einer «Upper-Class» oder «High»-Society, einer hedo-

Zweimal wöchentlich hörten wir das ominöse Flap-Flap-Flap der wirbelnden Rotorblätter, beobachteten den Helikopter des Sheriffs, der über uns kreiste, und sahen die Männer, deren Kameras und Feldstecher auf unsere arkadische Verzückung gerichtet waren.

nistischen Aristokratie. Seit Roosevelt hat Amerika eine Gesellschaft, die schwerfällig, à la John Wayne, mit beiden Beinen auf der Erde steht. Der Triumph von Mittelmässigkeit und Pragmatismus. Amerika hat jetzt einen Punkt des Wachstums erreicht, an dem militärische, politische und wirtschaftliche Sicherheit die Entwicklungsmöglichkeiten einer erotisch, Psy-Phy, philosophischen Elite ermöglicht. Die alchemistische Erneuerung. Elisabethanisches England. Palermo. Prag. **Konarak** und **Khajuraho**. Das Indien Ashokas. Die Chu-Dynastie in China.

Während der Sommerparaden in Millbrook wandelten hundert absichtlich verkleidete Neulinge durch die weitläufigen Säulenhallen des Grundstückes. Es kamen Botschafter aus den kulturellen Herzogtümern. Aus Herman-on-Hudson, von RAND, aus Palo Alto, aus Hyannisport, aus Bethesda und aus Beverly Hills. Von der «High»-Society kamen Ronnie Laing, Allen Ginsberg, Alan Watts, Ken Kesey, Swamis, Gurus, Stars aller Grössen. Währenddessen spazierten bekannte Musiker auf den Terassen herum und erfüllten die warme Luft mit ihren Klängen. Lichtmaschinen projizierten Farbmuster auf die Aussenwände und Brunnen plätscherten. In den Büschen versteckt lauerte G. Gordon Liddy. Seine Fordhamschen Moralvorstellungen explodierten, und sein sowjetisches Bewusstsein kochte vor lauter Ehrgeiz für den Staatsdienst über.

Die Strassensperren und die Überwachung dauerten an, deshalb verliessen wir das Schloss und bauten Camps im Wald auf. Das Tipi ist die sinnlichste Lebenseinrichtung, die jemals von Menschenhand konstruiert wurde; sanfte, pelzige Raumschiffspitze der Ekstase, die auf die Sterne zeigt. Zweimal wöchentlich hörten wir das ominöse Flap-Flap-Flap der wirbelnden Rotorblätter, beobachtete den Helikopter des Sheriffs, der über uns kreiste, und sahen die Männer, deren Kameras und Feldstecher auf unsere arkadische Verzückung gerichtet waren. Liddy pflegte grausige Geschichten von *nackten Frauen* (!) zu erzählen, die aus unseren Tipis kamen. Darum geht es also bei der Polizeiarbeit! Wir schätzten diese Überwachungen, denn sie vermittelten uns ein starkes Gefühl der Verbundenheit mit vietnamesischen Bauern, Che-Guerillas, afrikanischen Löwen und all den wilden, freien Kreaturen auf der Erde, die erstaunt nach oben schauen und bewaffnete Agenten und Science Fiction-Spione in Regierungsschiffen sehen. Einige der Waldbewohner überlegten, ob wir einen Helikopter mit der Macht unserer Konzentration abstürzen lassen könnten. Andere dachten an Laserstrahlen. Aber das Rad des Karma würde schon alles hinkriegen.

Woodstock und Watergate

Juli 1973
Folsom-Gefängnis

Die angetörnte, rebellische Jugend beendete den Vietnamkrieg, vertrieb Johnson aus dem Weissen Haus und hätte Robert Kennedy zum Präsidenten erhoben, wenn nicht Sirhans Stahlkugeln die Wahl für Nixon entschieden hätten.

Wenn Bob Kennedy überlebt hätte... nun, dann wäre unter anderem die Drogenkontrolle an Ärzte und Forscher des Gesundheitsministeriums übergeben worden.

In der Wahlnacht wurde Nixon in einem Hinterzimmer interviewt und offenbarte im Rausch des Super Bowl-Sieges seine Philosophie, die seine Amtszeit begleiten sollte: *Keep Fighting.* Der Einfluss Vince Lombardis (Gewinn um jeden Preis) auf den rechten Flügel der amerikanischen Politik war grösser als man denkt. Es ist kein Zufall, dass Lombardi in Washington starb. Ein neues Omen.

Später schob Nixon die Schuld an Watergate der Gegenkultur in die Schuhe, indem er behauptete, dass die Spezialeinheiten der Polzei voll mit der Anarchie und dem Chaos der späten sechziger Jahre beschäftigt waren.

Selbst in dieser Zeit nach Watergate wissen nur sehr wenige Amerikaner, wie Nixon seine persönliche Elitepolizei, den Special Service, aufbauen konnte. Ihre Aufgabe bestand darin, Dissidenten aufzustöbern, einzuschüchtern, zu verhaften und einzubuchten. Unter der Tarnbezeichnung «Drogenkontrolle» wurde dieses Orwellsche Unternehmen mit Wohlwollen der Liberalen mittleren Alters durchgezogen. So einfach war das. Das Budget des Drogendezernats stieg von zweiundzwanzig Millionen auf hundertvierzig Millionen Dollar. Rauschgiftbullen sind «Gefühlspolizisten» oder «Gedankenpolizisten», die das opferlose Verbrechen der kulturell Andersdenkenden verfolgen. Verfassungsrechte wurden aufgehoben. Für einen leicht zu identifizierenden Teil der Bevölkerung galt nur noch das Kriegsrecht (überraschende Hausdurchsuchungen und Ausgehverbot). Die Opfer waren genau dieselben, die mit den gleichen Polizeimassnahmen in kommunistischen, sozialistischen und rechten Diktaturen in der ganzen Welt verfolgt wurden. Nixon gegen Miniröcke und Agnew gegen Rock 'n' Roll.

Furcht überkam dieses Land. Die Fürsprecher der Gegenkultur wurden verhaftet, misshandelt und zum Schweigen gebracht. Und die Presse machte voll mit. Voreingenommene Reporter, Kolumnisten und Leitartikler billigten das Drogen-Pogrom und denunzierten gottesfürchtig die Gegenkultur. Fast jeder vor 1930 Geborene hasste die Sechziger, fühlte sich entfremdet und verstossen.

Man sagte uns, wir hätten selber Schuld, weil wir zu naiv und optimistisch waren, um die Realität des Bösen zu durchschauen. Das Manson-Nixon-Paradoxon. Die Herausgeber des *Lampoon* wurden reich, weil sie das New Yorker Publikum mit der grotesken Theorie unterhielten, dass Woodstock eine Versammlung von Todes-Kultisten gewesen sei.

Jeder, der über Beziehungen zu Medien, Gewinnsucht und Machtstreben verfügt, kann gross rauskommen, wenn er mit der Angst der Mittelmässigkeit vor dem freien Unbekannten spielt. G. Gordon Liddy schafft es mit Hilfe seiner Millbrook-Geschichten als grösster Rauschgiftfahnder aller Zeiten ins Weisse Haus zu kommen. Jeder Ex-Mariner mit einem derartigen Hang zum Sadismus, dass er sogar für den FBI oder die Staatspolizei untragbar ist, meldet sich freiwillig zur neuen Gestapo. Amerikanische Drogenfahnder reisen auf Staatskosten durch die ganze Welt, um der ausländischen Polizei zu zeigen, wie man den neuen Feind aufspürt.

Furcht überkam dieses Land. Die Fürsprecher der Gegenkultur wurden verhaftet, misshandelt und zum Schweigen gebracht. Und die Presse machte voll mit. Voreingenommene Reporter, Kolumnisten und Leitartikler billigten das Drogen-Pogrom und denunzierten gottesfürchtig die Gegenkultur.

Und zu Hause wird der Neo-Stoizismus zum philosophischen Schlager. Zynischer Rückzug vom hoffnungsvollen Utopismus. Passives Swami-Abschalten. Bloss nicht denken. «Cool bleiben» ersetzt das «High-Sein». Merkt ihr denn nicht, dass diese Welle Nixonscher Repressionen nur ein Test war, um festzustellen, wo wir stehen und wo wir hinwollen?

Die andere Seite

Juni 1973
Folsom-Gefängnis

Nixon rechtfertigte seine repressiven Massnahmen, indem er sich auf «die andere Seite» berief. Der Feind ist der, der einen an der Machtausübung hindert. Breschnjew und Mao werden nur deshalb Verbündete, um sich gegenseitig im Amt zu halten. Die ausgebombten kambodschanischen Dorfbewohner sind keine Feinde. Sie sind nicht einmal Menschen. Die wahren Feinde sind Muskie, Larry O'Brien und die rebellische Jugend.

Das ist der globale Trend, der zur internationalen *Détente* und inneren Repression führt. Breschnjew trinkt mit Nixon Champagner und fährt nach Hause, um die russischen Dissidenten einzubuchten. Chou En-Lai freundet sich mit Kissinger an und erstickt den Versuch von Chiang Ch'ing (Maos Frau) und den Roten Garden, die Bürokratie zu lockern. Algerien legt seine Auseinandersetzung mit Amerika bei und setzt die Polizei auf Studenten an. Nixon tauscht beim Schah Öl gegen Jets, während iranische Studenten in den Strassen Streikposten aufstellen. Usw.

Watergate ist der letzte Abschnitt des Generationskrieges. Nixon, der gezwungen wurde, Spezialeinheiten der Polizei zu organisieren, um mit der protestierenden Jugend fertig zu werden, macht ausgerechnet seinen eigenen Schützling John Dean zum Sündenbock. Es stellt sich heraus, dass es sich bei Watergate nur um einen Haufen unverantwortlicher Kids gehandelt hatte, der von Dean und Segretti geschickt gelenkt, in über-enthusiastischer Opposition gegen einen anderen, von Dan Ellsberg und Tony Russo angeführten Haufen unverantwortlicher Kids zu Felde gezogen war.

Einer der vielen aufschlussreichen Aspekte von Watergate ist die wachsende Erkenntnis, dass das ganze Chaos von Anwälten angezettelt worden war. Mit dem «ganzen Chaos» meine ich die Regierung. Ein vom Gesetz regiertes Land ist ein Land, das von Anwälten ruiniert wird. Für einen Angehörigen des Militärs oder einen Anwalt ist es neurologisch unmöglich, kreativ zu denken oder in Übereinstimmung mit der Natur zu handeln. Verwirrung und Opposition, die auf einer paralysierten Rechtssprechung basieren. Es gibt über zweihunderttausend Anwälte, die für die Regierung der Vereinigten Staaten arbeiten.

...nderstand
...hose words,
... drop out!"
... of the psy-
...on't find it
...erstand him

... again after
...erent jails—
...charge of
...marijuana—
...ture circuit.
...said he is a
...not a dope
...te, and "an
...for the next
...eyond man-

...alert, and
...er Harvard
...vocated the
...ind-altering
... Cruz Mon-
...s and meet
...ks on Pacif-
...carrying his

Timothy Leary

ises "to bring about ir-
reversible change in the au-
dience, to go from caterpillar
to butterfly, in 10 minutes. We

Geheimhaltung

Mai 1973
Folsom-Gefängnis

Das Karma arbeitet in diesem Leben mit perfekter Präzision. Was immer man sich vorstellt wird wahr, genauso ist es mit dem Gegenteil. In seinem Bericht zur Lage der Nation gelobt Nixon: «Wir werden kein Erbarmen mit Verbrechern haben.» Acht Monate später suchen er und Agnew loyale Richter. Am Ende kann keiner dem Prozess entgehen. Jede Jury wird gehängt. *Vice versa.* In den Dramen, die wir anzetteln, müssen wir jede Rolle spielen. Es gibt keine Möglichkeit, die totale Verantwortung zu umgehen. Direkt nach dem Ende des Zweiten Weltkrieges überschlägt sich das Rad, die Deutschen fangen an, Amerikaner zu werden, Amerikaner verwandeln sich in gute Deutsche und die Juden entwickeln die wirkungsvollste Militär- und Geheimpolizei der Welt. Vorsicht vor deinen Feinden, denn du wirst dich in sie verwandeln. Antikommunisten des rechten Flügels äffen sowjetische Methoden nach. Stalin wird zum Zar. «Wir werden jeden Gauner ins Gefängnis bringen», verspricht John Mitchell. Jeder Gefangene ist ein Gefängniswärter. Das hat uns Eldridge gelehrt. Der grosse Befreier Roosevelt verdammt den Arbeiter zu Archie Bunker-Sklaverei. Keine Amnestie, sagt Nixon. Niemand lernt. Ein Sträfling lehnt an meiner Zellentür und flucht mordsmässig auf Nixon und Agnew. Die Frau des Wächters war gerade erschossen worden. «Diese schwulen Motherfucker werden ja jetzt wohl ihre Einstellung zur Höchststrafe ändern.» «Wie wär's mit Amnestie für alle», schlage ich vor, indem ich auf ihn, mich selbst und die anderen deute. «Alle aufhängen», sagte der Sträfling, der gegen die Todesstrafe ist.

Wenn man darüber nachdenkt, ist Geheimhaltung an allem Schuld. Ellsberg und Russo veröffentlichten ein paar Geheimnisse. Lecks im Weissen Haus. Die Klempner stehlen Ellsbergs psychiatrische Unterlagen und zapfen die Telefonate der Demokraten an. Das gesamte Weisse Haus ist daran beteiligt, die Sache zu vertuschen, und die Hearings dienen wiederum nur einer weiteren Vertuschung des Ganzen.

Geheimhaltung ist der Feind von Menschlichkeit und liebevollem Vertrauen. Wenn du Geheimnisse hast, bist du ein wahnsinniger Paranoiker. Verheimlichung ist der Samen jedes menschlichen Konflikts. Geheimhaltung wird immer von Schuld oder Angst verursacht. Liddys Eltern hatten sexuelle Schuldkomplexe. Und Nixons Eltern auch. Es macht **alle** verrückt, wenn Er Sie insgeheim verdächtigt, dass Sie Geheimnisse hat und deshalb einen Privatdetektiv engagiert und umgekehrt.

Bloss raus aus diesem Sumpf. Vor J. Edgar Hoover gab es keine Geheimpolizei in diesem Land. Vor dem Zweiten Weltkrieg gab es keine C.I.A., und Amerika sorgte sich erstaunlich wenig um Geheimhaltung. Die versteckte Krankheit hat sich erst in den letzten vierzig Jahren zu einer tödlichen Epidemie entwickelt.

Jetzt kommt die elektronische Revolution. Auch über grössere Entfernungen wirksame Abhörvorrichtungen sind billig und leicht erhältlich. Gut. Liberale fordern strenge Gesetze gegen das Abhören. Das ist die falsche Richtung. Legalisiert alles. Legalisiert das Abhören. Lasst uns künstliche Geheimnisse vergessen und uns auf die Mysterien konzentrieren.

Ich versichere euch, dass das Abhören wirklich nichts Schlimmes ist. Ich selbst bin zehn Jahre lang abgehört, überwacht und beschattet worden. In Algerien wusste jeder, dass bei allen internationalen Anrufen mindestens dreifach mitgehört wurde – und zwar von Algerien, Frankreich und der C.I.A. Die Algerier wussten über alle unsere Schritte Bescheid. **Darum mochten sie uns auch.** Nach ein paar Anschlägen auf mein Leben wurde ich einmal

Geheimhaltung ist der Feind von Menschlichkeit und liebevollem Vertrauen. Wenn du Geheimnisse hast, bist du ein wahnsinniger Paranoiker. Verheimlichung ist der Samen jedes menschlichen Konflikts. Geheimhaltung wird immer von Schuld oder Angst verursacht.

vom Schweizer Geheimdienst angesprochen. Sie boten mir Leibwachen an. Ich sah den Einsatzleiter an und lachte. «Moi! Merci, non.» Er lachte mit mir. «Professor, die Schweizer Polizei schläft nie. Wir beobachten sie vierundzwanzig Stunden am Tag.» Wirkliche persönliche Geheimnisse finden sich nur in den zarten Codes der Liebe. Intimsphäre ist ein Gewebe aus elektrischen Kontakten, die nicht ABGEHÖRT werden können. Liebe hat nichts zu verbergen.

Geheimhaltung ist die Erbsünde. Feigenblatt im Garten Eden. Das Hauptverbrechen gegen die Liebe. Dieses Problem ist fundamental. Welch ein Glück, dass Watergate aufgedeckt wurde, um uns die erste Lektion zu erteilen. Der Sinn des Lebens ist es, Energie zu empfangen, zu entschlüsseln und zu übermitteln. Verschmelzung durch Kommunikation ist das Ziel des Lebens. Das könnte jeder Stern erzählen. Kommunikation ist Liebe. Geheimhaltung, d. h. das Signal zurückhalten, das Licht horten, verstecken und zudecken, hat seinen Ursprung in Scham und Angst und ist ein Symptom der Unfähigkeit zu lieben. Wenn man etwas verheimlicht, definiert man Liebe als etwas Schändliches und Schlechtes. Oder Nacktheit als etwas Hässliches. Oder versteckt lieblose und feindselige Gefühle. Eine Saat von Paranoia und Misstrauen.

Die Liebenden haben keinen Grund ihre Handlungen zu verbergen. Wie es oft passiert, behält der extreme Flügel aus den falschen Gründen heraus zur Hälfte recht. Im wesentlichen sagt er: «Wenn man nichts Böses angestellt hat, braucht man auch keine Angst haben, abgehört zu werden.» Genau. Aber die Logik gilt auch umgekehrt. Dann müssen auch die Akten des F.B.I., die Dossiers der C.I.A. und die Gespräche im Weissen Haus allen zugänglich sein. Macht die Regierung total durchsichtig. Die letzten, die allerletzten, die ihre Handlungen verbergen, sollten Polizei und Regierung sein.

Wir gehen von der Annahme aus, dass sowieso jeder alles weiss. Es gibt nichts und keine Möglichkeit etwas zu verbergen. Das ist die Acid-Botschaft. Wir alle flimmern pausenlos über die kosmische Mattscheibe. Wir alle spielen Hauptrollen in der galaktischen Sendung: Das ist dein Leben. Ich erinnere mich an die erste Zeit neurologischer Entdeckungen, in der ich verzweifelt überlegte, wo ich hinflüchten könnte. Nach Hause rennen, mich unter dem Bett, in der Toilette oder im Badezimmer verstecken? Unmöglich. Die unerbittliche Kamera «Ich» folgt mir überall hin. Geheimnisse können wir nur vor uns selbst wahren.

Und keiner der offiziellen Experten versteht den Sinn von Watergate. Cox sucht die undichten Stellen bei seinen eigenen Leuten.

Erinnern wir uns an die klassischen politischen Skandale, die etwas mit Geheimnissen zu tun hatten: Dreyfuss, Alger Hiss, die Rosenbergs. Die heroischen Figuren Tony und Dan, um die Watergate kreist. Die mutigen russischen Dissidenten, die das allseits bekannte Geheimnis von russischen Repressionen lüften.

Ich lache über die Abhörmanöver der Regierung. Sollen diese armen, jämmerlichen und gelangweilten Gestalten doch ruhig unsere Gespräche belauschen, unser Lachen aufzeichnen und unsere Übermittlungen analysieren. Vielleicht törnt es sie an. Vielleicht verstehen sie die Botschaft, die unsere Liebe übermittelt: Es gibt nichts zu fürchten.

Der Fluch des Oval Room*

August 1973
Folsom-Gefängnis

Macht korrumpiert, entartet, zerstört und verflucht diejenigen, die ihre Regeln anderen aufzwingen. Wir können die wachsende Unfähigkeit der Politiker, diese historische Tatsache zu erkennen, nur mit einer dieser verrückten Fehlverdrahtungen erklären, die das verkrüppelte Nervensystem unserer Spezies einschränken.

Vor 1914 wurde der einzige Thron planetarischer Macht von den Königreichen Europas umkämpft. Nach dem Ersten Weltkrieg wurde die Krone an die Präsidentschaft der Vereinigten Staaten weitergegeben. Das Wort «Krone» ist keine Metapher, sondern eine wissenschaftliche Erklärung für einen nachweisbaren neurologischen Zustand. Gewaltige psychische Energien richten sich auf die Person, welche die Position des globalen Machthabers innehat. Wenn diese Person nicht über ausserordentliche psychologische Stärke, Klarheit und Flexibilität verfügt, lässt ihre Neurologie eine Sicherung durchbrennen. Es ist keineswegs phantastisch, vom Begriff «Fluch» der Macht zu reden, der alle ausflippen lässt, bis auf die seltenen Souveräne, die auf diese Verantwortung genetisch vorbereitet sind. Es gehört zu den vielen Paradoxen der Macht, dass sie nie auf sicher gekauft werden kann. Die Stärke zum Herrschen ist ein neurogenetisches Geschenk.

Seit der Zeit von Woodrow Wilson (Nixons gefallenem Helden, nebenbei bemerkt) haben zehn Männer die Welt vom Oval Room des Weissen Hauses aus beherrscht. Drei starben während ihrer Amtszeit – Harding, Roosevelt und Kennedy. Vier waren von Versagen gezeichnet – Wilson, Hoover, Johnson und Nixon. Und auch die übrigen drei – Coolidge, Truman und Eisenhower – lehren uns etwas über dieses rätselhafte, demütigende Streben nach Macht.

Und im Hintergrund die schrill heulende Kassandra Martha Mitchell: «Alles lief gut für John und mich, bis er nach Washington ging. Jetzt haben wir alles verloren.» Es ist ein gottverdammtes griechisches Moralspiel. Zwei Tage vor der Blossstellung Agnews fragte ich mich, wieviele Katastrophen wohl noch kommen müssten, ehe die Schrift am Himmel deutlich werden würde.

* Amtszimmer des amerikanischen Präsidenten. A.d.Ü.

Plakat der «G. Gordon Liddy in den Kongress»-
Kampagne. Liddy leitet den Mitternachtsüberfall
auf die Castalia Foundation, New York, 1966.

Der Zusammenbruch der repräsentativen Regierung

September 1973
Folsom-Gefängnis

Von bösen Vorahnungen gequält, suchen die Amerikaner nach einem Helden, einem unbefleckten Führer. Hier die gute Nachricht. Es wird keinen geben. Heutzutage ist die Politik zu wichtig, um sie ehrgeizigen Politikern oder den Anwälten der Gegenseite zu überlassen. Die weise Verwaltung sozialer und ökonomischer Belange erfordert intellektuelle Fähigkeiten und Anlagen, die bei den Machthungrigen in auffälliger Weise zu fehlen scheinen. Was verursacht die Problematik politischer Geheimhaltung? Repräsentative Regierungen. Wahldemokratie: Eine Person wird ausgesucht, um die anderen zu «repräsentieren». Stellvertreter regieren. Selbst in der liberalsten Demokratie kann niemand einen anderen vertreten. (Der nichtrepräsentative Status totalitärer Regierungen ist sogar noch umständlicher.)

Wie Roboter wurden wir darauf gedrillt, zu glauben, dass die Handhabung der Demokratie in diesem Land etwas Heiliges ist. Alles, was wir gelernt haben, ist gefährlich falsch. Unsere Geschichtsbücher sind Machwerke im eigenen Interesse. Alles, was in unseren Zeitungen gedruckt wird, ist bewusste Manipulation. (Ich weiss, dass das bekannt ist, aber wir müssen uns das immer wieder klar machen.)

Repräsentative Regierungen, wie sie heute praktiziert werden, sind kurze und inzwischen überholte Abschnitte, um die Perioden zwischen dem Aufstieg von Nationalstaaten und dem Entstehen von globaler, elektrisch-elektronischer Kommunikation zu überbrücken.

Die landläufige Definition von Demokratie heisst: Stimmrecht für jeden. In Bürgerversammlungen oder in Stadtstaaten funktionierte die direkte Demokratie. Als die Nationalstaaten entstanden, wurde es unumgänglich Repräsentanten zu wählen, die von einer fernen Hauptstadt aus regieren mussten. Daraus entwickelte sich eine unheilverkündende Arbeitsteilung. Eine Klasse von verschwiegenen professionellen Politikern.

Die amerikanische Verfassung entstand in einer spätsteinzeitalterlichen, vormechanischen Periode von Sklavenhalterei und Pferdestärken. Die Präambel der Verfassung, die die Ziele des Spiels festlegt, erweist sich immer noch als ein gutes Computerprogramm. Die Artikel der Verfassung, die festsetzen, wie die Regierung arbeitet, sind allerdings in gefährlicher Art und Weise archaisch. Senatoren, die alle sechs Jahre gewählt werden, um zwei Millionen Menschen zu repräsentieren? Ein Präsident, der alle vier Jahre gewählt wird, um zweihundert Millionen Menschen zu repräsentieren? Dieses langsame, schwerfällige System war notwendig, als man für die Reise von New Orleans nach Boston noch zwei Wochen brauchte. Repräsentative Regierungen durch Fremde und parteipolitische Anhängerschaft sind überholt. Die meisten Amerikaner haben niemals ihren Volksvertreter kennengelernt. Regierung durch Gesetze ist ein undurchführbares Klischee.

Unser politisches Modell baut auf dem Nervensystem auf. Zwanzig Milliarden Nervenzellen, die alle an ein elektrisches Netzwerk angeschlossen sind. Elektronische Kommunikation macht direkte Demokratie möglich. Jeder Bürger hat eine Stimmkarte, die sie oder er in die Stimmaschine eingibt, und zentrale Computer registrieren die Botschaften der einzelnen Bestandteile und stimmen sie aufeinander ab. Neurologische Politik schafft Parteien, Politiker, Kampagnen und die damit verbundenen Geldausgaben ab. Der Bürger wählt genauso, wie eine Nervenzelle sich entlädt, wenn sie einen Impuls angibt. Die Stimmen der Bürgerschaft dienen als ständige Informationen für Techniker der Zivilverwaltung, die nicht den Wunsch der Mehrheit (eine gefährliche und selbstmörderische Vergrösserung der Mittelmässigkeit), sondern den Wunsch jeden Bürgers ausführen. Der Zentralcomputer ist darauf programmiert, jeden Einzelnen so froh und glücklich wie möglich zu machen.

Plakat der «G. Gordon Liddy in den Kongress»-
Kampagne. Liddy verlangt Anerkennung für die
Zerschlagung der Millbrook-Bande.

Die Rückkehr individueller Souveränität

Oktober 1973
Folsom-Gefängnis

Technologie kann dazu benutzt werden, die individuelle Freiheit zu schmälern und die Macht von Politikern zu vergrössern, welche die zentralistische Regierung kontrollieren. B. F. Skinner, der Konditionierungs-Psychologe, spricht für die autoritären Technokraten, die eine über menschliche Freiheit und Würde hinausgehende Kontrolle befürworten. Sie haben erkannt, dass eine hochgradige technologische Gesellschaft totale Kooperation, Fügsamkeit und Gehorsam seitens der Bürgerschaft verlangt. Skinners System zur Konditionierung von Kindern erfordert absolute Kontrolle über Belohnung-Bestrafung und völlige Geheimhaltung der angewandten Methoden. Die Verletzbarkeit jedes technologischen Systems totalitärer Bewusstseinskontrolle ist der Grund für Geheimhaltung und Einstimmigkeit. Ein einziger aufsässiger Experte für elektronische Medien oder ein indeterministischer Psychologe könnte das ganze System blockieren. Genau das habe ich hier gemacht. Sacharow macht es in Russland. Nur durch das Verständnis der angewandten Prinzipien und Techniken kann man verhindern, computerisiert und konditioniert zu werden. Darum bin ich natürlich der Prototyp des **Science Fiction**-Gefangenen in Amerika.

Der Anspruch und die Ehre der techno-neurologischen Demokratie lassen es nicht länger zu, dass sich auch nur ein einziger Bürger missbraucht, verfolgt oder ignoriert fühlt. Jeder muss wissen, wie das offene neurale Netzwerk funktioniert und Zugang dazu haben. Im August 1972 wurde ich von einem einflussreichen Schweizer Politiker zum Essen eingeladen, der mir versicherte, dass er mir in seinem Kanton politisches Asyl verschaffen könnte. Er war ein heimlicher sexueller Dissident, sein Apartment eine kuschelige Kulturhöhle mit Regalen voller klassischer Schallplatten und in Leder gebundenen, nie gelesenen Büchern. Mein Gastgeber kochte und servierte ein köstliches Diner. Ich sass am Kopf des Tisches, trank Wein und hörte sechs Geschäftsmännern zu, die sich darüber ausliessen, warum die Schweizer bei der Volksabstimmung über die Ermächtigung zu Waffenproduktion und -verkauf mit «Ja» stimmen sollten. «Es geht nicht ums Geld, sondern um das Marktprinzip. Warum sollen wir nicht davon profitieren, wenn die unterentwickelten Länder Waffen kaufen wollen, usw.»

Ich hatte Probeaufnahmen für die Rolle des Harry Haller für eine Filmproduktion von Hesses **Steppenwolf** gemacht. Dann kam das Gespräch auf die Schiesserei bei den Olympischen Spielen von München. Alle kicherten und schüttelten den Kopf.

Ich war total auf dem Hesse-Haller-Trip. Erinnert ihr euch an die Szene mit Goethes Büste? Haller erzählt dem Professor, dass er ein betrunkener, asozialer und für Auftritte in der Gesellschaft ungeeigneter Philosoph sei. Unglücklicherweise hatte keiner der Gäste den **Steppenwolf** gelesen. Es ist wirklich dumm, wenn die anderen Schauspieler nicht erkennen, dass wir fast Wort für Wort ein klassisches Script nachspielen.

Ich rezitierte die Haller-Hesse-Zeilen:

«München, meine Freunde, ist weder gut noch schlecht. Es ist ein unumgängliches, unleugbares Symptom. Ein meteorologisches Signal. Zu dumm, dass zehn Menschen abgeschlachtet und die Spiele gewaltsam unterbrochen werden mussten, und dass das Wort **Olympiade** für alle Ewigkeit mit politischer Verzweiflung assoziiert wird. Wird man diese Lektion verstehen? In der gleichen Woche wurden tausend Bauern in Vietnam zu Tode bombardiert, eine halbe Million Flüchtlinge aus Pakistan und Bangladesh gingen in Gefangenenlagern zugrunde, während die Wohlhabenden sich in München versammeln, um ihre Flaggen zu hissen und Wettkämpfe um nationales Prestige durchzuziehen. Die Lehre,

Der glorreiche Vorteil elektronischer Technologie und einer auf Wissenschaft basierenden Kultur liegt darin, dass sie nach den Naturgesetzen funktionieren und sich auf Dauer nicht von den künstlichen Gesetzen der Politik abwürgen lassen.

die wir aus der Olympiade von München ziehen können, ist die, dass wir in dieser technologischen Welt auf alle gewohnten Spiele verzichten müssen, solange auch nur einer verletzt ist oder sich verletzt fühlt, und uns um dieses verwundete Mitglied kümmern müssen. Das Leben auf diesem Planeten ist ein lebender Organismus, und Schmerzen im kleinsten Zellenverband können das gesamte System lahmlegen. Flugzeugentführungen, elektronische Sabotage und Guerillaanschläge sind die auslösenden Symptome.»

Ich gehe mit Wayne im Gefängnishof spazieren. Er fragt mich nach der Lehre von Watergate. Ich erzähle ihm, dass wir die repräsentative Regierung durch elektronische Stimmenabgabe ersetzen werden. Jeder Bürger gibt sein oder ihr Signal ein. Wayne ist Realist. Er schüttelt den Kopf. «Natürlich ist das die einzige Lösung, aber es ist zu gewaltig. Das macht den Leuten bloss Angst.» Ich sage, dass die Idee gar nicht so neu ist. Die Börse funktioniert zum Beispiel auch nach diesem Prinzip. Kontinuierliche Vertrauensbezeugung – ständige Meinungsanalyse. Den Leuten klarmachen, dass sie alle zu gleichen Teilen an der Regierung beteiligt sind. Wayne schüttelt den Kopf: «Aber bleib trotzdem am Ball.» (Die Leute wären überrascht, wenn sie wüssten, auf welchem Niveau manchmal Gespräche im Gefängnis ablaufen. Ich höre hier die ganze Zeit Diskussionen über die grossen politischen und philosophischen Fragen unserer Zeit und deren Lösungsmöglichkeiten.)

Okay, wie wärs damit? Es gibt eine Sache, wo alle Amerikaner einer Meinung sind. Die Korruption und Inkompetenz von Politikern. Jeder Politiker, der sich mit dem Programm um ein Amt bewirbt, dass er sein Möglichstes tun wird, um Politikern ihre Macht wegzunehmen und sie dem Volk zurückzugeben, kann mit einer breiten Basis rechnen. Thema Nummer Eins ist die Unfähigkeit der Regierung zu regieren. Eine neue, verfassungsgemässe Politik, die verantwortungsbewusst darauf abzielt, eine Regierungsform zu schaffen, welche die Elektronik zum Abruf individueller Meinung nutzt, wird dem ganzen Volk zu neuer Lebensfreude verhelfen.

Der glorreiche Vorteil elektronischer Technologie und einer auf Wissenschaft basierenden Kultur liegt darin, dass sie nach den Naturgesetzen funktionieren und sich auf Dauer nicht von den künstlichen Gesetzen der Politik abwürgen lassen. Das Medium ist die evolutionäre Botschaft. Wissenschaft und Technologie können nicht von nationalen Führern kontrolliert oder durch nationale Grenzen beeinträchtigt werden. Sprache, Gedanken und Bräuche werden durch Elektrizität neu belebt. Diejenigen, die in eine solche elektronische Kultur hineingeboren werden, lernen bald, sich den Gesetzen der Energie entsprechend selbst zu regieren.

Es ist klar, dass sich Nixon nie mehr von Watergate erholen wird, genausowenig wie die ganze Nation. Politische Konkurrenzkämpfe sind passé. Vince Lombardi ist ein Dinosaurier mit Bürstenhaarschnitt. Es ist kein Geheimnis mehr. Hör' ab, soviel du willst, Liddy. Wir senden auch für dich. Wir senden pausenlos, wir haben direkte Verbindung, breiten Frequenzbereich, störfreie Übertragung. Hohe Einschaltquoten, breiteste Streuung und exzellente Programmauswahl. Wenn wir gewusst hätten, dass du dich in paläolithischen Gebüschen versteckst, hätten wir dich zum Mitmachen eingeladen. Wir sind das neue, globale, polychrome, Hi-Fi, Psy-Phy, Viel-Kanal-Netzwerk und alle in Liebe verbunden.

Gehirnwäsche

Co-Autor: Robert Anton Wilson
Dezember 1975
Bundesgefängnis San Diego

Der Kampf um Patty Hearsts Bewusstsein ist symptomatisch für die weltweite Schlacht um Bewusstseinskontrolle.

«Mom, Dad – ich bin o.k. Ich habe ein paar Kratzer und so, aber sie haben sie sauberge-macht, und es wird schon wieder... Ich hab gehört, dass Mom sich ziemlich aufgeregt hat und dass alle nach Hause gekommen sind, und ich hoffe, das hier wird euch beruhigen... Ich will hier raus, aber das geht nur, wenn wir alles so machen, wie sie es wollen... Ich will raus hier und euch alle wiedersehen und wieder mit Steve zusammensein.»

12. Februar 1974. Die Sprecherin ist Patty Hearst. Obwohl sie schon seit acht Tagen von den Guerillas der *Symbionese Liberation Army* festgehalten wird, klingt sie relativ normal, und das Tonband beruhigt ihre Eltern ein wenig.

Neunundvierzig Tage später veröffentlicht die S.L.A. ein zweites Band, und plötzlich sieht alles ganz anders aus. Das ist eine neue Stimme, die einer Fremden namens Tania, und ihre Worte klingen ziemlich feindselig:

«Ich bin mir darüber klar, dass deine und Moms Interessen nicht die des Volkes sind. Du, ein unverbesserlicher Lügner, wirst natürlich behaupten, dass du nicht weisst, wovon ich re-de, aber das musst du erst mal beweisen. Sag den armen und unterdrückten Menschen die-ser Nation, was dieser Staat mit ihnen vorhat. Erzähl den Schwarzen und Armen, dass man sie bis zum letzten Mann, Frau und Kind umlegen wird.»

Bei diesem Band liegt das berühmte Photo, auf dem Tania mit einer MP in der Hand, vor der siebenköpfigen Kobra der Symbionesen steht.

Randolph Hearst, Vater des Jahres und Topmanager einer riesigen Propagandamaschine und diverser Massenmedien, die während der letzten hundert Jahre dazu beigetragen ha-ben, Millionen von Menschen zu domestizieren, tritt vor die TV-Kameras und sagt wenig überzeugend: «Mit uns war sie zwanzig Jahre zusammen, mit ihnen nur sechzig Tage. Ich glaube nicht, dass sie ihre Philosophie so schnell und auf Dauer ändern wird.»

Zwei Wochen später wird Tania photographiert, als sie mit ihren neuen Kameraden eine Bank ausraubt. Auf dem dritten Band klingt sie noch entschlossener, nennt ihre Eltern, die sie hatte wiedersehen wollen, «Schweine» und ihren Freund Steve Weed, zu dem sie hatte zurückkehren wollen, einen «Clown» und ein «sexistisches Schwein».

Tania überlebte und änderte ihre Meinung wieder, aber offensichtlich würde sie nie wie-der die Patty Hearst von damals sein.

Während des Prozesses gegen Leutnant William Calley wurde Millionen von Menschen auf der ganzen Welt klar, dass die U.S.-Army ihre Schuld zu verschleiern versuchte, indem sie aus einem einzelnen, naiven, jungen Mann den Sündenbock machte. Calley selbst wurde das jedoch keineswegs klar. «Ich bin für die Army, egal, was passiert», erzählte er den Re-portern. «Ich stehe dahinter, bin ein Mitglied davon. Die Army kommt zuerst. Auch wenn es zu meiner Verteidigung beitragen würde, werde ich nichts Negatives über sie sagen.»

Vor seiner Einberufung war Rusty Calley ein Gelegenheitsarbeiter, der es nirgendwo lan-ge aushielt – Hotelboy, Geschirrspüler, Akkordarbeiter – bis er die gehirnverändernde Feuerprobe, sprich Grundausbildung der Infanterie, absolvierte. Heute verteidigt er seine Gehirnwäsche pflichtbewusst und genauso automatisch wie Tania damals die ihre, und rechtfertigt Massenmord in dem Jargon eines wahren Gläubigen.

Es gibt keine Flucht aus unserer Roboterschaft, es sei denn, wir akzeptieren sie als Tatsache. Nur dann können wir lernen, die Kontrolle über unsere Nervensysteme zu übernehmen und unsere individuellen Realitäten zu reprogrammieren.

In der Zeit zwischen ihrer Verhaftung wegen Bedrohung von Gerald Ford mit einer Waffe im Sommer 1974 und ihrer Verurteilung im November tat Lynette «Squeaky» Fromme nichts für ihre Verteidigung, aber alles, um die Philosophie von Charlie Manson zu verbreiten, in dessen Kommune sie vorher eine Gehirnwäsche durchgemacht hatte. Nichts, was der Richter oder ihr eigener Anwalt sagten, trug dazu bei, Fromme die Realität oder Bedeutung ihrer juristischen Lage klarzumachen. Das einzige, was sie interessierte, war die Aufmerksamkeit der Medien, um Mansons Botschaft zu verbreiten.

Es gibt nichts, was bei Patty, Rusty oder Squeaky auf eine besondere Schwäche schliessen lässt. Sie waren ganz normale, junge Amerikaner, bis sie in den Einflussbereich der S.L.A., der U.S.-Army und der Manson-Family gerieten. Das ist die erste Lektion, die wir LERNEN müssen.

Gehirnwäsche ist wie Malaria eine Krankheit des Ausgesetztseins. Die meisten Menschen, die malariaverseuchter Umgebung ausgesetzt werden, erkranken auch daran. Genauso werden die meisten Menschen Opfer einer Gehirnwäsche, wenn man sie einer entsprechenden Institution ausliefert.

Das Konzept einer «Wäsche» ist natürlich unwissenschaftlich und primitiv. Das Gehirn ist kein schmutziges Hemd, sondern ein bio-elektrischer Computer – ein lebendes Netzwerk mit über hundertzehn Milliarden Nervenzellen, die zu $10^{2,783,000}$ Zwischenverbindungen fähig sind, eine Zahl, die grösser ist, als die Summe aller Atome im Universum. In diesem eleganten Mikro-Computer laufen in jeder Minute mehr als hundert Millionen Prozesse ab.

Das Gehirn und das Nervensystem sind – wie auch der übrige Körper – vom genetischen Code entworfen und programmiert worden. Das menschliche Wesen ist wie alle anderen Lebensformen auch hauptsächlich ein «gigantischer Roboter, der von der DNS geschaffen wurde, um noch mehr DNS zu produzieren», wie der Nobelpreisträger und Genetiker Hermann J. Muller bemerkte.

Wir alle sind neurogenetische Roboter. Und für christliche Theologen oder sentimentale Humanisten mag diese Erkenntnis vielleicht unangenehm sein, aber es gibt keine Flucht aus diesem Zustand, es sei denn, wir akzeptieren ihn als Tatsache. Nur dann können wir lernen, die Kontrolle über unsere Nervensysteme zu übernehmen und unsere individuellen Realitäten zu reprogrammieren.

Ein grundlegendes Beispiel für Gehirnprogrammierung, das uns hilft, Rusty, Squeaky, Patty und uns selbst zu verstehen, ist ein Giraffenbaby, dessen Mutter von Jägern erschossen wurde. Das Giraffenbaby wurde in Übereinstimmung mit seinem genetischen Programm vom ersten grossen sich bewegenden Objekt, das es sah, konditioniert; in diesem Fall vom Jeep des Jägers. Es lief dem teilnahmslosen Vehikel hinterher, versuchte mit ihm zu sprechen, an ihm zu saugen und schliesslich, sich mit ihm zu paaren. Die Überlebensinstinkte der kleinen Giraffe waren auf diesen Jeep fixiert.

Auch das menschliche Wesen fixiert sein neurales Equipment auf externe Objekte und kann durch sie konditioniert werden. Beim Menschen untergliedern sich diese Prägungen in vier Phasen:

Diese vier Gehirne werden in einem relativ einfachen mechanischen Prozess (Gehirnwäsche) nacheinander ausgebleicht und neu geprägt.

1. Der Bio-Überlebens-Schaltkreis des Säuglings, der sich mit Sicherheit/Gefahr-Signalen im Hier und Jetzt befasst.
2. Der Schaltkreis des Kleinkindes (Krabbler), oder *Ego,* beschäftigt sich mit Bewegung und Gefühlen.
3. Der verbal-symbolische Schaltkreis des Heranwachsenden, oder *Mind,* der sich mit Sprache und Wissen beschäftigt.
4. Der sozio-sexuelle Schaltkreis des Erwachsenen, oder *Persönlichkeit,* befasst sich mit domestiziertem Verhalten.

Diese vier Schaltkreise oder vier Gehirne werden in einem relativ einfachen mechanischen Prozess (Gehirnwäsche) nacheinander ausgebleicht und neu geprägt. Dieser Prozess ist einfach, weil die ursprüngliche Prägung dieser Schaltkreise auch relativ einfach war.

Der erste Schaltkreis oder das **Bio-Überlebens-Gehirn** wird bei der Geburt akiviert. Seine Funktion besteht darin, Nahrung, Luft, Wärme und Bequemlichkeit zu suchen und alles, was giftig, rauh oder gefährlich ist, zu meiden. Der Bio-Überlebens-Schaltkreis des tierischen Nervensystems ist von der DNS darauf programmiert, eine schützende und sichere Zone in der Nähe eines mütterlichen Organismus zu suchen. Wenn keine Mutter vorhanden ist, wird der nächstliegende Ersatz in der Umgebung benutzt.

Die neugeborene Giraffe war auf einen vierrädrigen Jeep fixiert. In einer ethologischen Studie von Konrad Lorenz begnügte sich ein Gänschen mit einem weißen Ping-Pong Ball, als es nirgendwo den runden, weissen Körper einer Gans fand, von dem es seine Prägung hätte erhalten können.

Während des gesamten menschlichen Lebens hören alle anderen geistigen Aktivitäten auf, sobald der Bio-Überlebens-Schaltkreis Gefahr signalisiert. Das ist bei der Gehirnprogrammierung von zentraler Bedeutung: Um eine neue Prägung zu schaffen, muss man das Objekt zunächst auf einen kindlichen Bewusstseinsstand, d. h. Schaltkreis-Verletzlichkeit, reduzieren.

Der erste Schritt bei diesem Prozess ist die Isolation des Opfers. Ein kleiner, dunkler Raum ist ideal, da die sozialen, emotionalen und geistigen Techniken, die vorher das Überleben sicherten, hier nicht mehr funktionieren. Je länger eine Person in solch einem Zustand isoliert wird, um so empfänglicher wird sie oder er für neue Prägungen. Wie Dr. John C. Lilly gezeigt hat, reichen ein paar Minuten totaler Isolation, um Angstgefühle auszulösen. Schon nach wenigen Stunden fangen Halluzinationen an, und das Opfer ist für neue, schützende und mütterliche Prägungen empfänglich.

Es ist kein Paradox, dass sogar derjenige, der dem unwilligen Opfer die Gehirnwäsche aufzwingt, zur Prägung werden kann. Das Opfer wird von uralten Instinkten – biochemischen Programmen – gezwungen, eine Prägung zu suchen und sie mit jedem externen Objekt zu verdrahten, der dem mütterlichen Archetypus am nächsten kommt. Für einen menschlichen Gefangenen ist jedes zweibeinige Wesen, das ihm Nahrung bringt, gut genug.

Der zweite Schaltkreis, das **emotionale Gehirn** oder Ego, wird aktiviert, wenn das Kind anfängt, mit Muskelkraft zu krabbeln, zu laufen, die Schwerkraft zu beherrschen, physische Hindernisse zu überwinden und andere politisch zu manipulieren. Die Muskeln, die diese Funktionen ausführen werden, erhalten sehr schnell Prägungen, die zu lebenslangen Reflexen werden. Je nachdem, wie seine Umgebung ausfällt, schafft diese Prägung entweder ein starkes, dominantes oder ein schwaches, ängstliches Ego.

Die grösste Empfänglichkeit für Neuprägungen besteht dann, wenn das Objekt glaubt: «Ich habe keine andere Wahl; sie können mit mir machen, was sie wollen.»

Der Status im Rudel oder im Stamm entsteht auf der Basis eines bewussten Impulssystems, in dem diese Muskelreflexe von entscheidender Bedeutung sind. Alle emotionalen Spiele oder Tricks, die in den populären Handbüchern von Dr. Eric Berne und anderen praktizierenden Analytikern aufgeführt werden, sind Prägungen des zweiten Schaltkreises und gehören zur Standardpolitik der Säugetiere.

Um bei einem Erwachsenen die Empfänglichkeit für Neuprägungen des zweiten Schaltkreises zu ermöglichen, muss man ihn dazu bringen, sich wie ein ungeschicktes Kleinkind zu fühlen. Der neurologische Monitor des Opfers muss deutlich auswerfen: «Ich bin dreissig Zentimeter gross, dumm, unfähig, eingeschüchtert und habe unrecht. **Sie** sind einsachtzig gross, allwissend, intelligent, mächtig und sie haben recht.»

Hilflosigkeit lässt sich durch terroristische Taktiken zur Panik steigern. In Costa Gavras' Film **The Confession** holen die kommunistischen Gehirnwäscher das Opfer aus seiner Zelle, legen ihm eine Schlinge um den Hals und führen ihn an einen Ort, der so aussieht, als ob er dort gehängt werden soll. Manche afrikanischen Stämme nehmen die Initiations-Kandidaten und graben sie stundenlang lebendig ein.

Die grösste Empfänglichkeit für Neuprägungen besteht dann, wenn das Objekt glaubt «Ich habe keine andere Wahl; sie können mit mir machen, was sie wollen.» Der dritte Schaltkreis, oder **Mind**, wird aktiviert, wenn das Kind anfängt, Geräte zu benutzen und Fragen zu stellen. Er ist in den neun Kehlkopfmuskeln, die beim Sprechen benutzt werden, und in einer neuralen Feedbackschleife zwischen der rechten Hand und der linken Grosshirnrinde lokalisiert, die gebraucht wird, um Objekte der Umgebung zu untersuchen, zu klassifizieren und umzugruppieren. Der gesamte Komplex von Forschung, Kunst und Wissen basiert auf dieser Grundlage.

Der schnellste Weg, um den dritten Schaltkreis neu zu prägen, ist, das Opfer von denjenigen zu trennen, die seine Sprache, Symbolik und Ideologien teilen, indem man das Opfer in eine Situation bringt, wo seine normalen sprachlichen und körperlichen Fähigkeiten nicht funktionieren, und wo es neue Signale und Fähigkeiten lernen muss, um zu überleben. Es ist zum Beispiel eine bekannte Tatsache, dass man eine Fremdsprache am besten lernt, wenn man mit Leuten zusammen lebt, die nur diese Sprache sprechen: Man verbinde die Überlebensbedürfnisse des ersten Schaltkreises (Nahrung, Schutz) und die Statusbedürfnisse des zweiten Schaltkreises (Sicherheit, Anerkennung) mit der Notwendigkeit des dritten Schaltkreises, eine neue Sprache zu beherrschen.

Andererseits war der sprichwörtliche Engländer, der sich in seiner einsamen Tropenhütte jeden Abend zum Essen umzog, kein Dummkopf. Er baute ein englisches Luftschloss um sich herum, indem er sich ständig eine englische Realität bestätigte, um zu vermeiden, von der Realität der Eingeborenen überwältigt zu werden. Es ist nichts Ungewöhnliches, dass man zum Kommunist wird, wenn man mit Kommunisten lebt, oder zum Verurteilten, wenn man mit Verurteilten zusammen lebt. Tatsächlich erfordert es feinfühliges, neurologisches Vorgehen, unter diesen Umständen sein Selbst zu bewahren.

Der vierte Schaltkreis, oder **Persönlichkeit**, wird im jugendlichen Alter aktiviert und geprägt, und zwar wenn das DNS-Signal den sexuellen Mechanismus auslöst. Der Teenager wird zum verlegenen Besitzer eines neuen Körpers und eines neuen neuralen Schaltkreises, der an Orgasmusfähigkeit und Verbindung von Sperma und Eizelle gebunden ist. Wie jeder

Überall und in jeder Gesellschaft wird das sexuelle Gehirn erbarmungslos domestiziert und zur Stammesproduktivität gezwungen. Gesellschaftlich gebilligte Orgasmen tendieren zu monogamer Fortpflanzung; lustorientierte Orgasmen werden missbilligt und die Ausführenden oft verfolgt.

andere Säuger, so taumelt auch der pubertierende Mensch in einem Zustand der Paarungsgier herum, und jede Nervenzelle geifert nach dem begehrten Sexobjekt. Seine Prägungsempfänglichkeit ist jetzt am grössten, und die ersten sexuellen Abläufe, die das jugendliche Nervensystem antörnen, bleiben lebenslänglich unverändert bestehen und kennzeichnen für immer die sexuelle Realität des Individuums. Deswegen sollten wir über die zahlreichen Fetische, die man sich in dieser sensiblen Phase aneignen kann, nicht überrascht sein. Tatsächlich können wir anhand des Umstandes, von welchen Fetischen ein Mensch immer wieder angetörnt wird, exakt feststellen, in welchem Zeitabschnitt er geprägt wurde: Schwarze Strapse, Schnaps, Cool-Jazz und Bürstenhaarschnitt kennzeichnen eine ganz bestimmte Prägungsgeneration, genau wie Schlafsäcke, Mick Jagger, Gras und enge Jeans eine andere.

Wenn Sinatra in Las Vegas singt, ignorieren die alten Fans seine Falten und das Doppelkinn, und ihre Nervenzellen überschlagen sich vor lauter Entzücken. Die jüngere Generation reagiert amüsiert und gelangweilt: «Was hat denn dieser alte Glatzkopf mit Sex zu tun?» Keine Gruppe wird die Fetische einer anderen sexuellen Prägungsgruppe verstehen.

Es ist für den Gehirnwäscher wichtig zu erkennen, dass sexuelles Verhalten massgeblich von sozial-domestizierten Moralvorstellungen beeinflusst wird. Der Stamm belegt den Austausch von Sperma und Eizelle *immer* mit heftigen Drohungen und gewaltsamen Verboten – das geht so weit, dass viele Menschen nicht wissen, dass das Wort **Moral** sich auf irgend etwas anderes als auf sexuelle Tabus bezieht.

Überall und in jeder Gesellschaft wird das sexuelle Gehirn erbarmungslos domestiziert und zur Stammesproduktivität gezwungen. Gesellschaftlich gebilligte Orgasmen tendieren zu monogamer Fortpflanzung; lustorientierte Orgasmen werden missbilligt und die Ausführenden oft verfolgt.

Wenn der sexuelle Schaltkreis neu geprägt wird, lösen sich die häuslichen Bindungen, spaltet sich die domestizierte Persönlichkeit und ermöglicht das Entstehen neuer Bindungen an eine andere Subkultur und deren ketzerisches sexuelles Wertsystem. Eine derartige Neuprägung des erotischen Gehirns kann eine äusserst wirkungsvolle Technik der Gehirnwäsche sein, allerdings nur als Zusatz zum eigentlichen Ausbleiben des ersten und zweiten Schaltkreises, Sicherheit und Ego-Status. Hätte beispielsweise Cinque De Freeze Patty Hearst in der ersten Nacht ihrer Entführung vergewaltigt, hätte sie wahrscheinlich ziemlich sauer reagiert. Wenn jedoch das Opfer erst mal Biosicherheit, physische Unterstützung und Klärung der Gefühlsrealität erhalten hat, kann sexuelle Verführung ein neues erotisches Feld prägen.

Um die eigene Realitätsblase aufrecht zu erhalten, ist es notwendig, sich der Zustimmung des Stammes zu versichern. Grösstenteils ist die menschliche Kommunikation auf peinliche Art primitiv und besteht aus endlosen Variationen von «Ich bin noch hier. Bist du noch da?» (Bienenstock-Solidarität) und «Eigentlich hat sich nichts geändert» (das übliche Bienenstock-Business). Isolation ist der erste Schritt der Gehirnwäsche, entfernt diese schützende Blase. Wenn das Opfer kein Feedback mehr bekommt – «Wir sind noch da; alles beim alten» – verblassen die Prägungen allmählich. Wie Dr. Lilly erläutert, sind Forscher

Sobald das Opfer Bio-Sicherheit und Ego-Unterstützung bekommt, genau wie ein Säugling von seinen Eltern, sind die Nervenzellen empfänglich für jede beliebige Ideologie des dritten Schaltkreises.

und schiffbrüchige Matrosen, die längere Isolation überlebt haben, nach ihrer Rettung extrem schüchtern. Sie haben – manchmal wochenlang – buchstäblich Angst vor menschlicher Konversation, weil sie wissen, dass das, was sie sagen, für einen normalen, domestizierten Erwachsenen verrückt klingen könnte. Ihre Prägungen sind verblasst, und sie befinden sich in der unkonditionierten, freischwebenden Welt der Yogis oder der Mystiker. Es wird mindestens ein paar Tage in Anspruch nehmen, ihre soziale Realität neu zu prägen.

Ähnliche Prägungs-Empfänglichkeit und Rückkehr ins Säuglingsalter kommen bei vielen Fällen von längerem Krankenhausaufenthalt vor, eine rätselhafte Tatsache, die von vielen Medizinern gar nicht erkannt wird. Einige Patienten werden durch Gehirnwäsche buchstäblich so weit gebracht, ihr Leben lang als Invalide herumzulaufen – ein klassischer Fall von Hilflosigkeit des zweiten Schaltkreises. Und dann beschuldigt das Personal sie auch noch, Simulanten zu sein, womit die Schuld der inkompetenten Mediziner einfach auf das hilflose Opfer abgewälzt wird.

Das Nervensystem hat die Funktion, aus unendlich vielen Möglichkeiten die biochemischen Prägungen auszusondern, welche die Taktiken und Strategien des Überlebens an *einem* Ort und den Status in *einem* Stamm sichern, zu bündeln und zu wählen. Der Säugling ist genetisch darauf vorbereitet, *jede* Sprache zu lernen, *jede* Aufgabe zu meistern und *jede* sexuelle Rolle zu übernehmen, innerhalb kürzester Zeit wird er jedoch unnachgiebig darauf gedrillt, die begrenzten Angebote seiner sozialen und kulturellen Umgebung anzuerkennen, zu befolgen und nachzuahmen.

Bei diesem Prozess zahlt jeder einzelne von uns einen hohen Preis. Überleben und Status heisst, die unendlichen Möglichkeiten des unkonditionierten Bewusstseins verfallen zu lassen. Die domestizierte Persönlichkeit der sozialen Realität ist nur ein belangloser Bruchteil des natürlichen Erlebnis- und Intelligenzpotentials eines menschlichen Hundertzehn-Milliarden-Zellen-Biocomputers. Wir sind im wahrsten Sinne des Wortes unserer Sinne beraubt und leben nur wenig bewusster als jedes beliebige Herdentier.

Folglich ist auch die Arbeit des Gehirnwäschers leicht; sie besteht lediglich darin, einen Satz von Roboter-Schaltkreisen gegen einen anderen auszutauschen. Sobald das Opfer Bio-Sicherheit und Ego-Unterstützung bekommt, genau wie ein Säugling von seinen Eltern, sind die Nervenzellen empfänglich für jede beliebige Ideologie des dritten Schaltkreises.

Da wir alle von unseren eigenen sozialen Realitäten geprägt sind, fällt es im allgemeinen gar nicht auf, daß jedes menschliche Realitätsmodell – egal wie exzentrisch und paranoid es sein mag – im Grunde genauso sinnvoll ist wie jedes andere. Aus den gleichen Gründen wie es Vegetarier, Nudisten, Kommunisten oder Schlangenanbeter gibt, gibt es Katholiken, Republikaner, Liberale oder Nazis.

Während einer Phase von Prägungsempfänglichkeit kann jeder ganz einfach von einem System auf ein anderes umgeschaltet werden. Es ist kein Problem uns dazu zu bringen, erst «Hare Krishna», dann «Jesus starb für unsere Sünden» und schliesslich «Kill the Pigs» zu singen, und in jeder einzelnen der darin enthaltenen Philosophien einen Sinn zu sehen. Der nächste Schritt der Gehirnwäsche besteht darin, das Opfer davon zu überzeugen, dass jeder, der die Welt nicht einem speziellen Realitätsmodell entsprechend sieht, entweder gottlos, dumm oder verrückt ist.

Die Ironie der Sache liegt darin, dass unser Konzept von Realität so zerbrechlich ist, dass es innerhalb weniger Tage zusammenbricht, wenn wir nicht ständig mit der Nase darauf gestossen würden, wer wir sind und dass die Realität immer noch da ist.

Wenn das Opfer auf eine neue Realität des dritten Schaltkreises programmiert ist, muss eine komplette Gehirnwäsche schliesslich noch neue sexuelle Triebe und Tabu-Systeme einpflanzen. Hier ist die Unfähigkeit der behördlichen Gehirnwäscher im Vergleich zu den Outlaw-Banden geradezu lächerlich. Regierungen sind prüde, verkrampft und sexuell unterkühlt, weil Domestizierung davon abhängt, sexuelles Verlangen von der individuellen Befriedigung weg zur Kleinfamilie zu führen – oder, im modernen insektoiden Sozialismus, von Individuum *und* der Familie weg, hin zur kollektiven Bienenstockgeschäftigkeit.

Sexuelle Neuprogrammierung kann entweder eine neue sexuelle Rolle prägen (wie bei den Mau-Mau, die darauf bestanden, dass zukünftige Mitglieder einen homosexuellen Akt vollzogen, um sich von familienorientiertem Sex zu lösen), oder sogar Sexualität ganz auslöschen (wie bei den Nonnen, die zu Bräuten von Christus werden und den Sexualtrieb in religiöse Ekstase umwandeln). Nachdem die Leute durch Militär und Strafvollzug von der normalen gesellschaftlichen Realität isoliert worden sind, werden asoziale sexuelle Prägungen, egal ob heterosexuell oder homosexuell, nicht nur geduldet, sondern sogar stillschweigend gebilligt; all das Sperma, das innerhalb eines Jahres in den Laken der Kasernen und Gefängnisse verspritzt wird, ist gleichbedeutend mit einem Jahr Programmierung in Anti-Domestizierung. Genauso ist es ja wohl kein Geheimnis, dass die klassische Anziehungskraft des militärischen Lebens vor allem in der Gelegenheit zu gesellschaftlich gebilligter sexueller Zügellosigkeit liegt, Puffabenteuer und Vergewaltigungen im Feindesland eingeschlossen – für einen jungen, männlichen Primaten ein verlockendes Programm.

Das grosse Rätsel, das die amerikanischen Väter in den Sechzigern so verwirrte und verunsicherte – warum waren die jungen Männer nicht versessen auf das Abenteuer von Vietnam? –, lässt sich in einem neurologischen Kontext leicht beantworten: Die neuen sexuellen Prägungen der Marihuana-Revolution machten es überflüssig und unästhetisch, nach Saigon zu gehen, nur um endlich mal eine gute Nummer zu schieben.

Um eine neue Realitätsprägung zu verstärken, muss sie ständig vertieft werden. Die Ironie der Sache liegt darin, dass unser Konzept von Realität so zerbrechlich ist, dass es innerhalb weniger Tage zusammenbricht, wenn wir nicht ständig mit der Nase darauf gestossen würden und dass die Realität immer noch da ist.

Dementsprechend errichtet das Militär für sein Personal eine militärische Realitätsinsel. Alle erfolgreichen Gehirnwäscher, Synanon, Jesus-Kulte, Hindu-Swami-Bewegungen, Kommunen à la Manson oder militante terroristische Gruppen schaffen ähnliche Realitätsinseln; wenn man erst mal dabei ist, dann voll, vierundzwanzig Stunden am Tag, sieben Tage in der Woche. In ihrem Trieb, die alten Prägungen auszuwaschen und neue zu verstärken, wagen es revolutionäre Regierungen ebenfalls nicht, die Zensur in ihrem Land zu lockern oder freie Kommunikation zu erlauben. Fremde oder abweichende Signale dürfen nicht toleriert werden.

Erst in diesem Kontext wird uns die Leichtigkeit verständlich, mit der die Armee Calley durch Gehirnwäsche umpolen konnte. Ein verwirrter und unnützer Jugendlicher wird eingezogen und während der Grundausbildung von der bürgerlichen Gesellschaft und allen Verstärkern domestizierter Herdenprägungen isoliert. Die Armee stellt ihm Nahrung, Klei-

Manson benutzte Drogen nur als eins von vielen Hilfsmitteln der Gehirnwäsche, und das tat er aus Gründen, die der Drogenkultur völlig fremd waren.

dung und Unterkunft. Unter den neuen Autoritätsfiguren fühlt er sich hilflos und minderwertig. Nachdem man ihn in einen kindlichen Zustand versetzt und völlig abhängig von den neuen Vaterfiguren gemacht hat, wird ihm gestattet, sich in der neuen Hackordnung hochzuarbeiten und einer der Erwählten zu werden. Nach ein paar Wochen, in denen er sich klein, hilflos und dumm fühlt, bekommt er Wochenendurlaub, um die neue Soldatenmoral lockerer Kameradschaft und gesellschaftlich gebilligter, flüchtiger Sexualität zu erforschen. (Und wo sonst billigt das saubere Amerika flüchtigen Sex so enthusiastisch?) Tag für Tag wird sein dritter Schaltkreis aufs neue mit militärischem Jargon, militärischen Konzepten und militärischer Realität überschwemmt. Wenn er am Wochenende Zivilisten auf der Strasse begegnet, kommen sie ihm vor wie Marsmenschen.

Inzwischen ist er voll in die Realität der Armee integriert. Wenn sein Vorgesetzter Medina «Kill» brüllt, stellt Calley keine Fragen zu Kriegsartikeln, Nürnberger Prozessen oder der Ethik der Sonntagsschule – das alles gehört zu anderen Realitäten; er tötet. Die entscheidende Funktion der Neuprägung in der Grundausbildung besteht darin, dafür zu sorgen, dass Calley in solchen Situationen gehorcht.

Charles Mansons Roboterisierung von Squeaky Fromme war genauso simpel, obwohl Mansons Einfluss missverstanden worden ist.

Zunächst einmal reicht es nicht, zu sagen, dass Manson und seine Macht über die Familie ein Produkt der Drogenkultur war. Man kann in der Hippie-Bewegung und ihren ca. fünfunddreissig Millionen Potrauchern tatsächlich ein enormes, ziemlich dilettantisches Experiment selbst herbeigeführter Gehirnveränderung sehen. Durch Neurotransmitter lässt sich dasselbe erreichen wie durch Isolation, denn sie schwächen die alten Prägungen des Konsumenten oder heben sie ganz auf.

Und genau das ist der Grund, warum die Konservativen Drogen fürchten. Sie wollen einfach nicht, dass der jüngere Teil der Bevölkerung mit Bewusstseins- und Ego-Veränderung, Mind-Metamorphose und sexuellem Rollenverhalten herumexperimentiert. Wenn das Militär den Konsum von Gras beim Drill zum militärischen Gehorsam miteingeführt hätte, wäre die Haltung der Gesellschaft dazu wahrscheinlich umgekehrt. Die Konservativen hätten Cannabis ebenso pragmatisch verteidigt, wie sie über Vietnam Napalm abwarfen. Radikale Dissidenten hätten Cannabis genauso gefürchtet, wie angezapfte Telefone.

Manson benutzte Drogen nur als eins von vielen Hilfsmitteln der Gehirnwäsche, und das tat er aus Gründen, die der Drogenkultur völlig fremd waren. Während andere Gurus der Sechziger Drogen zu Hilfe nahmen, um ihre Jünger auf den Peace-Love-Ökologie-Trip zu schicken, benutzte Manson dieselben Drogen, um seine Family auf Faschismus, Rassismus und Sexismus zu programmieren. Als Zugführer bei den Green Berets hätte sich Manson gar nicht schlecht gemacht. In **Helter Skelter** beschreibt der Staatsanwalt Bugliosi die Programme, für die Sergeant Manson Drogen benutzte. Furcht und Isolation von der normalen Gesellschaft (erster Schaltkreis), Status in der Kommune und ständige Wiederholung von emotionalen Passagen aus der Bibel, in der sich stets das Passende finden lässt (zweiter Schaltkreis), okkulte Lehren (dritter Schaltkreis), Sex ohne Schuldgefühl (vierter Schaltkreis). Ed Sanders ergänzt in seinem Buch **The Family**, dass die weiblichen Mitglieder normalerweise mit einem LSD-Trip in die Kommune aufgenommen wurden, in dessen Verlauf Charlie mit ihnen wiederholt oralen Geschlechtsverkehr hatte.

Das Neugeborene setzt Schmutz und Geruch ganz richtig mit Überleben gleich, genauso wie der Hippie, der auf Räucherstäbchen, Kerzenlicht, Schlafsäcke und vergammelte Bruchbuden abfährt.

Natürlich rührte Mansons hypnotische Macht auch aus der erschütternden Tatsache, dass er der Roboter war, bei dem die Gehirnwäsche am meisten eingeschlagen hatte. Manson folgte nicht nur, sondern glaubte dem blutrünstigen Skript im *Buch der Offenbarungen* – das grosse Biest, der Kampf zwischen Gut und Böse und das Jüngste Gericht. Mansons Dritte-Schaltkreis-Realität war die sofortige Apokalypse, und das Gefängnis lehrte ihn, wie sie auszulösen war. Manson verbrachte siebzehn von seinen zweiunddreissig Jahren im Gefängnis. Isolation hinter Mauern und Gittern brachte sein Überlebens-Gehirn wieder auf den Stand eines Säuglings; rivalisierende Gangs von Häftlingen und Wärtern zwangen sein emotionales Gehirn zu rücksichtslosester Säugetierpolitik; sein Symbol-Gehirn wurde mit einer verrückten Mischung aus orthodoxen und rassistischen Ideologien gefüttert und alles mögliche, mit Ausnahme nicht domestizierter reproduktiver Sexualität, programmierte sein erotisches Gehirn. Die Realität, die Manson später auf der Spahn Movie Ranch in der Nähe von Los Angeles kreierte, war der stereophone 3-D-Traum jedes Zuhälter/Dealer-Häftlings.

Das S.L.A.-Versteck des Generalfeldmarschalls Cinque, eines weiteren Absolventen des Archipel Kalifornien, war die marxistische Version der gleichen Knastphantasie: Knarren, geklaute Autos, Girls, Gehorsam und sinnlose Morde. Die Kidnapper von der S.L.A. wendeten bei Patty Hearst nur die Standardmethoden für Gehirnwäsche an, die Cinque in den gehirnverändernden Gefängnissen von Kalifornien gelernt hatte: zuerst der physische Schock der Entführung, Orientierungsverlust durch die Fahrt im Kofferraum und Eingesperrtsein in einem kleinen, dunklen Zimmer. Dann folgten Cinques Besuche in der Isolationszelle und sein Rollenwechsel vom Entführer zu dem, der Pattys biologisches Überleben sicherstellte. Der mütterliche Cinque sorgte für Essen und Trinken; der väterliche Cinque machte ihr kaltschnäuzig klar, dass ihr Leben von seinen Launen abhinge. Patty ist auf den Stand eines Säuglings reduziert, winzig klein in einer riesengrossen Welt.

Immer wenn der erste Schaltkreis Gefahr anzeigt, hören alle anderen geistigen Aktivitäten sofort auf.

Sobald Patty ihre fernen Eltern und ihren unerreichbaren Freund durch Cinque ersetzt hatte, führte er ein neues Symbolsystem und eine neue Realität ein. Seine kräftigen Stimmbänder erfüllten das winzige Zimmer mit der sonoren poetischen Rhetorik des Gettos, des Gefängnisses und der Unterwelt, die er noch durch eine marxistische, apokalyptische Theologie unterstrich. Tausende von Aussteigern und Ausreissern, die sich während der letzten zehn Jahre plötzlich in den überbelegten, vergammelten Apartments von Haight Ashbury oder dem East Village wiederfanden und die neue, hippe Version des klassischen, anarchistischen Outlaw-Symbolismus gierig aufsaugten, machten die gleiche Gehirnwäsche durch.

(Die Bedeutung des Angstgefühls für diese Fälle kann gar nicht hoch genug eingeschätzt werden. Das Gehirn des Babys – und das des wieder «kindlich» gemachten Erwachsenen – sehnt sich nach Wärme, Hautgeruch und schlüpfrig-feuchtem Körperkontakt. Das Neugeborene setzt Schmutz und Geruch ganz richtig mit Überleben gleich, genauso wie der langhaarige, parfümierte Hippie, der auf Räucherstäbchen, Kerzenlicht, Schlafsäcke und vergammelte Bruchbuden abfährt. Domestizierte Moralisten, die diesen natürlichen Lebensstil verurteilen, merken überhaupt nicht, dass Angst und deren Überwindung für das in einem

Jeder von uns ist ununterbrochen Opfer von Gehirnwäsche. Der einzige Schutz dagegen ist unser Wissen um die Funktionsweise des Gehirns. Die Lösungen für unsere heikle Lage sind auf der neurologischen Ebene zu suchen. Wir müssen selbst Verantwortung für unsere Nervensysteme übernehmen.

«kindlichen» Zustand zurückversetzte Gehirn Überlebensentzücken bedeutet.) Der Höhepunkt von Patty Hearsts Re-Programmierung war die neue sexuelle Realität, die ihrem vierten Schaltkreis aufgezwungen wurde. In einem merkwürdig naiven Bericht über Pattys Gefangenschaft skizzierte ein anonymes S.L.A.-Mitglied ohne es zu merken, wie die Gehirnwäsche vollzogen wurde:

«Es gibt viele Leute, die immer noch nicht verstehen, wie Tania sich so schnell von der beschützten Bürgerstochter zur Freiheitskämpferin entwickeln konnte. Wir möchten allen metaphysischen Spekulationen über Gehirnwäsche und sexuelle Sklaverei ein für alle Mal ein Ende setzen.»

Nach dieser Distanzierung geht es in dem in Harris' Versteck in San Francisco gefundenen S.L.A.-Bericht mit einer Beschreibung der klassischen Gehirnwäsche-Methoden weiter. «Am Anfang sorgten wir für Tanias Grundbedürfnisse: Unterkunft, Nahrung, Kleidung, medizinische Behandlung und Nachrichten von der Aussenwelt. Obwohl wir Sex zu den menschlichen Grundbedürfnissen zählten, verweigerte unser Versprechen, sie sexuell nicht auszubeuten, gepaart mit ihrem grundsätzlichen Status als Kriegsgefangene, Tania die Freiheit, mit einer anderen Person sexuell zu verkehren. Aber später ... als sie sich immer mehr an den Zellenalltag gewöhnte, versuchten wir, Tania wie eine von uns zu behandeln. Es war völlig natürlich, dass mit zunehmendem persönlichen Kontakt ... auch Sexualität ins Spiel kommen würde.»

Tanias S.L.A.-Prägungen wurden durch die neue Stammesrealität, der sie vierundzwanzig Stunden am Tag ausgesetzt war, verstärkt und blieben scheinbar bis zu der Schiesserei von Los Angeles stabil. Jack Scotts Beschreibung von Tania in den folgenden Monaten der Flucht quer durchs ganze Land spiegeln jedoch das Bild einer rastlosen, reizbaren, unausgeglichenen Person. Cinque, der Chefprogrammierer, war tot, und Patty/Tania kehrte schliesslich mit dem Instinkt eines Zugvogels nach San Francisco, dem Schauplatz ihrer Geburt und Wiedergeburt, zurück. Nach der Verhaftung setzten Pattys Bewacher die nächste Reprogrammierungs-Kampagne an. Wieder wurden die Bio-Überlebens-Bedürfnisse von ihren Bewachern befriedigt. Ihr Ego-Status hing von ihrem Wohlverhalten ab, und riesige Anstrengungen wurden unternommen, um sie dazu zu bringen, das Symbolsystem ihrer Eltern aufs neue zu übernehmen. Das neue Programm hatte nur den einen Fehler, dass es sich überhaupt nicht mit Tanias befreiten sexuellen Prägungen auseinandersetzte.

Die einzige Hoffnung für Patty Hearst – wie auch für den Rest von uns Opfern der Gehirnwäsche – besteht darin, sich klarzumachen, wie Roboter-Prägungen funktionieren, zuversichtlich in sein Inneres zu schauen, und anzufangen, sich seine eigenen Prägungen auszusuchen.

War Rusty Calley, der Gelegenheitsarbeiter aus Florida, des Mordes schuldig? Nein. Die Verbrechen wurden von Leutnant Calley begangen, einem programmierten Roboter, den die Armee darauf abgerichtet hatte, auf Befehl zu töten.

War Lynette Alice Fromme des versuchten Mordes schuldig? Nein. Die Pistole gehörte Squeakey Fromme, einem programmierten Roboter aus Charles Mansons Zombie-Truppe.

Übernehmen wir die persönliche Verantwortung nicht, wird es jemand anders tun. Sitzen wir jedoch selbst am Schaltpult, können wir sein, wer immer wir wollen.

War Patty Hearst irgendeines Verbrechens schuldig? Nein. Tania ist das gehirnveränderte Produkt von Schleifer Cinques Neurotechnologie.

Doch verfolgen wir die Neurologie der Schuld noch ein paar Schritte weiter. Wer brachte denn Charles Manson und Cinque die Methoden der Gehirnveränderung, wie auch ihre Philosophie der Gewalt, bei? Das Gefängnis-System natürlich. Wer erhält denn die Gefängnisse und wer die Armee, die Manson, Cinque und Calley zu Robotern machten? Die Steuerzahler.

Aber eure vorgetäuschten Schuldkomplexe könnt ihr vergessen. Schuld, Unschuld, Moral und Willensstärke haben nichts mit unserem neurologischen Zustand zu tun. Wir sind allesamt Automaten, die mechanisch auf eingeprägte Realitäten reagieren, deren Willkür wirklich peinlich ist. Die Ursachen für Verbrechen oder Friedfertigkeit, Gewalt oder Liebe, Domestizierung oder Verweigerung, Fleiss oder Faulheit, Promiskuität oder Prüderie, Dummheit und Schlauheit, sind nämlich nur zufällige neurologische Prägungen. Das, was die empfängnisbereiten Nervenzellen beeindruckt, bleibt auf Lebzeiten geprägt.

Schuld, Unschuld, Strafe, Vergebung, Recht und Ordnung und Rehabilitation konstituieren die Mythologie, die die simple Realität von mies konstruierten Robotern verschleiert, die alle durcheinanderstolpern. Gerade die quälenden und angeblich unlösbaren sozialen Probleme kommen nur daher, dass wir die Fähigkeit unseres Hirns zu mechanischer Wiederholung und jähem Wechsel nicht erkennen.

Jeder von uns ist ununterbrochen Opfer von Gehirnwäsche. Der einzige Schutz dagegen ist unser Wissen um die Funktionsweise des Gehirns. Die Lösungen für unsere heikle Lage sind auf der neurologischen Ebene zu suchen. Wir müssen selbst Verantwortung für unsere Nervensysteme übernehmen. Unsere Programmierung bleibt bestehen, wenn wir die in Kindheit und Jugend empfangenen Prägungen ständig wiederholen; sie kann aber auch ohne unsere Zustimmung von Hirnwäschern drastisch verändert werden, wenn wir die Kontrolle über unsere Nervensysteme nicht selbst in die Hand nehmen. Übernehmen wir diese persönliche Verantwortung nicht, wird es jemand anderes tun. Sitzen wir jedoch selbst am Schaltpult, können wir sein, wer immer wir wollen.

House Gets List of FBI Agents Who Broke Law

WASHINGTON (UPI)—The Department of Justice Monday sent Congress a list of FBI agents who broke the law during their investigations, and a House subcommittee set up a meeting with Atty. Gen. Griffin B. Bell to learn what he is doing about such cases.

Bell was ready to testify Monday but the House was voting on an array of bills. After waiting half an hour the attorney general left, commenting, "I've got other things to do."

After conferring with Rep. Richardson Preyer (D-N.C.), committee ⸏son, Bell agreed to return ⸏⸏an, The subcommittee wants nces that illegal investi- by the FBI and other longer officially con-

Gen. Raymond Ca- ⸏e House govern- ⸏ommittee with a of illegal wire- ⸏ing by federal ⸏overed by ⸏t three

In another hearing, Justice Department officials told a House judiciary subcommittee Monday that the number of domestic security cases handled by the FBI dropped from 4,868 on March 31, 1976, to 214 as of June 1.

FBI Inspector John Hotis said that of the current cases, about 25 terrorist organizations were under investigation and the remainder of the investigations were of individuals.

Dep. Asst. Atty. Gen. Mary Lawton said the decrease in the number of cases reflected an internal review by the FBI and the attorney general under new guidelines.

Rep. Robert McClory (R-Ill.) expressed concern that the guidelines for the FBI would be too strict.

"I think we have gone to absurdity . . . an excess of zeal," McClory said.

The operations subcommittee invited Bell to testify as a followup to indictment of retired FBI super⸏ John Kearney, charged with us⸏ legal wiretaps and mail open track down fugitive member radical Weatherman organ the early 1970s.

Die Neuropolitik der Courage:
Eine kurze Begegnung mit Charles Manson

Kommodore Leri, Agent, von der Zentralen Intelligenz auf die Erde, den dritten Planeten eines Typ-G-Sterns, abkommandiert, sitzt auf einer Bank in der Wartezelle des Soledad-Gefängnisses. Er trägt den weissen Jumpsuit, der bei Gefangenentransporten üblich ist. Links von ihm, John O'Neill, ein raffinierter, gutaussehender Bursche irischer Abstammung, zehn Jahre für vorsätzliche Tötung. Rechts von ihm ein grosser, schlanker, hübscher Cowboy namens Ted, mit indianischen Gesichtszügen und sonnengebräunter Haut. Ted schwatzt vor sich hin. In den letzten Jahren hat er jede Menge Gefängnisse von innen gesehen und gilt allgemein als verkrachte Existenz. («Er spielt nie mit offenen Karten», flüstert O'Neill. «Er ist eine Tunte und ein Spitzel.») Für diese drei ist der Dark Tower vorerst Endstation, und das verbindet sie. Der Dark Tower – das ist Folsom, ein trans-Einsteinsches Schwarzes Loch in der Galaxis des Planeten Erde, aus dem nichts je entweicht, ausser schwacher roter Strahlung.

Nach den Tate-La-Bianca-Morden hatte Leri in Hollywood Primatenforschung betrieben und war fasziniert von der Welle von Angst, die durch die Filmkolonie ging. Plötzlich galt es als chic, Türschlösser zu installieren, die sich mit Fernbedienung öffnen lassen, sobald der Besucher sich über die Sprechanlage zu erkennen gibt. Diese Vorsichtsmassnahme beruhigte zwar die Gemüter, wäre aber mit Sicherheit kein Hindernis für die ausgekochten Manson-Jünger gewesen, die das Tor des Tate-Hauses umgingen, weil sie befürchteten, dass es unter Strom stehen würde. Und so schrieb Leri einen Artikel für *Oui*, in dem er zeigte, dass keine der menschlichen Ängste, die Manson sich systematisch zu Nutzen machte, durch äusserliche Schutzmassnahmen neutralisiert werden können. Diese furchtbare Angst, schrieb er, ist eine innere, neurologische Reaktion. Wer Manson verstehen will, muss erst einmal die Neurologie der menschlichen Angst begreifen.

Es hiess, dass Manson bei anderen Angst auslöste, um selber Macht zu gewinnen.

«Ein Aspekt von Mansons Philosophie verblüffte mich ganz besonders, und zwar seine merkwürdige Ansicht von Angst», sagt Vincent Bugliosi in *Helter Skelter*. «Er predigte nicht nur, dass Angst etwas Schönes sei, sondern gab seiner Family auch oft den Rat, ständig in einem Zustand von Angst zu leben. ‹Was meinte er damit?› fragte ich Paul Watkins, Mansons Stellvertreter.

‹Für Charlie war Angst wie Bewusstheit›, meinte Watkins. ‹Je grösser die Angst ist, um so grösser ist auch die Bewusstheit und folglich auch die Liebe. Wenn man wirklich Angst hat, kommt man zum *Jetzt*. Und wenn man im *Jetzt* ist, ist man auch total bewusst.›»

Ehre, wem Ehre gebührt. Mansons Interpretation von Angst hat ihre Wurzeln in der Paranoia, die durch die Haltung des Militärs im Kalten Krieg entstand, den Anti-Drogen-Kampagnen, dem süchtigmachenden Erfolg der populärsten Filme und Krimis, den Mechanismen von Bürokratie und Justizbehörden und der Führung unserer Strafinstitutionen.

Ehe wir Manson verstehen können, müssen wir uns klarmachen, dass ein Gefängnissystem ein kultureller Mikrokosmos ist und dass das amerikanische Gefängnissystem nur auf der Basis von nackter Angst und Gewalt funktioniert.

Der Bus kommt schnaufend auf dem Parkplatz von Soledad zum Stehen. Man holt die drei für Folsom bestimmten Häftlinge nach draussen, wo sie in glühender Hitze auf ihren Abtransport warten. Kommodore Leri erkennt die Sicherheitsbeamten von früheren Trips wieder. Den stämmigen Schwarzen, der ständig an seiner Knarre herumputzt, den rotgesichtigen John-Wayne-Typ und den aalglatten, heimtückischen Sergeant.

«Ist verdammt heiss heute, und nur 'ne kurze Fahrt mit den Dreien hier. Lassen wir die Handschellen weg», sagt Rotgesicht mürrisch und wiegt sich bedächtig vor und zurück.

Mehrere hundert mit Messern bewaffnete Männer standen unruhig auf dem Hof herum, während die Verhandlungen geführt wurden. Das ist Realpolitik. Nackte Adrenalin-Diplomatie.

«Ach was, der macht uns keinen Ärger», schnurrt der Sarge.

«Es sei denn, wir machen einen Fehler, stimmt's?» meint der Schwarze und starrt den Kommodore finster an.

Im Bus sitzen noch vier andere Häftlinge. Jeder behauptet, den Kommodore schon früher in anderen Gefängnissen getroffen zu haben, von denen er noch nie gehört hat. Die sind ja wie die Crew von Kennedys Patrouillenboot, denkt er.

Der Bus keucht durch die innere Sicherheitszone von Soledad und stoppt vor dem Haupteingang des Gefängnisses. Die Wärter steigen aus und warten darauf, dass der Wachturm ihnen den Korb mit ihren Gewehren herunterlässt. Der Bus tuckert durch den Haupteingang, und Soledad bleibt zurück.

Die Fahrt durch das grösste Tal von Kalifornien ist eine angenehme Entdeckungsreise. Blake hat einmal gesagt, dass der Narr nicht den gleichen Baum sieht wie der Weise. Und der freie Mann sieht nicht den gleichen Baum wie der Häftling.

Macht und Politik der Angst liegen unglücklicherweise ausserhalb des Erfahrungsbereiches unserer elektroiden Mittelklasse, die ihre Kicks nur noch über das Medium Fernsehen bezieht. Nur Bullen, Häftlinge und Gettoveteranen kennen dieses einzigartige Prickeln totaler Wachsamkeit, die sie zum Überleben brauchen.

Leris Schulung in dieser Atmosphäre purer Angst, die im Zellengang eines prä-Folsomschen Gulags herrscht, liess nicht lange auf sich warten. Jeden Morgen verliess er um 8.30 Uhr seine Zelle, ging zum Ende des Zellenblocks, wartete, bis man ihn durchliess, und rannte dann den achthundert Meter langen Hauptkorridor bis zu seinem Arbeitsplatz entlang. Bei dieser Runde musste er jeden Tag an mehr als fünfzig Häftlingen und Wärtern vorbei. Und jede Begegnung erforderte einen bewussten und präzise abgestimmten sozialen Code. Es konnte ganz schön riskant sein und sogar tödlich ausgehen, wenn er hier ein «He, Mann» und da ein Lächeln vergass, oder beim nächsten nicht stehenblieb, um sich kurz nach seinem Befinden zu erkundigen. Andererseits würde er es nie wagen, diesen hier anzuschauen, beim nächsten zu lächeln oder bei einem Dritten stehenzubleiben, um nicht eine Welle von Paranoia auszulösen. Einmal schnauzte er, ohne es zu wissen, ein Bandenmitglied an und war plötzlich der Mittelpunkt einer heftigen Auseinandersetzung zwischen zwei rivalisierenden Gruppen. Mehrere hundert mit Messern bewaffnete Männer standen unruhig auf dem Hof herum, während die Verhandlungen geführt wurden. Das ist Realpolitik. Nackte Adrenalin-Diplomatie.

Während seiner Knastkarriere hatte er auch Dutzende Male Gelegenheit, dabeizusein, wenn die Gangster im Gefängnishof herumstanden und von ihren bewaffneten Raubüberfällen erzählten. Die meisten von ihnen gaben zu, dass der Kick bei einem Überfall eigentlich nicht das Geld war, sondern eher die Panik, die er im Opfer auslöste. «Mann, diese Esel scheissen sich echt in die Hose, wenn du ihnen deine 45er unter die Nase hältst.» Lautes Gelächter.

Ausserdem lernte er, dass der brutale Schläger, der sein Opfer verachtet, sich insgeheim selbst nach Unterwerfung sehnt. Auch der autoritärste Macker fühlt sich nur dann wohl, wenn er unter dem Einfluss eines noch Stärkeren steht. Selbst Manson fühlte sich auf dem Höhepunkt seiner Macht auf der Spahn Ranch einsam und verlassen, weil niemand da war,

Intelligenz, definiert als der richtige, flexible und erfinderische Einsatz sprachlicher und manueller Fähigkeiten, hat in einer von Angst beherrschten Gesellschaft keinen Platz; die Gefährlichsten und die Stärksten sind automatisch auch die Schlauesten.

der ihm sagte, was zu tun war. Nach seiner Verhandlung erzählte er Bugliosi in einem Interview: «Das Gefängnis war immer meine Heimat. Ich wollte schon letztes Mal nicht raus, und ihr bringt mich nur wieder dahin zurück.»

Der Bus kommt vor dem Haupteingang von Folsom keuchend zum Stehen. Ein graugesichtiger Kalfaktor rennt los, um das erste Tor aufzustossen. «Die ihr hier eintretet, lasst alle Hoffnung fahren.» Der Bus fährt quer über den Hof und parkt neben dem Eingang zum Zellenblock von Folsom.

Die Passagiere betrachten das sternförmige Baseballfeld, das von betonierten Wegen gesäumt ist. Das Feld liegt verlassen da. Nur ein stämmiger Schwarzer mit einem blauen Hemd bewässert das Aussenfeld. Seine Gummistiefel platschen durch die Pfützen im Gras.

«Ist das der Haupthof?» fragt der Kommodore. «Ist ja nicht besonders gross.»

«Wart' mal, bis du siehst, wie da zweitausend Blauhemden drin rumlaufen», meint ein Schwarzer, der sich auf dem Vordersitz lümmelt.

Das Begleitpersonal springt heraus und verhandelt mit den Gefängniswärtern über die Papiere. Die anderen langweilen sich inzwischen zu Tode.

«Was geht jetzt ab?»

«Wir kommen erst mal ganz nach unten», meint der Schwarze. «Und da bleiben wir so lange, bis sie wissen, dass wir hier sicher sind, dass wir keine Feinde haben oder sowas, du weisst schon. Es sei denn, sie bringen uns nach 4A.»

«Was ist denn 4A?» fragt der Kommodore.

«Das ist das Schlimmste, was dir passieren kann», sagt der Schwarze und lacht. «Bunker, verstehst du. Da verfrachten sie die Krawallmacher hin, die für den normalen Vollzug zu gemein und zu heimtückisch sind. Oder Spitzel, die da oben keine fünf Minuten überleben würden. Folsom ist schon das Letzte im Strafvollzug, aber 4A ist wirklich das Allerletzte. Ah, da kommen die 4A-Bullen ja. Das heisst, einer von uns ist reif für das Loch.»

Das Gefängnis ist das klassische Forschungs- und Schulungszentrum für Furcht und Furchtlosigkeit. Der Gedanke an seine unbarmherzige Dschungelrealität lässt die Mittelklasse schaudern, und erst nach vier Jahren im Bunker hatte Leri kapiert, worum es hier eigentlich ging. Wer einmal Angst zeigt, muss von dem Moment an ständig mit physischer Konfrontation rechnen.

Da Charles Manson den grössten Teil seines Erwachsenenlebens im Gefängnis verbracht hatte, kannte er sich natürlich mit den Taktiken des Terrors, wie physische Bedrohung («Ich bin gefährlich»), emotionaler Zwang («Ich bin stark») und symbolische Manipulation («Ich bin schlauer als du») bestens aus.

Intelligenz, definiert als der richtige, flexible und erfinderische Einsatz sprachlicher und manueller Fähigkeiten, hat in einer von Angst beherrschten Gesellschaft keinen Platz; die Gefährlichsten und die Stärksten sind automatisch auch die Schlauesten. Scharfsinn, Verständnis, Sensibilität, Problembewusstsein und tolerante Kommunikation sind im totalitären System verboten. Im Gefängnis gesteht der Anführer einer Gang sich weder seine eigene Ignoranz ein, noch akzeptiert er Fakten von anderen. Alle Kommunikation unterliegt der Hackordnung. Keiner hört zu. Keiner denkt.

Der Alchimist wird in einen leeren Raum geführt, in dem nichts weiter steht ausser einem Tisch vor der linken Wand. Dahinter stehen acht grosse Wärter, jeder mit einem Schlagstock in der Hand. Ihre Gesichter sind ausdruckslos. «Ausziehen!»

Die sieben Männer im Bus schauen einander prüfend an: Wen wird Iron Jaws wohl ins Loch stecken? Die Eisentür eines neueren Betonbaus geht auf, und drei Wärter kommen die Treppe herunter auf den Bus zu. Grosse, muskulöse Männer mit Schlagstöcken in der Hand. Einer der mitfahrenden Wärter lehnt sich von innen gegen die Bustür.
«He, Doc. Rauskommen!»

Ein Agent mit einer Mission auf einem larvalen Planeten muss jeder Gefahr ins Auge sehen, in jeden Abgrund hinabsteigen, die Schwerkraft in Schwerelosigkeit verwandeln.

«Jetzt haben sie dich am Sack», sagte der Schwarze. «Wenn du cool bleibst, hast du sie in ein paar Wochen soweit, dass sie dich rauslassen. Oder halt in ein paar Jahren.»
Der Zauberer nickt den mitfühlenden Gesichtern seiner Reisegefährten zu. Unter der Nachmittagssonne dampft der Beton. Ein dumpfes Gefühl der Verlassenheit macht sich breit. Die drei mit ihren Knüppeln schauen ihn unbeteiligt an. Einer von ihnen zeigt mit dem Daumen in Richtung 4A. Der Philosoph, der sich plötzlich ganz klein und hilflos vorkommt, schreitet gesenkten Hauptes auf die Eisentür zu. Er wird von zwei Wärtern mit Knüppeln flankiert. Der Dritte läuft hinter ihm. Am Eingang macht sich einer von ihnen an der Sprechanlage zu schaffen. Die Tür öffnet sich mit einem lauten Klicken. Sie betreten einen langen Korridor, der nach links abzweigt.

Es erübrigt sich, an dieser Stelle einen historischen Abriss über die florentinischen Gruppen zu geben, die in typischer Säugetiermanier im Amerika des 20. Jahrhunderts um territoriale Vorherrschaft kämpften. Aber man sollte vielleicht bemerken, dass Leri auf dem Höhepunkt des amerikanischen Imperiums auftauchte, und in West Point, einer Prä-Weltraum-Militärakademie für anti-östliche Krieger, ausgebildet wurde. Später studierte er in Berkelium prä-neurologische Psychologie und nahm an den philosophischen und epistemologischen Auseinandersetzungen dieser Periode teil.

Einer der Wärter bläst in seine Trillerpfeife, und zwei entgegenkommende Häftlinge bleiben wie angewurzelt stehen. Die Prozession marschiert den Korridor entlang und bleibt nach etwa sechs Metern vor einer zweiten Eisentür stehen. Ein Wärter hämmert mit seinem Knüppel gegen den Stahl. Von der anderen Seite späht ein Wärter durch das Guckloch, und die Tür geht auf. Nun befinden sie sich im Inneren eines fensterlosen Raums. Noch eine Tür. Wieder hämmert der Wärter dagegen. Und wieder späht einer durch ein Guckloch. Jetzt geht auch diese Tür auf.
Der Alchimist wird in einen leeren Raum geführt, in dem nichts weiter steht ausser einem Tisch vor der linken Wand. Dahinter stehen acht grosse Wärter, jeder mit einem Schlagstock in der Hand. Ihre Gesichter sind ausdruckslos.

Millionen von Jugendlichen — und ein paar flexiblere Ältere – trieben hilflos in einem ethischen Vakuum. In diese Leere fielen die spirituellen Führer und die ethische Mafia ein – kurz die Soul-Fucker.

«Ausziehen!»

Als Manson im März 1967 aus dem Gefängnis entlassen wurde, brachte er den lockeren, offenen, leichtgläubigen und fröhlichen Blumenkindern von Haight-Ashbury die drei furchteinflössenden Techniken mit, die er selbst in der Schule des Verbrechens gelernt hatte: physische Gewalt, emotionale Dominanz und dogmatische Wiederholung von Symbolen. Ausser diesen drei vergleichsweise primitiven Methoden bediente er sich jedoch auch noch einer vierten und weit wirkungsvolleren Quelle persönlicher Macht: moralischer Zwang.

Vor den Sechzigern waren die meisten domestizierten Menschen sich gar nicht darüber klar, in welchem Ausmass moralischer Druck ihr Verhalten beeinflusste. Sie merkten nicht, mit welchem Zwang Familie, Clan, Kirche, Schule und Zivilrecht operieren und wie alle versuchen, Verhalten auf das zu beschränken, was der Mehrheit, dem Clan, oder der Spezies nützte. Die kulturelle Revolution der sechziger Jahre trug jedoch wesentlich dazu bei, die Angst, die sich allgemein in Form von Sünde, Schuld, Unheil und Tabus manifestiert, abzubauen. Millionen von Jugendlichen – und ein paar flexiblere Ältere – trieben hilflos in einem ethischen Vakuum. In diese Leere fielen die spirituellen Führer und die ethische Mafia ein – kurz, die Soul-Fucker. Im letzten Jahrzehnt wurde Amerika zu einem spirituellen Wilden Westen, mit San Francisco als Dodge City. Religiöse Bandenführer und ethische Revolverhelden kämpften um Vorherrschaft, unter ihnen die Diggers, Schwarze Militante, Hippie-Gurus, Hindu-Swamis, Propheten des Hedonismus, Jesus-Freaks, selbsternannte Messiasse, Reformkost-Fanatiker, Seelenzuhälter und Hoffnungsverkäufer.

In diese byzantinische Situation platzte Manson, frischgebackener Absolvent der Akademie der Angst, und hielt ihnen ein Buch unter die Nase, das die höchste ethische Autorität anführt, um Ritualmord zu rechtfertigen, ein dreitausend Jahre alter Text, voller Vorschriften und Prophezeiungen, der die Ungläubigen das Fürchten lehren soll: das Buch der **Offenbarung.**

Wie befohlen, schlüpfte Leri aus dem weissen Jumpsuit, den Socken und den weissen Tennisschuhen, die er in Luzern gekauft hatte.

> *Es war ein Fehler gewesen, damals in den frühen Sechzigern das Schwarze Loch als distanzierter Beobachter, im Newtonschen Sinne, entsprechend den prä-neurologischen Vorstellungen der Wissenschaft zu betreten. Er lernte nach Heisenberg, dass der Betrachter und das Betrachtete eine nahtlose Einheit bilden müssen. Man muss das Schwarze Loch wie dessen wahre Bürger betreten, wehrlos, ausgeliefert, auf sich selbst gestellt! Nur so kann im Sinne Einsteins ein wirklich wissenschaftlicher Bericht über die domestizierten Affen auf Sol-3 verfasst werden.*

Nackt steht er da, und ein Wärter fährt mit einem Metalldetektor von Grösse und Aussehen eines Ping-Pong-Schlägers über seinen Kopf, das Gesicht, den Hals und den Körper. Dann hält er den Detektor über die abgelegten Kleider. Ein anderer Wärter wirft Leri einen

Während die Soul-Fucker San Francisco unsicher machten, entwickelte sich auf der anderen Seite des Kontinents die Castalia Foundation in Millbrook, New York, zu einem weltbekannten Forschungszentrum für Bewusstseinserweiterung und selbst herbeigeführte Gehirnveränderung.

zerlumpten Overall sowie Leinenschuhe zu und deutet auf einen Lagerraum hinter dem Tisch.

«Hol dir eine Matratze und zwei Laken raus.»

Die verriegelte Tür zur Rechten öffnet sich. Der Professor passiert in Begleitung von drei Wärtern eine Reihe von Zellen zur Linken und landet in der untersten Abteilung von 4A. Weil ihm die Schuhe zu gross sind, ist der Zauberer, der seine Matratze auf der Schulter trägt, gezwungen, den Gang unter den prüfenden Blicken der Gefangenen entlangzuschlurfen, die in Freudenschreie ausbrechen, als sie ihn erkennen.

«Hey! Mensch! Guckt mal, wer da kommt! Willkommen in 4A, Bruder.»

Leri nickt und lächelt den muskulösen Schwarzen und stämmigen Weissen zu, die hinter ihren Gittern stehen und zugucken, wie er vorbeistolpert. In der letzten Zelle des Gangs sitzt ein kleiner Mann im Lotossitz auf der Erde und lächelt wohlwollend.

Während die Soul-Fucker San Francisco unsicher machten, entwickelte sich auf der anderen Seite des Kontinents die Castalia Foundation in Millbrook, New York, zu einem weltbekannten Forschungszentrum für Bewusstseinserweiterung und selbst herbeigeführte Gehirnveränderung. Tausende von selbsternannten Propheten, Okkultisten und Jüngern kamen in die 64-Zimmer-Villa, die auf einem Grundstück von vierzig Hektaren fruchtbaren Ackerbodens steht. Millbrook war das Wimbledon der spirituellen Bewegung. Egal wie verschwommen, konfus, desorganisiert und anarchisch dieses neurologische Phänomen auch gewesen sein mag, die Erfahrungen waren jedenfalls von grösster philosophischer Bedeutung.

Zwischen 1963 und 1968 gab es in Millbrook so gut wie keinen Fall von physischer Bedrohung, körperlicher Gewalt oder symbolischer Einschüchterung. Spirituelle Ausbeutung gab es jedoch massenhaft.

Dutzende Male jagten die freigesetzten Energien selbst Leri eine Heidenangst ein. Er war naiv genug, jedem durchgedrehten Pilger, der an das grosse Eichentor klopfte und seine himmlischen Empfehlungsschreiben vorzeigte, Einlass zu gewähren. Seine Vorsichtsmassnahmen beschränkten sich darauf, solche Typen vorübergehend etwas näher im Auge zu behalten.

Nach fünf Jahren hatte sich die Mannschaft von Millbrook eine gewisse Erfahrung angeeignet und reagierte mit wohlwollender Skepsis auf diese Armee von Heiligen.

Jedesmal, wenn ein Fremder verkündete: «Ich bin Gottes Geheimagent!» lautete die geniale Antwort: «Kein Grund zur Aufregung. Wir sind ganz unter uns.»

Eine Zellentür öffnete sich in einem kleinen Vorraum, an dessen Ende eine zweite Tür liegt, durch die man in eine düstere fensterlose Gruft kommt. Die Wärter schliessen die beiden Türen, und der Alchimist findet sich in einer schmalen Zelle wieder.

Darin befinden sich ein lädierter verdreckter Abort, eine rostige Waschschüssel und ein Metallgestell, auf das er die schmuddelige, stinkende Matratze wirft. Der Raum ist finster, bis auf einen viereckigen Lichtstrahl, der durch die Aussentür fällt. Er hat noch vierundzwanzig Jahre abzureissen.

Mit Unterstützung larvaler Roter entkam er den Verliesen der Vergangenheit und flüchtete in die Mittelwelt, nur um dort von nordafrikanischen Piraten erneut eingesperrt zu werden. In der Frühzeit waren Vorkommnisse dieser Art nur allzu typisch für diesen zurückgebliebenen Planeten.

Der Philosoph fühlt sich erleichtert. Das ist es, denkt er. Fraglos, ohne Zweifel, Dantes Hölle. Nach achtzehn Gefängnissen und Zuchthäusern ist das hier wirklich die absolute Endstation. Jetzt, wo sie die Todesstrafe abgeschafft haben, ist die letzte Zelle in der Reihe im Bunker von Folsom das Nadir. «Von jetzt an kann es nur noch aufwärts gehen», sagt er sich und schaut auf.

Während des Indochinakrieges, als der alles überrollende westliche Imperialismus zurückgeschlagen wurde, spaltete sich Amerika in zwei Lager, und die zwei Parteien, Falken und Tauben, lieferten sich Strassenschlachten. In dieser Zeit wurde Leris Rolle als Evolutionärer Agent vorübergehend von einer kurzen politischen Karriere beeinträchtigt. Als der Oberfalke Nixon 1968 die Macht übernahm, wurden die Evolutionären Agenten rücksichtslos verfolgt. Unter denen, die verhaftet – und natürlich verurteilt – wurden, befand sich auch Agent Leri. Mit Unterstützung von Banden larvaler Roter entkam er den Verliesen der Vergangenheit und flüchtete in die Mittelwelt, nur um dort von nordafrikanischen Piraten erneut eingesperrt zu werden. In der Frühzeit waren Vorkommnisse dieser Art nur allzu typisch für diesen zurückgebliebenen Planeten.

Nach zehn Minuten Dunkelheit und Stille öffnet sich die Aussentür, und ein junger, blonder Häftling kommt herein. Er lehnt sich gegen die Gitter der Zellentür und lächelt aufmunternd.

«Tut mir leid, dass du hier bist, Mann, aber trotzdem, willkommen. Ich bin der Kalfaktor von dieser Abteilung. Rauchst du?»

«Yeah. Und gibt's hier irgendwas zu lesen?»

«Klar. Was willst du haben? Ich wette, du stehst nicht auf Schund, stimmt's? Ich besorg dir was Besseres. Du bleibst wahrscheinlich gar nicht lange hier unten. Wenn sie merken, dass du friedlich bist, verlegen sie dich nach oben.»

Der Kalfaktor schlüpft hinaus und lässt die Aussentür offen.

Das reflektierte Licht der untergehenden Sonne erwärmt die Zelle. Nach ein paar Minuten ist er wieder da und hat einen weissen Umschlag mit Tabak, ein Päckchen Zigarettenpapier und vier Taschenbücher dabei.

«Die sind von Charlie. Er ist in der Zelle nebenan.» Das wäre der Typ im Lotossitz, der so wohlwollend ausgesehen hatte. «Er möchte gerne wissen, ob du Zucker und Milch im Kaffee nimmst. Und ob du Honig magst.»

«Klar. Alles», sagt der Neurologiker lächelnd.

Der Kalfaktor grinst und verschwindet.

Durch den Gebrauch von weisser Magie – neurologische Techniken, die es Menschen ermöglicht, ihr eigenes Nervensystem zu verstehen und zu kontrollieren – neutralisierte er die Angriffe okkulter Mächte.

Aber über das, was in den Sechzigern wirklich passierte, als der Acid-Meuchelmörder Leri und seine Freunde das Sagen hatten, gab es keine einhellige Meinung. Die geflüsterten Worte «Spirituelle Revolution» tauchten in Klassenzimmern, Versammlungen und Landkommunen, Jugendkonferenzen, Vorstadt-Datschas und aggressiven Rundfunksendungen auf. Der berüchtigte Leri schien überall zugleich zu sein, zu ständigem Gedanken-Verbrechen und neurologischer Kindesmisshandlung anzustiften, bis die sozialistischen Massen selbst verlangten, dass die Autoritäten ihn in ein Erziehungs- und Arbeitslager steckten. Eine neue Welle von Gerüchten sexueller, pornographischer und ausserirdischer Art, in denen es um Mehrfach-Agenten und verwickelte Spionagegesetze ging, verbreitete weiteren Schrecken und ein Gefühl von quälender Ungewissheit.

Leri sitzt auf der Pritsche und riecht an dem Tabak. Bugler. Er rollt sich eine Zigarette und schaut zu, wie der Rauch aufsteigt und im Sonnenlicht tanzt.

Vierundzwanzig Jahre.

Er nimmt sich die Bücher vor, die Charlie ihm über den Kalfaktor geschickt hat. *Die Lehren des mitfühlenden Buddha. Auf der Suche nach dem Wunderbaren. Die Lehren des Don Juan.* Und *Der Meister und Margarita*, die dicke Taschenbuchausgabe eines Romans über das Leben im modernen Russland, von Bulgakov. Jedenfalls besser, als die gekürzten Romanfassungen von *Reader's Digest*, die er aus den früheren Löchern kannte.

Und da kommt der blonde Kalfaktor schon wieder an, diesmal mit Umschlägen voller Zuckerwürfel und Milchpulver, einem Plastikbecher mit Honig und einer Schachtel Crakkers.

«Das schickt dir Charlie. Ich muss jetzt weg. Die Bullen beobachten mich. Ich komme später wieder, falls du irgendwas brauchst.»

Das disziplinierte Studium höherer Bewusstseinsebenen und von Gehirnveränderung führt unweigerlich zu einer Auseinandersetzung mit Schwarzer Magie, die in Millbrook definiert wurde als Anwendung neurologischer Techniken, um Macht über andere zu erlangen. Leri beschloss damals, dass er mit Schwarzer Magie nichts zu tun haben wollte – und weigerte sich entschieden, irgend etwas über satanische Rituale zu lernen. Er war davon überzeugt, dass jede bewusste Beschäftigung mit Schwarzer Magie ihn vergiften und für sie anfällig machen würde. Nachdem er viel zu spät entdeckt hatte, dass er verhext, verzaubert und verwirrt, in Pentagone gemalt, Mantras der Todesgöttin Kali ausgesetzt und von Amuletten und Jujus geblendet worden war, beschloss er, wenigstens so viel über diese dunklen Künste zu lernen, dass er sie erkennen und auf sie reagieren konnte, weniger zur Selbstverteidigung, als vielmehr, um fehlgeleitete Magier auszuschalten. Durch den Gebrauch von weisser Magie – neurologische Techniken, die es Menschen ermöglicht, ihr eigenes Nervensystem zu verstehen und zu kontrollieren – neutralisierte er die Angriffe okkulter Mächte. Er entwickelte ein feines Gespür dafür, wie zu Beginn einer Interaktion Realitäten geschaffen und diese dann anderen aufgezwungen werden und wie Einbrüche in die Realität ver-

«So sieht die Ewigkeit aus, Bruder. Die absolute Endstation. Keiner kommt hier je wieder raus, wenn er erst mal drin ist. Das ist für immer.»

hindert werden können. Er erfand Dutzende von einfachen, lustigen und ästhetischen Schutzmassnahmen gegen schwarz-magische Realitätspiraten.

Ein Beispiel ist die buddhistische Mudra – eine Handbewegung –, die bedeutet «Hab' keine Angst». Daumen und Zeigefinger bilden einen Kreis, die drei übrigen Finger sind ausgestreckt, wie in dem amerikanischen O.K.-Zeichen. Der so gebildete Kreis kann dazu benutzt werden, das Bewusstsein zu konzentrieren. Durch den Kreis schaut man die Person an, die eine unerwünschte Realität projiziert. Dann verlagert man den Fokus auf die eigene Hand, und die Person spaltet sich in zwei periphäre, undeutliche optische Flecken. Und die Aufmerksamkeit konzentriert sich auf die eigene Fähigkeit, das eigene Bewusstsein selber steuern und kontrollieren zu können.

So bereitete Leri sich schon Jahre vorher auf sein erstes und einziges Realitätsgeplänkel mit Charles Manson vor, der ihm gleich zu Anfang eine Realität aufzwingen wollte, in der er selbst als biblischer Prophet daherkam. Leri konterte cool wie ein Zen-Meister im Hier und Jetzt: «Hast du mal 'ne Zigarette?» «Wie fühlst du dich?»

Der ausserirdische Agent sitzt auf der Erde und mustert die Zelle noch einmal. Auf Isolation und Hilflosigkeit reduziert, reagieren der Bio-Überlebens-Schaltkreis und die emotionalen Drüsensysteme mit primitiven Notstandsrastern. Der erfahrene Neurologiker tastet das Schaltkreissystem ab, schaltet den Aufgeben/Abhauen/Sterben-Reflex aus, peilt sich auf das Erfolg/Verzückung/Geduld-Programm ein und wartet gelassen darauf, dass die Vergangenheit die Zukunft einholt. Achtzehn Gefängnisse und Zuchthäuser in fünf Jahren sind eine gute Schulung für einen neurologischen Techniker.

Er hört eine Stimme.

«So bist du also doch noch gekommen. Seit Jahren beobachte ich, wie's mit dir bergab geht. Du weisst doch, wo wir sind?» Die Stimme ist heiser, irgendwie gönnerhaft. Der Typ im Lotossitz aus der Zelle nebenan, der die Bücher und den Honig geschickt hat, Charlie. Er wiederholt: «Weisst du *wirklich*, wo wir sind?»

«Wo sind wir?»

«So sieht die Ewigkeit aus, Bruder. Die absolute Endstation. Keiner kommt hier je wieder raus, wenn er erst mal drin ist. Das ist für immer.»

Leri hört der Stimme zu und ist mitleidig und ärgerlich zugleich. Er spürt, dass Charlie eine resignierte, subjektive Wahrheit spricht. Das heisst, Wahrheit für Charlie. Der Kommodore hat keine Lust, in diese Realität einbezogen zu werden, die er so schnell wie möglich abschütteln will. Aber jeder, der hier drinnen hockt, verdient Mitleid. Ausserdem versteht der Neurologe, wie diese Realität entstanden ist. Angst ist die Kraft, die unsere gesellschaftlichen Institutionen aktiviert und stützt, und Charlie ist der total institutionalisierte Mensch, ein kafkaeskes Symbol unserer technisch-moralischen Domestizierung.

«He», ruft Leri. «Hast du mir den Bugler und das Essen geschickt? Danke.»

«Es ist mir eine Ehre», antwortet die Stimme. «Ich liebe jedermann und versuche, das, was ich habe, zu teilen. Ich habe jahrelang darauf gewartet, mit dir zu reden. Da draussen hätten sich unsere Wege nie gekreuzt. Aber jetzt haben wir jede Menge Zeit. Wir waren alle deine Studenten, weisst du.» Die Stimme ist leise und so selbstsicher, wie die eines fundamentalistischen Predigers.

«Genau darum ging es», antwortete der Professor müde. «Ich wollte ihm nicht meine Realitäten aufzwingen. Es geht darum, dass jeder selbst Verantwortung für sein Nervensystem übernimmt, seine eigene neue Realität schafft.»

«Was soll das heissen?» Der Zauberer lehnt sich gegen das Gitter und spitzt die Ohren, damit ihm die leisen, selbstsicheren Worte nicht entgehen.

«Du weisst schon, wie das alles kam. Ich hab' mein Leben lang im Gefängnis gesessen und als ich Mitte der Sechziger rauskam, war da eine ganz neue Welt. Millionen von Kids, die die alten Lügen hinter sich gelassen hatten, ohne Macken, die nur darauf warteten, dass einer kam und ihnen sagte, was sie tun sollten.» Die Stimme klingt jetzt leicht klagend. «Und du hast ihnen nicht gesagt, was sie tun sollten. Das ist, was ich bei dir nie verstehen konnte, Mann. Du hast jedem gezeigt, wie man seinen Kopf verändern kann, aber dann hast du ihm keinen neuen Kopf gegeben. Warum nicht? Das wollte ich dich seit Jahren fragen.»

«Genau darum ging es», antwortet der Professor müde. «Ich wollte ihm nicht meine Realitäten aufzwingen. Es geht darum, dass jeder selbst Verantwortung für sein Nervensystem übernimmt, seine eigene neue Realität schafft. Das Ende vom Monotheismus-Trip, verstehst du. In dieser Zeit kannst du sein, wer du willst, alles andere ist Gehirnwäsche.»

«Das war dein Fehler», flüstert die Stimme gespenstisch hohl. «Keiner will Verantwortung übernehmen, jeder will gesagt kriegen, was er tun soll, woran glauben, was wirklich wahr und was wirklich Wirklichkeit ist.»

«Und du hast die Antworten für sie?»

«Steht alles in der Bibel, Mann. Das ist das einzige, was das Gefängnis dir gibt. Zeit, die Bibel zu lesen. Ich hab' mir das alles genau überlegt. Weisst du, warum alles schief ging?»

Der Barde erinnert sich: Er ist der Gast, der Beschenkte – kleine Geschenke, aber wahrscheinlich das einzige, was er geben konnte. Geduldig fragt er: «Warum?»

«Die waren schuld. Sie kriegten Angst und zwangen ihren Männern all diese Gesetze und die ganze Moral auf. Steht alles in der Bibel, Mann. Was sagt die Bibel über Frauen? Dass sie die Ursache allen Übels sind. Stimmt's? Kapierst du nicht? Liess sie, solange du hier bist. Sie ist unerbittlich und streng. Das Übel muss ausgerottet werden, nur wenige werden gerettet. Ich bin der einzige, der die Bibel wirklich ernst nimmt, und deshalb bin ich hier.»

Der Professor fragt ruhig: «Wie fühlst du dich, Charlie?»

Es folgt eine Pause und dann kommt die Stimme wieder, weniger Messias, mehr Häftling. «Ich fühle mich schlecht, Mann.» Nach diesem Geständnis ein neuer Wortschwall.

«Ich hab' den schlechtesten Deal in zweitausend Jahren gemacht, klar. Meistens lach' ich darüber. Aber die Schweine haben mich am Sack. Ich darf keine Briefe schreiben. Ich darf keine Besucher empfangen. Sie haben mich total abgeschnitten. Sie wollen mich wirklich umbringen. Ich spüre es. Den Mord in ihren Herzen. Meine Verhandlung war eine Farce. Es ist verrückt. Ich spiele *ihr* Skript. Handle nach *ihrer* Bibel, nehme das ganze Ding auf mich – alle ihre bösen und mörderischen Begierden, die ganzen Sünden der Menschheit, lasse mich für sie ans Kreuz schlagen. Und kein Mensch versteht. Keiner erkennt, was ich für sie tue. Verstehst du es. Oder verstehst du, was mit Sirhan los ist?»

Der Psychologe antwortet langsam: «Ich sehe, dass dies ein sehr christliches Land ist, und dass jeder Häftling gezwungen wird, Christus zu spielen. Aber um dir die Wahrheit zu sagen, ich will damit nicht viel zu tun haben. Ich bin ein irisch-katholischer Heide. Das älteste Gottesspiel der Welt.»

Der Professor sitzt auf der Erde und isst zu Abend. Das Essen wird auf einem Plastiktablett durch einen Schweinetrog geschoben und mit Plastiklöffeln gegessen, die so schnell kaputtgehen, dass man sie nicht als Waffe benutzen kann.

Manson wollte weder gefürchtet noch furchtbar gemacht werden. Leri bemitleidete seinen Mitgefangenen und hatte bestimmt nicht den Wunsch, dem unglücklichen Kerl noch mehr zu schaden.

Später, im Gefängnishof von Folsom, kam er mit Bob Hart ins Gespräch, einem wilden, zähen, weisen Veteranen des Gefängnissystems.

«Warum wird Manson in Einzelhaft gehalten?» fragte der Kommodore.

«Sie würden ihn verprügeln, wenn er hier raus käme», erwiderte Hart.

«Wegen dem, was er getan hat?»

«Nein, das ist bloss Propaganda für die Spiesser. Was du draussen gemacht hast, ist hier drinnen nicht wichtig. Gefangene können nicht gegenseitig Richter spielen. Wir nehmen einen Mann so, wie er kommt. Mansons Hauptproblem im Gefängnis und draussen ist seine Grösse. Er ist ein Zwerg, verstehst du. Kann kaum mehr als 1,55 m gross sein.

Wenn er 1,85 m gross und zweihundert Pfund schwer wäre, würde er hier fröhlich und zufrieden rumspazieren, statt im Bunker zu sitzen, das kannst du mir glauben. Nicht, dass die Grösse so entscheidend ist im Knast. Die mexikanische Mafia ist die gefürchtetste Gang im ganzen System, weil sie organisiert und eiskalt ist. Manson wird hier nicht akzeptiert, weil er einen verrückt macht mit seinen ganzen Bibelsprüchen. Die Spiesser da draussen haben vielleicht Angst vor ihm, aber hier drinnen bringt ihm das gar nichts. Manson brachte sich soweit, dass er jetzt seinen eigenen Bibeltrip glaubt.»

Der Professor sitzt auf der Erde und isst zu Abend. Das Essen wird auf einem Plastiktablett durch einen Schweinetrog geschoben und mit Plastiklöffeln gegessen, die so schnell kaputtgehen, dass man sie nicht als Waffe benutzen kann. Während er isst, beobachtet er, wie das Licht als gelber Fleck auf dem Boden erscheint.

> *Die Amerikaner haben $1,8 \times 10^{10}$ Hamburger von McDonald verspeist und zweimal Richard Nixon gewählt. Wir leben auf dem Grund eines vierzig Meilen tiefen Schwerkraft-Schachts. Wir haben die ganzen viereinhalb Milliarden Jahre irdischer Evolution gebraucht, um Nervensysteme zu produzieren, die es ermöglichen, eine Technologie zu entwickeln, mit der wir aus diesem Schacht herausklettern und Raketen ins Weltall schiessen können, die uns bei der Auswanderung und Kolonialisierung helfen. Es gibt keinen Grund für uns, je wieder in solch ein planetarisches Loch zurückzuklettern. Unsere evolutionäre Mission ist es, frei durch Zeit und Raum zu fliegen. Die erste Sünde der «Genesis» ist die Schwerkraft: der Sturz.*

Der Kalfaktor ist wieder da. «Doc?»

«Ja?»

«Welches sind die wichtigsten Bücher der Welt?»

«Kommt ganz drauf an. Was willst du denn wissen?»

«Alles über das Leben. Über Metaphysik. Über höheres Leben.»

«Lies soviel Bücher über die Zukunft, wie du nur kriegen kannst. Und darüber, den Planeten zu verlassen. Und Unsterblichkeit zu finden. Kontakte mit höheren Intelligenzen.»

Der Tonfall des Professors ist sachlich, pedantisch. «Metaphysik heisst jenseits der Physik. Hast du eine Ahnung von Physik?»

«Nein. Ich interessiere mich nicht für die Wissenschaft. Ich will was über spirituelle Dinge erfahren.»

«Tja, du kannst nicht über die Physik hinausgehen, wenn du nicht mal die grundlegenden Gesetze der Physik verstanden hast. Weisst du, was Einstein gemacht hat?»

«Die Bombe.»

«Er legte mathematisch dar, dass alle Materie Energie ist, die sich mit unterschiedlicher Geschwindigkeit bewegt. Denk' mal eine Minute drüber nach.»

«Wirklich irre, yeah. Aber ich will was über Gott wissen. Glaubst du an Astrologie, glaubst du an das Tarot? Charlie erzählt mir pausenlos, ich soll die Bibel lesen. Mein Zellengenosse hat das *I Ging*. Das ist ein Hammer, Mann, siebenhundertvierzig Seiten. Was soll ich zuerst lesen, die Bibel oder das *I Ging?*»

«Lass sie alle beide sausen. Sie sind um Tausende von Jahren überholt.»

«Aber was soll ich denn sonst lesen?»

Lange Pause. Sirag, Wheeler und Sarfatti über neue Quantentheorien, Paul über nicht-histone Proteine? Ettinger und Harrington über Langlebigkeit? O'Neill über Auswanderung ins All? Sagan über Kontakte mit fortgeschrittenen Zivilisationen im Raum?

«Lies Science Fiction.»

«Was? Das ist doch nicht spirituell.»

«Doch, ist es. Lies soviel Bücher über die Zukunft, wie du nur kriegen kannst. Und darüber, den Planeten zu verlassen. Und Unsterblichkeit zu finden. Kontakte mit höheren Intelligenzen.»

Als der Kalfaktor gegangen ist, werden die Augen des Barden ganz plötzlich sehr müde, und für heute verzichtet er auf Bulgakovs Satire über eine Robotergesellschaft, in der der freie Geist geknebelt, gefesselt und gefangengehalten wird. Der Schlaf kommt schnell.

Bugliosi: Beachten Sie bitte den Vers 15; er lautet: «Und es wurden die vier Engel los, die bereit waren auf die Stunde und auf den Tag und auf den Monat und auf das Jahr, dass sie töteten den dritten Teil der Menschen.» Sagte er (Manson), was das bedeutete?

Watkins: «Er sagte, das wären die Leute, die in dem riesigen Durcheinander sterben würden ... Ein Drittel der Menschheit ... Die weisse Rasse.»

Nach dem Frühstück ist Charlies Stimme wieder da.

«Hey, ich muss dich was fragen. Bist du da? Hörst du zu?»

«Ja, ich höre dir zu.»

«Wenn du Acid nimmst. Und die Welt und dein Körper lösen sich in lauter Schwingungen auf. Und der Raum wird zur Zeit, und da ist nur noch eine Energie. Nichts, an dem man sich festhalten könnte. Du weisst, wovon ich rede?»

«Ja.»

«Also das ist der Moment der Wahrheit, stimmt's? Aber was ist es? Wie nennst du es?»

«Der Tod ist überholt, oder er wird es bald sein. Sie haben dir dieses Märchen erzählt, Charles, und du hast es geglaubt. Das tut mir wirklich leid, denn genau in diesem Moment werden die biochemischen Prägungen im Nervensystem aufgehoben.»

Die grundlegende kosmologische Frage. Stille breitet sich im Zellenblock des scharfbewachten Gefängnisses aus und wird nur vom Summen des Generators, dem Zischen der Wasserrohre, dem Rauschen von Wasser und dem fernen Rasseln von Eisenschlüsseln unterbrochen.
«Charles?»
«Yeah?»
«Was fühlst *du* in diesem Moment?»
«Nichts. So muss der Tod sein. Hab' ich recht? Ist das nicht das, was du auch fühlst?»
«Der Tod ist überholt, oder er wird es bald sein. Sie haben dir dieses Märchen erzählt, Charles, und du hast es geglaubt. Das tut mir wirklich leid, denn genau in diesem Moment werden die biochemischen Prägungen im Nervensystem aufgehoben. Und hier kannst du abheben und landen, wo immer du willst. Du hättest nach der Energieverschmelzung suchen sollen, die man Liebe nennt.»

Später würde Leri aus der Perspektive nach-irdischer Migrationen folgende Botschaft an Manson und seine Jünger schicken: S.M.I².L.E., oder in larvaler Sprache, Space Migration, Intelligence Increase, Life Extension, (Auswanderung ins All, Intelligenz-Steigerung, Lebens-Verlängerung). «Sie brauchen etwas, über das sie lächeln können», würde der Kommodore sagen.

Schritte und fröhliches Pfeifen im Gang. Der junge blonde Kalfaktor lehnt sich gegen das Gitter.
«Hey – ab geht's! Du wirst verlegt. Hab' gerade die Bullen belauscht. Du kommst nach oben, in den dritten Stock.»
«Was soll das heissen?»
«Das ist Klasse. Du steigst auf. Du kommst raus aus dem Loch im Loch.»
Der Philosoph wickelt Tabak, Zucker, Kaffee, Honig in die beiden Laken, wirft sich die Matratze über die Schulter, verlässt in Begleitung der drei Bullen seine kleine Zelle und geht den Gang zurück, an Gittern und an den Zellen Unverbesserlicher vorbei. Charlie Manson hockt im Lotossitz da, lächelt und winkt.
Später wurde Leri in einem Gespräch mit einem jungen und unerfahrenen Wärter die Macht der Terroristen, die Mittelklasse einzuschüchtern, sehr deutlich vor Augen geführt. Eine Gruppe von Häftlingen schaute sich im Aufenthaltsraum des Gefängnisses den Dokumentarfilm *Manson* des Produzenten Robert Hendrickson an. Er enthält eine Stelle, in der Brenda, flankiert von anderen Manson-Mädchen, mit einem Gewehr herumspielt, direkt in die Kamera schaut und ganz ruhig sagt: «Wir sind das, was ihr aus uns gemacht habt. Wir sind mit *Gunsmoke, Have Gun, Will Travel, F.B.I.* und *Combat* aufgewachsen – *Combat* war meine Lieblingsserie. Ich hab' keine einzige Folge verpasst!»
In diesem Moment kam ein junger Wärter ganz aufgeregt in den Aufenthaltsraum gelaufen.

Der Philosoph wirft sich die Matratze über die Schulter, verlässt in Begleitung der drei Bullen seine kleine Zelle und geht den Gang zurück, an Gittern und an den Zellen der Unverbesserlichen vorbei. Charlie Manson hockt im Lotossitz da, lächelt und winkt.

«Wer hat das gerade gesagt?» fragte er.

«Eins von Mansons Mädchen.»

«Das ist das Schrecklichste, was ich in meinem ganzen Leben gehört habe.»

«Nun, die ständige Gewalt im Fernsehen ist alarmierend», stimmte der Kommodore zu. «Wenn man alle Toten zusammenzählt, die sich allein auf diesem Gerät jeden Tag ansammeln, kommt man schon in die Hunderte.»

«Nein, das meine ich gar nicht», sagte der Wärter. «Ich meine Manson und diese Mädchen und dass sie uns auf diese Weise bedrohen. Am liebsten würde ich sofort nach Hause rennen und meine Tür mit Doppelschlössern verrammeln.»

«Aber das Mädchen behauptet, dass sie nur die normalen TV-Drehbücher nachspielt, und die Lehren der Bibel befolgt, sich die Sünder vom Hals zu schaffen.»

«Also, ich bin jedenfalls froh, dass ich ein paar Gewehre und einen Satz Pistolen im Haus habe.»

«Und die Fernsehantenne auf dem Dach, damit du auch ja nicht die Programme verpasst, die dir klarmachen, wovor du Angst haben musst.»

«Das ist wirklich verrücktes Zeug», sagte ein verwirrter Zweibeiner. Leri nickte zustimmend.

Eine kleinere Geheimdienstaffäre

März 1976
Bundesgefängnis San Diego

Kommodore Timothy Leri, Agent der Zentralen Intelligenz, mit dem Spezialauftrag, die Mutation der Erdbewohner voranzutreiben, betrat das Büro des Senatskomitees für subversive Aktivitäten und nickte Klute, dem Hauptermittlungsbeamten, einem stämmigen, zweibeinigen Erdling mit dem biederen Äusseren eines Universitäts-Dekans, fröhlich zu.

Klute stand auf und kam freundlich lächelnd auf Leri zu. Die beiden umarmten sich und schüttelten sich die Hand – spulten kichernd die herzlichen Begrüssungsformeln ab, die zum Ritual vertrauter Erdbewohner gehören.

Der Ermittlungsbeamte stellte seine drei Mitarbeiter vor, wach aussehende Primaten, die den Kommodore mit respektvollem Lächeln begrüssten. Schulterhalfter, C.I.A. oder F.B.I.?, dachte Leri. Die Vibes sind nicht schlecht.

«Kaffee, Kommodore? Moment mal, mit Milch und Zucker, wenn ich mich recht erinnere», sagte Klute.

Die Tür öffnete sich geräuschlos, und ein attraktiver schwarzer, weiblicher Erdling mit einem Tablett voll dampfender Tassen und einem Teller Gebäck kam herein.

Leri und zwei von den Beamten zündeten sich Nikotinzigaretten an.

Klute räusperte sich.

Das Band läuft, dachte Leri. **So kriegen der Direktor und die Senatoren alles aus erster Hand.**

«Wir würden gerne wissen, ob Sie bereit sind, uns ein paar Fragen zu beantworten, die dem Komitee am Herzen liegen.» «Mit Vergnügen, das ist mein Job», antwortete der Kommodore, der endlich, nach all den Jahren die sozialen Gewohnheiten domestizierter Primaten beherrschte.

«Wir verstehen immer noch nicht, was Ende der Sechziger und in den Siebzigern passiert ist», sagte Klute, der gerade seine Pfeife stopfte und dabei wie ein ernsthafter, junger Mann die Stirn runzelte. «Dieses militante und revolutionäre Zeug. Was brachte die wohlhabenden, gutzerzogenen Kids aus der Ober- und Mittelklasse dazu, sich mit politischer Gewalt zu verbrüdern? Der Wheather Underground. Die S.L.A. Warum?»

Geht das schon wieder los, dachte der Kommodore. **Die lassen aber auch nie locker.** «Sie vermuten natürlich ausländische Einflüsse», sagte Leri. «Moskau, Peking, Hanoi und Havanna sind verantwortlich für diese merkwürdigen Einflüsse, richtig?»

Die vier Agenten schauten sich unbehaglich an. Plötzlich griff jeder nach seiner Kaffeetasse. Zigarettenrauch erfüllte das Zimmer. Alle rutschten unruhig auf den Stühlen hin und her.

«So hat man es uns jedenfalls dargestellt», antwortete der Ermittlungsbeamte, der seine Worte sorgfältig wählte. «Was gäbe es sonst für eine Erklärung für diesen plötzlichen Ausbruch revolutionärer Aggression? Europäische Marxisten verhalten sich nicht so gewalttätig. Deshalb brauchen wir Ihre Hilfe. Sie kennen die Dritte Welt. Sie haben in diesen Ländern gelebt. Was für Länder? Welche ausländischen Agenten? Welche Kontakte?»

«Unbesonnene Weitergabe von Informationen ist nicht meine Aufgabe in diesen Angelegenheiten», sagte der Kommodore steif. **Was sind sie jetzt an ausländischen Einflüssen interessiert? Wieso ausgerechnet jetzt? Mit diesem Zeug kann man doch heute überhaupt nichts mehr anfangen.** «Stellen Sie mich vor ein Problem, das die intelligente Synthese historischer Fakten erfordert, und ich löse es für Sie. Ich bin wirklich mehr an der Geschichte ihrer Spezies interessiert als Sie, darüber sind Sie sich wohl im klaren. Ich bin immer wieder faszi-

«Was sind sie jetzt an ausländischen Einflüssen interessiert? Wieso ausgerechnet jetzt? Mit diesem Zeug kann man doch heute überhaupt nichts mehr anfangen.»

niert, wenn ich sehe, was Ihre Leute alles als Problem bezeichnen.» «Ich weiss», sagte Klute düster, aber lächelnd. «Unsere Fragen sind Ihre Informationen. Also, hier die Frage. Gab es irgendeine Verbindung zwischen den Weathermen und kommunistischen Staaten, als Sie in Algerien waren?»

Der Kommodore lehnte sich in seinem Stuhl zurück und lachte. **Jetzt wird's komisch.** «Lassen Sie mich erst mal die Fakten rekonstruieren.» Er schloss die Augen und tastete seine neuralen Archive ab. Also los. «Delegationen der amerikanischen Linken haben China, Nord-Korea und Nord-Vietnam besucht. Betrachten Sie sie als naive Pilger auf dem Weg zu den Weihestätten ihrer Leichtgläubigkeit. Spirituelle Touristen. Wie Katholiken aus Süd-Boston, die Lourdes besuchen. Dazu kommen natürlich massenhaft Agenten, die von euch in die Delegationen eingeschleust worden sind. In Algerien statteten all diese Linken der nordvietnamesischen Botschaft den obligatorischen Pflichtbesuch ab, wo man ihnen diese abscheulichen, schweren Stahlringe mit der Inschrift FLNSVN überreichte . . . die Ringe waren aus den Resten abgeschossener amerikanischer Flugzeuge hergestellt.»

Die Agenten warfen sich schnelle Blicke zu. **Ah,** dachte Leri, **das war das Plus, das sie brauchten, und jetzt werden sie es genau anders herum versuchen.**

«Und wie steht's mit Bernadine Dohrns Geheimbesuchen in Algerien?» fragte Klute, seine Pfeife stopfend.

«Die waren so geheim, dass ich nie davon gehört habe. Es gab jedoch gewisse andere Amerikaner, die im Geheimen daran arbeiteten, den Krieg zu beenden, und zwar zu Bedingungen, die für den Feind äusserst günstig waren. Wollen Sie ihre Namen?»

Die vier Agenten beugten sich nach vorne. «Und ob wir das wollen.» «Kissinger und Nixon», erwiderte der Kommodore. «Glauben Sie wirklich, dass Hanoi daran interessiert war, die Weathermen zu sporadischen Bombardierungen von Militärgebäuden zu bewegen, wenn sie andererseits kurz davor standen, die Pokerrunde mit Kissinger zu gewinnen? Wenn ich eine Eskalation des Vietnamkrieges gewollt hätte, dann hätte ich die Weathermen infiltriert und sie zu sinnloser Militanz angestachelt. Weder Hanoi noch die amerikanische Linke haben die erregende kulturelle Revolution verstanden, die den Krieg beendete und Johnson und Nixon aus dem Amt abservierte. Und Ihre Leute anscheinend auch nicht.»

«Sagen Sie uns, was wir nicht verstehen», erwiderte Klute trocken.

«Mit Vergnügen. Bitte sagen Sie den Senatoren und dem Direktor, dass sie immer noch den gleichen Fehler machen, den Hoover, Johnson und Nixon begangen haben. Sie können natürlich die ausländischen Agitatoren und Moskaus Geld für die inneren Unruhen verantwortlich machen, um ihre Zuwendungen vom Kongress zu bekommen. Aber es wäre ein Fehler, an die eigenen Lügen zu glauben. Sie werden sich vielleicht erinnern, dass Johnson stürzte, weil er an der Überzeugung festhielt, dass jede Opposition gegen seinen Krieg von ausländischen Agenten angezettelt worden sein musste. Und dann fiel Nixon auf die gleiche Propaganda rein. Die Einbrecher von Watergate hofften, Beweismaterial für Zahlungen von Castro an Larry O'Brien zu finden. Hätten sie im Hauptquartier der Demokraten Fidels Schecks gefunden, dann wären die Einbrecher Helden und Watergate ein glorreicher patriotischer Erfolg gewesen. Stimmt's?»

Die vier Agenten sassen zusammengekauert da, in der typischen Pose von Bullen, die von

Er ist gut, dachte der Kommodore. Er weiss alles. Er bringt mich dahin, zu sagen, was er hören will. Seine Abteilung macht mich zum Schläger, um die Köpfe der alten Garde rollen zu lassen.

ihrem Vorgesetzten zusammengeschissen werden. Es war Klute, der die Stille unterbrach.

«Aber Sie haben unsere Frage noch nicht beantwortet. Wer hat die Mittelklassekids zu Gewalt aufgehetzt?»

«Ich kann Ihnen sagen, wer. Und wie Ihre Leute es gedreht haben.»

Der Ermittlungsbeamte und die drei Mitarbeiter hockten mit gezückten Stiften über ihre gelben Notizblöcke gebeugt.

«Wer war es?» flüsterte Klute.

«Eure eigene Unterschicht, für die Gewalt zum täglichen Leben gehört und die sich in ihren Gettos der Tatsache bewusst ist, dass die Sicherheit der Mittelklasse auf der Gewalt ihrer Garanten – Polizei und Militär – basiert. Die jugenlichen Ausreisser, die Ex-Sträflinge, Schwarze und Weisse, für die Pistole und Faust schon immer die besten Ausdrucksmittel waren. Die wohlgeordnete Gesellschaft hält die erzieherische Kontrolle über ihre Jugend aufrecht, indem sie die Kinder der Manager von den beunruhigenden Tatsachen der Machtpolitik fernhält. Ihre Leute haben sich in die Nesseln gesetzt, als sie die Mittelklassekids für kulturelle Verbrechen ohne Opfer, wie beispielsweise Kriegsdienstverweigerung und Dope, ins Gefängnis gesteckt haben. Gefängnisse sind, wie Sie sehr wohl wissen, Schulen der Gewalt, wo man den Kids aus der Unterschicht beibringt, wie sie ihre Rollen als Verbrecher zu spielen haben. Die Kinder der Mittelklasse sollen Informationen über soziale Probleme nur aus Schulbüchern beziehen. Sie sollen möglichst mit den wahren Tatsachen der Verbrecherindustrie überhaupt nicht in Kontakt kommen.»

Der Ermittlungsbeamte machte sich mit seinem schwarzen Filzstift hastige Notizen. Die drei Beamten sassen in vorsichtigem Schweigen da.

«Und wie steht's mit der marxistischen Rhetorik und den revolutionären Slogans von Castro?» fragte Klute müde.

«Ihre Studenten lesen Bücher von Fanon und Che und Marighella über Stadtguerilla-Taktiken. Sie hätten sich beinah umgebracht für diesen dummen Film **Battle of Algiers**. All das gehörte zum intellektuellen Standardrepertoire. Bis Johnson und Nixon den taktischen Fehler begingen. War es wirklich ein Fehler? Oder etwa eine bewusste Taktik?»

«Welcher Fehler?»

«Die verbal aggressiven Studenten in engen Kontakt mit der körperlichen Gewalt der Unterschicht bringen. Die Bürgerkinder brachten den Kids aus dem Getto die Fähigkeit bei, sich auszudrücken. Plötzlich war jeder Vergewaltiger und bewaffneter Gangster ein politischer Gefangener. Und die Studenten erkannten die emotionale Macht von Pistole und Faust, um Angst zu verbreiten und sich Respekt zu verschaffen.»

«Warum fragen Sie, ob das eine Taktik war?» fragte Klute.

Er ist gut, dachte der Kommodore. Er weiss das alles. Er bringt mich dahin, zu sagen, was er hören will. Seine Abteilung macht mich zum Schläger, um die Köpfe der alten Garde rollen zu lassen. Schon vor langer Zeit hatte der Kommodore gelernt, dass der schlimmste Feind jedes Polizeibürokraten die Fraktion in seiner eigenen Abteilung ist, die hinter seiner Macht her ist. Und, dass Verbrecher und Verbrechen von rivalisierenden Gruppen unter den Machthabern selbst geschaffen wurden.

«Nun, Nixon und Reagan verdankten ihre Macht einer Welle von Angst, die die Studen-

Er ist gut, dass wir so offen reden können, dachte Leri. Das bedeutet, dass diese jungen Burschen die Bänder hier in eigener Regie machen.

tenunruhen ausgelöst hatten. Ich bin froh, Ihnen bei der Klärung dieser Angelegenheit behilflich zu sein. Aber ich vertraue darauf, dass Sie wissen, was Sie tun.»

«Was meinen Sie?» fragte Klute lächelnd. **Vor Erleichterung?** «Wir wissen alle, dass es in der Regierung mächtige Leute gibt, die nicht wollen, dass diese Dinge ans Tageslicht kommen. Sie werden verlieren, sicher, aber nicht ohne Widerstand. Und wie ich vermute, gibt es noch jede Menge belastender Unterlagen in den Archiven, die nicht zerstört wurden. Können Sie mich schützen, wenn ich mich vor Sie stelle?» Die vier Agenten schauten sich an und fingen an zu lächeln. «Ja», sagte Klute. «Sie sind sicher. So sicher wie wir.»

Die vier Agenten lachten wieder. «Wir haben so viel riskiert, um Sie zu retten, dass Sie alles mögliche befürworten könnten, ausser Flugzeugentführungen, und wir Sie dennoch schützen würden. Tatsache ist, wenn Sie geliefert sind, sind auch wir's.»

«Das gleiche hat Cleaver in Algerien auch gesagt», antwortete der Kommodore nüchtern. «Genauso wie damals ihm, sage ich jetzt Ihnen, dass ich mehr Interesse daran habe, dass wir alle aufsteigen.» **Es ist gut, dass wir so offen reden können,** dachte Leri. **Das bedeutet, dass diese jungen Burschen die Bänder hier in eigener Regie machen.**

«Einverstanden», sagte Klute und erhob sich aus seinem Sessel. «Und jetzt gehen wir am besten etwas essen.»

Im Restaurant machten die Agenten einen entspannten und fröhlichen Eindruck. **Anscheinend habe ich ihnen gegeben, was sie wollten,** dachte Leri. Er drehte sich um und lächelte in die Augen von Klute.

«Ihr Typen jagt doch bestimmt keine Dissidenten mehr, oder?»

Klute schaute seine Kollegen an und alle lachten.

«Sollen wir den Kommodore einweihen?» sagte Klute.

Die Agenten nickten und lächelten verbissen.

«Nein, wir sind nicht mehr hinter den Linken her. Zunächst einmal – wir haben jede linke Gruppe dermassen infiltriert, dass der **Berkeley Barb, Rolling Stone** und der **New Republic** alle innerhalb von 24 Stunden den Laden dichtmachen müssten, wenn wir unsere Leute abziehen würden.»

«Seitdem McCord und Richter Sirica diese Watergate-Geschichte angezettelt haben, traut sich keine Polizeibehörde in ganz Washington mehr an einen linken Fall. Haben Sie nicht mitgekriegt, wovor die Behörden heutzutage am meisten Angst haben?»

«Die Rückkehr der süchtigen Demokraten.»

Die vier Agenten sahen sich an und nickten.

«Wissen Sie, wer der schlimmste Feind jedes Behördenchefs ist?» fragte Klute.

«Die rivalisierende politische Fraktion in seiner eigenen Behörde», antwortete Leri prompt.

«Gewiss. Und jetzt sagen Sie mir, wer ist das ärgste, grösste Sicherheitsrisiko für den lokaen F.B.I.-Chef in Topeka, Kansas?»

«Der F.B.I.-Chef von Kansas City», antwortete Leri.

«Genau», sagte Klute. «Und wer ist sonst noch gefährlich für den Chef in Topeka?»

«Der lokale Sheriff, der lokale Polizeichef und die lokale Drogenbehörde.»

«Sehr richtig. Und sind die ortsansässige Mafia, die Black Panthers und Kommunisten auch gefährlich für den F.B.I.-Chef?»

«Die Kennedys», fügte Klute schnell hinzu, «starben im Zusammenbruch des komplizierten Systems, das sie für kurze Zeit zerstörten, von den Querschlägern jener Kugeln, die sie selber abgefeuert hatten.»

«Nein, sie sind Schachfiguren, die entsprechend interner Behördenpolitik benutzt oder ignoriert werden.»

«Genau», sagte Klute. «Und jetzt sagen Sie mir, was macht der Chef jeder Bundesbehörde, während der Watergate-Skandal mittlerweile immer weitere Kreise zieht?»

«Spuren verwischen, illegale oder parteipolitische Handlungen vertuschen, Aufzeichnungen rechtzeitig vernichten, bis sich im November 1976 die Gegenseite in jeder Behörde breitmacht, um die Vorgänge seit 1968 zu belichten.»

«Stimmt. Und deshalb ist eine Sache völlig klar», sagte Klute. «Jetzt geht es jedem leitenden Beamten bei den Justizbehörden doch nur darum, einer eventuellen Vefolgung im Jahre 1977 zu entgehen. Vor allem Sie sollten wissen, wie viele schmutzige Tricks und politische Verbrechen auf Nixons Konto gehen.»

«Und das von Johnson», stimmte der Kommodore zu.

«Und das der Kennedys», fügte Klute hinzu. «Nehmen Sie beispielsweise Ihre Entführung durch amerikanische Agenten in Afghanistan. Die Beamten, die Ihren Pass gestohlen haben, die dafür sorgten, dass Sie unter bewaffneter Bewachung zurückgeflogen wurden, fragen sich heute, ob man ihnen eine Anklage wegen gewaltsamer Entführung anhängt, wenn 1976 ein liberaler Präsident gewählt wird, der sich für die Legalisierung von Marihuana einsetzt.»

«Was die Kennedys angeht», sagte der Kommodore, «scheint es mir so, dass ihre Verbrechen und schmutzigen Tricks nur deshalb nicht ans Tageslicht kamen, weil sie nicht ganz so religiös und heuchlerisch waren wie Nixon.»

«Sie haben ihre kriminelle Vergangenheit nie versteckt», murmelte Klute, «das haben die Leute instinktiv respektiert.»

«Und jetzt sind sie tot», fügte Leri hinzu.

«Manche Leute fragen sich immer noch, wer sie umgebracht hat», grübelte Klute.

«Wissen sie es?» rief sein kleiner Stellvertreter.

«Klar weiss ich es», sagte Klute forsch. «Und der Kommodore weiss es auch.»

Leri nickte lächelnd.

«Wer hat die Kennedys ermordet?» fragte der Beamte.

«Sie wurden von ihrem eigenen Plan umgebracht», sagte Leri.

«Die Kennedys», fügte Klute schnell hinzu, «starben im Zusammenbruch des komplizierten Systems, das sie für kurze Zeit zerstörten, von den Querschlägern jener Kugeln, die sie selber abgefeuert hatten.»

«Welches System?» fragte der stellvertretende Sheriff.

«Der Ehrenkodex der Diebe und Mörder, die fast alle Regierungen der Welt beherrschen.»

«Das stimmt», meinte Leri. «Jede Mafia hat ihren eigenen Ehrenkodex, um sich zu schützen. Generäle bewirten gefangengenommene Generäle aus offensichtlich eigennützigen Motiven. Und die Sizilianer bringen zwar ihre Rivalen um, würden aber nie Mitglieder des eigenen Clans anrühren. Die IRA schmeisst zwar Bomben auf protestantische Kinder, würde sie aber nie foltern. Und auch die arabische und jüdische Mafia haben ihren Ehrenkodex.»

«Jetzt verstehe ich, warum keiner scharf darauf ist, den Kennedy-Skandal aufzudecken. Zu viele Behörden, die in die Mordpläne verwickelt sind. Ob davon je was rauskommen wird?»

«Und was hat das alles mit den Kennedys zu tun?» fragte der Sheriff.

«Die Kennedys haben die Regel gebrochen, von der das Spiel der Regierungsführer beherrscht wird», sagte Klute.

«Das Ganze war so gottverdammt leichtsinnig», sagte Leri, «dieses Geschäft mit den drei Brüdern war viel zu offensichtlich.»

«Drei Brüdern?»

«Erinnern Sie sich nicht? Einmal gab es zu gleichen Zeit in zwei verschiedenen Ländern Brüderpaare, die die Kriegspläne der Kennedy-Gang vorwegnahmen.»

«Fidel und Raoul Castro, und . . .?»

«Die Brüder Diem in Vietnam. Sie erinnern sich, was passierte.»

Der Sheriff pfiff durch die Zähne. «Jack und Bobby förderten die ganzen Pläne zur Ermordung von Fidel.»

«Und sie haben auch den Minh-Coup angezettelt, der die Diems das Leben kostete», sagte Klute. «Es war genauso barbarisch wie zur Zeit der Borgia, was die beiden Big Brothers der Welt antaten, die seit Hitler und Stalin wenigstens etwas zivilisierter geworden war. Selbst der exzentrische Stalin war schlau genug, nicht irgendwelche Mörderkomplotte zu unterstützen.»

«Denn», sagte der Kommodore, «wenn erst einmal ein moralisches Tabu der Mafia gebrochen ist, denkt jeder Mafioso gleich, er könne machen, was er wolle.»

«Und kein Kopf ist mehr sicher.»

«Jetzt verstehe ich», sagte der Sheriff, «warum keiner scharf darauf ist, den Kennedy-Skandal aufzudecken. Zu viele Behörden, die in die Mordpläne verwickelt sind. Ob davon je was rauskommen wird?»

«Das ist der Grund ihres Besuches, nicht wahr?» fragte Leri. «Nach den Wahlen von 1976 geht sowieso alles bergab. (Jede Menge Blut an den Händen ehrlicher Bullen, und jede Menge Einbruchswerkzeuge in den Taschen ehrlicher Bullen.)»

«Und alles im Namen der nationalen Sicherheit.»

«So könnte die Theorie, wonach die inneren Unruhen von aussen gefördert wurden, ein paar einflussreiche Köpfe retten?» fragte Leri. «Übrigens, wann – wenn überhaupt – werde ich die Resultate dieses Treffens erfahren?»

Klute zuckte die Achseln und sah aus wie ein kleiner Junge, der kein Wässerchen trüben konnte. «Wer weiss? Diese Sachen haben es nun mal an sich, dass sie im richtigen Moment der Presse zugespielt werden. Das sollten Sie eigentlich wissen, Kommodore.»

«Ja, ich weiss, wie bestimmte Bilder in die Presse sickern und dann aufgebauscht und verändert werden», sagte Kommodore Leri. «Ich wünsche euch allen Glück. Ich hoffe, ihr wisst, was ihr tut.»

«Das werden wir noch früh genug herausfinden», antwortete Klute.

Zwei Monate später erhielt der Kommodore per Post einen Umschlag ohne Absenderangabe zugestellt, der die Photokopie eines Artikels aus der *New York Times* enthielt:

Wie aus gutunterrichteten Quellen zu erfahren war, hat die Justizbehörde keinerlei Anhaltspunkte dafür gefunden, dass die Weather-Underground-Organisation Verbindung zu Regierungen des feindlichen Auslands hatte.

Weathermen: Keine Verbindungen zum Ausland
U.S.-Staatsanwaltschaft lehnt Motive der Sicherheitsbehörde ab.

Wie aus gutunterrichteten Quellen zu erfahren war, hat die Justizbehörde keinerlei Anhaltspunkte dafür gefunden, dass die Fahndung der Sicherheitsbehörde des Senats nach flüchtigen Mitgliedern der Weather Underground-Organisation auf der Basis angeblicher Verbindungen der Gruppe zu Regierungen des feindlichen Auslands erfolgte.

Die Frage, ob die flüchtige Gruppe direkt oder indirekt von ausländischen Regierungen unterstützt wird, war von Murray Steinmetz, dem Rechtsanwalt der etwa zwanzig Sicherheitsbeamten des Senats gestellt worden, nachdem die Jusitzbehörde sie beschuldigt hatte, während der letzten fünf Jahre mehrmals bei Freunden und Verwandten der Flüchtigen eingebrochen zu haben. Wie Mr. Steinmetz vergangene Woche versicherte, bestanden solche Verbindungen zwischen den Weathermen und «feindlichen ausländischen Mächten». Andere Quellen in Washington haben mittlerweile bestätigt, dass das Senatskomitee den Versuch unternimmt, Anhaltspunkte für deren Existenz zusammenzustellen, um zu beweisen, dass die Einbrüche legal waren.

Wie jedoch heute aus Kreisen der Staatsanwaltschaft verlautbar wurde, enthielt kein einziges Dokument des Sicherheitskomitees über Antrag und Gewährung für die Einbrüche als Begründung für diese Massnahme einen offenen oder versteckten Hinweis auf solche Verbindungen des Auslands mit dem Weather Underground.

Wie die *Washington Post* heute berichtete, bereitete das Sicherheitskomitee des Senats einen fünfhundert Seiten langen Report vor, um zu beweisen, dass Mitglieder der Weathermen-Organisation von der vietnamesischen bzw. kubanischen Regierung finanziell unterstützt wurden. Die Zeitung zitierte eine gut unterrichtete Quelle der Justizbehörde, die durchblicken liess, dass derartiges Beweismaterial die Anklage der Behörde gegen die Agenten erheblich entkräften würde. Kreise der Staatsanwaltschaft haben diese Möglichkeit heute zurückgewiesen. «Jetzt ist es zu spät», sagte ein Sprecher, «der Damm ist gebrochen.» Ein zweiter liess verlauten, dass mittlerweile sowohl ausgeschiedene als auch noch tätige Agenten das Angebot der Straffreiheit als Gegenleistung für ihre Aussage zu den Einbrüchen angenommen haben.

mutants are:

5. The **NEUROSOMATIC** circuit, which mediates bio-survival in zero-gravity. Eighty-five percent of all astronauts have reported "mystic" experiences. It makes sense that living in a zero-gravity atmosphere would activate new neural circuits and produce a "high" detachment similar apparently to the *dhyana* state described in Yogic texts. Cannabis is a fifth-circuit stimulant and every "pot-head" has had some degree of neurosomatic imprinting. **The Body of Bliss**, in standard mystical jargon.

6. The sixth circuit is **NEUROELEC-TRICAL** or psionic intelligence: direct awareness and control of Brain functioning. In premature mutants this produces space-time singularities, synchronicities, weird energy perceptions and consciousness of the processes by which the brain creates reality from the billions of

Vom inneren zum äusseren Raum

Co-Autor: Robert Anton Wilson
Februar 1974
Vacaville-Gefängnis

Drogenkonsumenten in Millionen

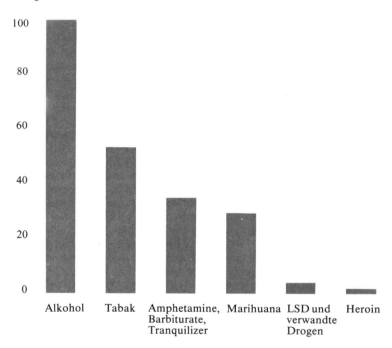

Die berüchtigte Drogenrevolution der sechziger Jahre hat auf beiden Seiten mehr Unsinn hervorgebracht als jedes andere Ereignis unserer Zeit.

Es war keine spontane Mutation von einer Gesellschaft ohne Drogenkonsum zu einer solchen mit massivem Drogenkonsum. Weit gefehlt: Schon vor den Sechzigern war Amerika eine Kultur, die vorwiegend unter dem Einfluss von harten Drogen stand, aber diese waren nicht als Drogen **definiert**. Sie galten als «Medizin» (Aspirin, Barbiturate, Tranquilizer, Amphetamine, «Abmagerungspillen» usw.) oder Stimulantien (Tabak, Alkohol und Koffein).

Die vorliegende Tabelle aus dem Buch **Sex and Drugs** von Robert Anton Wilson zeigt die tatsächlichen Werte des Drogenkonsums in den USA gegen Ende der sechziger Jahre, als die «Drogenrevolution» gerade ihr erstes Jahrzehnt hinter sich hatte.

Es ist nicht schwer zu erkennen, dass selbst zu diesem relativ späten Zeitpunkt die populärsten Drogen in unserem Land nicht jene waren, die üblicherweise mit der Drogenrevolution in Zusammenhang gebracht werden, sondern solche, die schon seit Generationen in Umlauf sind. Die anerkannten Drogen Tabak, Alkohol und Pillen waren noch immer in der Überzahl; die verbotenen wie Gras, Psychedelika und Suchtdrogen im Verhältnis dazu in der Minderheit. Der Konsum von anerkannten, rezeptpflichtigen Drogen und Suchtdrogen

Wir begannen, in dem Objekt des Experiments einen neurologischen Kosmonauten zu sehen, der durch den inneren Raum reist. Die Sitzung selbst wurde von einem sogenannten «Trip-Guide» programmiert, der die Funktion einer Bodenkontrolle innehatte.

hatte nicht besonders zugenommen. Zugenommen hatte nur der Konsum von Drogen, die dem Antörnen dienen.

Die chemische Metamorphose unserer Tage ist stark übertrieben worden; so gab es keinen Übergang von einer drogenlosen Zeit zu einer solchen mit Drogen, sondern es fand ein **Wechsel von einer Sorte Drogen zu einer anderen** statt.

Wenn man das erst mal eingesehen hat, versteht man auch, was wirklich geschehen ist. Wir werden zeigen, dass dieser Wechsel sich von **irdischen** zu **ausserirdischen** Drogen vollzog. Von **Downers** zu **Uppers**. Von der Erde zum Weltall, von der Schwerkraft zur Schwerelosigkeit, von trüben Zeiten zu hellen Zeiten.

Diese Metaphern klingen extravaganter, als sie in Wirklichkeit sind. Sie gehören zu einem neuen sinnvollen Jargon, der sich überall, von den Hochschulen bis in die Gettos ausgebreitet hat. Die Astronauten-Metapher entstand beispielsweise während des Psychedelischen Forschungsprojektes an der Harvard University von 1960 bis 1962. Wir begannen, in dem Objekt des Experiments einen neurologischen Kosmonauten zu sehen, der durch den inneren Raum reist. Die Sitzung selbst wurde von einem sogenannten «Trip-Guide» programmiert, der die Funktion einer Bodenkontrolle innehatte. Diese versteckte Bildhaftigkeit ist auch heute noch unterschwellig in den mittlerweile international bekannten Ausdrücken **trip, tripping** und **tripper** enthalten.

Um den neurologischen Raum zu verstehen, wollen wir davon ausgehen, dass das Nervensystem aus acht potentiellen Schaltkreisen, «Tunneln» oder Mini-Gehirnen besteht. Vier dieser Gehirne (Schaltkreise) befinden sich in der linken Hirnhälfte und befassen sich mit unserem irdischen Überleben; die vier anderen sind ausserirdisch, befinden sich in der «ruhigen» rechten Hirnhälfte und sind für unsere zukünftige Evolution bestimmt. Die rechte Hirnhälfte, die sich in den frühen Stadien unserer Entwicklung normalerweise passiv verhält, wird aktiviert, wenn eine Person psychedelische Substanzen zu sich nimmt.

Wir wollen die acht «Gehirne» kurz erklären.

1. Der Bio-Überlebens-Schaltkreis: Dieses wirbellose oder vegetative Gehirn entwickelte sich (vor Milliarden Jahren) als erstes und ist auch das erste, das bei der Geburt aktiviert wird. Es programmiert Wahrnehmungen in bezug auf einen Entweder-oder-Raster, unterteilt in ernährende/helfende Dinge (zu denen es sich hingezogen fühlt) und schädliche/gefährliche Dinge (die es vermeidet oder angreift). Das Prägen dieses Schaltkreises ist für die grundsätzliche Haltung von Vertrauen und Misstrauen verantwortlich, die das ganze Leben hindurch konstant bleibt. Ausserdem identifiziert es äussere Reize, die von nun an Zuwendung oder Abneigung auslösen.

2. Der Gefühls-Schaltkreis: Dieser zweite, fortgeschrittenere Bio-Computer entstand, als sich die Wirbeltiere entwickelten und um ihr Territorium zu kämpfen begannen, rund fünfhundert Millionen Jahre vor Christi Geburt. Beim Individuum wird dieser Schaltkreis aktiviert, wenn das DNS-Programm die Metamorphose vom Gehen zum Krabbeln auslöst. Wie alle Eltern wissen, ist ihr Kleinkind nicht mehr der passive Säugling (Bio-Überleben), sondern ein Säugetier-Politiker mit allen physischen und (emotionalen) territorialen Forderungen, der sich sehr schnell in die Angelegenheiten und Entscheidungen der Familie ein-

Das Prägen dieser drei Schaltkreise bestimmt den grundlegenden Grad und die Art von Vertrauen/Misstrauen, den Grad und die Art von Selbstbewusstsein/Unterwürfigkeit und die Art von Geschicklichkeit/Unbeholfenheit, mit dem der Mind mit Werkzeugen oder Ideen umgehen wird.

mischt. Wieder bleibt die erste Prägung dieses Schaltkreises ein Leben lang konstant (ausgenommen nach einer Gehirnwäsche) und identifiziert die Reizungen, welche automatisch ein überlegenes, aggressives oder ein untergebenes, kooperatives Verhalten auslösen. Wenn wir sagen, dass sich eine Person emotional, egoistisch oder «wie ein Zweijähriger» benimmt, so meinen wir, dass sie/er blind einer Roboter-Prägung dieses Schaltkreises folgt.

3. Der Geschicklichkeits-Symbolismus-Schaltkreis: Dieses dritte Gehirn wurde aktiviert, als sich die hominiden Typen vom restlichen Primatenbestand lösten (ungefähr vier bis fünf Millionen Jahre v. Chr.), und entwickelt sich beim älteren Kind zu jenem Zeitpunkt, wo es mit Geräten umzugehen und Kehlkopfsignale zu senden und zu empfangen beginnt (menschliche Spracheinheiten). Wenn die Umgebung auf den dritten Schaltkreis stimulierend wirkt, erhält das Kind eine «helle» Prägung und wird gewandt und aufgeschlossen; wenn die Umgebung bedrückend ist, erhält das Kind eine «dumpfe» Prägung, d. h., es bleibt mehr oder weniger auf der Stufe eines Fünfjährigen stehen und ist blind für Symbole.

In der Umgangssprache wird der erste Schaltkreis «Bewusstsein» *per se* genannt: der Sinn des Lebens im Hier und Jetzt, in diesem Körper und auf das Überleben des Körpers ausgerichtet. (Im un-bewussten Zustand ist der erste Schaltkreis betäubt, und es können ohne Widerstand ärztliche Eingriffe vorgenommen werden oder feindliche Angriffe erfolgen, ohne dass das Opfer die Flucht ergreifen würde.) Der zweite Schaltkreis wird in derselben volkstümlichen Sprache «Ego» genannt. **Das sogenannte «Ego» des zweiten Schaltkreises beinhaltet das säugetierhafte Standesbewusstsein (Bedeutung-Bedeutungslosigkeit) innerhalb einer Gruppe oder des Stammes.** Der dritte Schaltkreis ist das, was wir im allgemeinen mit «Mind» bezeichnen: die Fähigkeit, Signale zu empfangen, zu ergänzen und weiterzuleiten, die von hominider Seite (Geräte) oder den neun hominiden Kehlkopfmuskeln (Sprache) stammen.

Das Prägen dieser drei Schaltkreise bestimmt im Alter von etwa dreieinhalb Jahren den grundlegenden Grad und die Art von Vertrauen/Misstrauen, welche das «Bewusstsein» färben, den Grad und die Art von Selbstbewusstsein/Unterwürfigkeit, welche den Status des Ego beeinflussen, und die Art von Geschicklichkeit/Unbeholfenheit, mit dem der Mind mit Werkzeugen oder Ideen umgehen wird.

In evolutionären Begriffen ist das «Bewusstsein» des ersten Gehirns grundlegend wirbellos, treibt passiv in Richtung Selbsterhaltung und weicht der Gefahr aus. Das Ego des zweiten Gehirns entspricht der Säugetierstufe, wo stets um den Status innerhalb der Stammesgruppe gekämpft wird. Der Mind des dritten Gehirns ist hominid, mit der menschlichen Kultur eng verbunden und beschäftigt sich mit einer Skala von Menschenhand geschaffener Dinge und einem von Menschen kreierten Symbolismus.

Das vierte Gehirn ist nach-hominid und besonders charakteristisch für den **Homo sapiens,** den/die domestizierte(n) Mann/Frau (*WoMan*). Es ist dies:

4. Der sozio-sexuelle Schaltkreis: Dieses vierte Gehirn wurde geformt, als sich rund dreissigtausend Jahre v. Chr. hominide Gruppen zu Gesellschaften entwickelten und spezifische Geschlechtsrollen für ihre Mitglieder festlegten. Es wird während der Pubertät aktiviert,

Diese vier Schaltkreise bezeichnen wir als irdisch. Sie haben sich aufgrund jener Bedingungen von Gravitation, Klima und Energie entwickelt und geformt, welche ein Überleben und eine Reproduktion auf dieser Art Stern vom Typ G gestatten.

wenn die DNS-Signale die Drüsenfunktion für sexuelle Neurochemikalien auslösen und die Metamorphose zum Erwachsenen beginnt. Die ersten Orgasmen oder Paarungserfahrungen prägen ein charakteristisches Sexualverhalten, das wiederum biochemisch gebunden ist und ein Leben lang konstant bleibt, es sei denn, es findet eine Gehirnwäsche oder eine chemische Neuprägung statt.

Im täglichen Sprachgebrauch sind die Prägungen des vierten Schaltkreises und deren Tunnelrealitäten als die «erwachsene Persönlichkeit» mit domestiziertem sexuellem Verhalten bekannt.

Masters und Johnson haben gezeigt, dass spezifische sexuelle «Fehlfunktionen» – sogenannte Perversionen, «Fetischismus», Schwierigkeiten beim Geschlechtsakt wie vorzeitige Ejakulation, Impotenz, Frigidität usw. oder Prägungen, die von der Gesellschaft als «sündig» bezeichnet werden – aufgrund spezifischer Erfahrungen im frühen Lebensalter mit dem anderen Geschlecht entstanden. Das gleiche gilt für das roboterhafte Verhalten des «normalen» , «angepassten» Menschen. Die Geschlechtsrolle des Menschen (oder – angemessener ausgedrückt – sein sexueller Verhaltensstil) ist genauso mechanisch und konstant wie bei jedem anderen Säugetier (oder Vogel oder Fisch oder Insekt).

Diese vier Schaltkreise stellen normalerweise sämtliche, vom Gehirn je aktivierten Netzwerke dar. Es sollte nun klar geworden sein, weshalb wir sie als irdisch bezeichnen. Sie haben sich aufgrund jener Bedingungen von Gravitation, Klima und Energie entwickelt und geformt, welche ein Überleben und eine Reproduktion auf dieser Art Stern vom Typ G gestatten. Intelligente, im Weltall geborene Organismen, die nicht auf dem Boden eines Viertausend-Meilen-Gravitationsschachts leben, nicht auf einer beschränkten Planetenoberfläche um Territorien kämpfen und nicht durch die Vorwärts/Zurück, Oben/Unten, Rechts/Links-Parameter des irdischen Lebens begrenzt sind, werden zwangsläufig andere Schaltkreise entwickeln, die eine andere, nicht so unflexibel euklidische Prägung zeigen.

Vorwärts/Zurück ist die grundlegende digitale Auswahl, wie sie vom auf dem ersten Schaltkreis operierenden Bio-Computer programmiert wird: entweder nach vorn gehen, weitergehen, beschnüffeln, berühren, schmecken, beissen – oder sich zurückziehen, ausweichen, fliehen.

Oben/Unten, die grundlegenden Gravitationsrichtungen, die in Verhaltensstudien über Tierkämpfe auftauchen. Sich hochrecken, den Körper zu maximaler Grösse ausdehnen, knurren, heulen, schreien – oder sich ducken, den Schwanz einziehen, leise murmeln, wegschleichen, kriechen und sich so klein wie möglich machen. Dies sind Signale von Überlegenheit oder Unterwürfigkeit, die sich sowohl beim Leguan, Hund und Vogel als auch beim Geschäftsführer der nächsten Bank finden. Aus diesen Reflexen besteht das «Ego» des zweiten Schaltkreises.

Rechts/Links ist grundlegend für die Polarität der körperlichen Gestalt auf der Oberfläche des Planeten. Rechtshändige Überlegenheit und damit verbundenes Bevorzugen der linearen Funktionen der linken Hirnhälfte bestimmen unsere normalen Methoden der Geräteherstellung und des abstrakten Denkens, d. h. den Mind des dritten Schaltkreises. Asymmetrie ist der Schlüssel zu verbesserter Hirnfunktion.

Zur Aktivierung des ersten Gehirns verwende man ein Opiat. Um das zweite Gehirn zu aktivieren, nehme man Alkohol. Um den dritten Schaltkreis anzuregen, nehme man Energiespender.

Es ist somit kein Zufall, dass unsere Logik (und unser Computer-Design) der Entweder/Oder-Binärstruktur dieser Schaltkreise folgen. Genausowenig wie die Tatsache, dass unsere Geometrie bis zum letzten Jahrhundert euklidisch war. Euklids Geometrie, Aristoteles' Logik und Newtons Physik sind Metaprogramme, welche das Vorwärts/Zurück des ersten Gehirns, das Oben/Unten des zweiten Gehirns, und das Rechts/Links des dritten Gehirns synthetisieren und verallgemeinern. Das vierte Gehirn, das mit der Überlieferung der Stammes- oder ethnischen Kultur von Generation zu Generation zu tun hat, führt die vierte Dimension ein, die Zeit, die Kulturen miteinander verbindet.

Da alle diese Schaltkreise aus biochemischen Prägungen oder Matrizen im Nervensystem bestehen, wird jede von ihnen spezifisch durch Neurotransmitter und andere Drogen aktiviert.

Zur Aktivierung* des ersten Gehirns verwende man ein Opiat. Mutter Opium und Schwester Morphium bringen einen runter zur zellularen Intelligenz, Bio-Überlebenspassivität, dem treibenden Bewusstsein des Neugeborenen. (Deswegen identifizieren Freudianer Opiumsucht mit dem Wunsch, in die Kindheit zurückzukehren.)

Um das zweite Gehirn (den zweiten Schaltkreis) zu aktivieren, nehme man eine reichliche Menge Alkohol. Territoriale Verhaltensmuster der Wirbeltiere und den Säugetieren eigene emotionale Verhalten tauchen sofort auf, wenn Alkohol im Spiel ist. Das hat auch Thomas Nashe intuitiv erkannt, als er die verschiedenen Stadien des alkoholisierten Zustandes mit Tiernamen bezeichnete: Esel, Ziege, Schwein, Bär usw.

Um den dritten Schaltkreis anzuregen, versuche man Kaffee, Tee, stark proteinhaltige Diät, Speed oder Kokain.

Ein spezifischer Neurotransmitter für den vierten Schaltkreis ist bisher noch nicht synthetisiert worden, wird aber nach dem Pubertieren durch die Drüsen gebildet und fliesst ungestüm durch die Adern Heranwachsender.

Keine dieser irdischen Drogen ändert grundlegende biochemische Prägungen. Die Verhaltensweisen, die durch sie ausgelöst werden, sind jene, die auf den ersten Stufen der Prägungsfähigkeit mit dem Nervensystem verdrahtet wurden. Der Betrunkene des zweiten Schaltkreises stellt die emotionellen Spiele oder Schwindeleien zur Schau, die er in der Kindheit bei seinen Eltern beobachtet hat. Der Mind des dritten Schaltkreises geht nie über Korrekturen oder Kombinationen jener Tunnelrealitäten hinaus, die ursprünglich geprägt wurden, und verlässt nie jene Abstraktionen, die mit Prägungen durch späteres Konditionieren verbunden sind. Und so weiter.

Aber dieser ganze Pavlov-Skinnersche Robotismus ändert sich schlagartig und grundlegend, wenn wir uns der rechten Hirnhälfte, den zukünftigen Schaltkreisen und ausserirdischen Chemikalien zuwenden.

Die vier sich entwickelnden zukünftigen «Gehirne» sind:

5. Der neurosomatische Schaltkreis: Wenn dieses fünfte «Körper-Gehirn» aktiviert wird, explodieren flache euklidische Aspekte multidimensional. Das Körperliche verwandelt sich im McLuhanschen Sinne vom linearen **visuellen Raum** zu einem allumfassenden **Sin-**

---

* Höchstwahrscheinlich resultiert diese Aktivierung aus einer generellen **Unterdrückung** höherer neurologischer Schaltkreise, die diesem Mini-Gehirn seine dominierende Stellung sichern.

Vor rund viertausend Jahren wurde der spezifische Neurotransmitter des fünften Gehirns von Schamanen aus dem Gebiet des Kaspischen Meeres entdeckt, die ihn rasch an andere Zauberer in Eurasien und Afrika weitergaben. Es war natürlich Cannabis.

nesraum. Ein hedonistisches Gefühl von **Angetörntsein** entsteht, ein erregendes Vergnügen, ein Loslösen von den Zwangsmechanismen der vorausgegangenen ersten vier Schaltkreise.

Dieses fünfte Gehirn tauchte vor rund viertausend Jahren in den ersten begüterten Gesellschaftsformen auf und hat sich in den letzten Jahrhunderten ein stets zunehmendes Feld erobert (noch vor der Drogenrevolution); eine Tatsache, die durch die hedonistische Kunst Indiens, Chinas, Roms und anderer wohlhabender Gesellschaften belegt wird. Erst kürzlich haben Omstein und seine Schule mittels Elektroenzephalogrammen demonstriert, dass dieser Schaltkreis den ersten Sprung von der linearen linken Gehirnhälfte zur analogischen rechten Gehirnhälfte darstellt.

Das Öffnen und Prägen dieses Schaltkreises war die Hauptbeschäftigung der «Techniker des Okkulten» – tantrischen Schamanen und Hatha-Yogis. Während die Prägung des fünften Schaltkreises durch Sinnesentzug, soziale Isolation, physiologischen Stress oder schweren Schock erreicht werden kann (zeremonielle Schreckens-Taktiken, wie sie von Gauner-Gurus wie Don Juan Matus und Aleister Crowley praktiziert wurden), blieb sie traditionellerweise der gebildeten Aristokratie jener Wohlstandsgesellschaften vorbehalten, in denen die vier irdischen Überlebensprobleme bereits keine Rolle mehr spielen.

Vor rund viertausend Jahren wurde der spezifische Neurotransmitter des fünften Gehirns von Schamanen aus dem Gebiet des Kaspischen Meeres entdeckt, die ihn rasch an andere Zauberer in Eurasien und Afrika weitergaben. Es war natürlich Cannabis. Hanf. Mutter Mary Jane.

Es ist kein Zufall, dass der Pothead seinen neuralen Zustand im allgemeinen als «high» oder «spaced-out» bezeichnet. Die Transzendenz der Gravitations-, Digital-, Linear-, Entweder/Oder-, Aristotelischen, Newtonschen, planetarischen Orientierungen (erster bis vierter Schaltkreis) sind – aus evolutionärer Sicht – Teil unserer neurologischen Vorbereitung auf die unvermeidliche, nun beginnende Auswanderung von unserem Planeten. Deshalb sind so viele Potheads **Raumschiff Enterprise**-Freaks und Science Fiction-Anhänger. (In Berkeley, Kalifornien, der Cannabis-Hauptstadt der Vereinigten Staaten, gibt es in der Telegraph Avenue einen Laden, wo man mit dicker Brieftasche im Handumdrehen fünfhundert Dollar für **Raumschiff Enterprise**-Stories, -Magazine, -Broschüren, -Aufkleber, -Fotos, -Posters, -Tonbänder usw., ja sogar für komplette Bausätze des **Raumschiffes Enterprise** loswerden kann.) Hedonistische Konsumgesellschaft.

Die ausserirdische Bedeutung des Zustands «high» wurde von den Astronauten selbst bestätigt: Die meisten, die die Schwerelosigkeit erlebt hatten, berichteten von «mystischen Erfahrungen» oder Zuständen der Verzückung, die für den neurosomatischen Schaltkreis charakteristisch sind. «Kein Photo kann je die Schönheit der Erde wiedergeben», schwärmt Captain Ed Mitchell, als er seine Erleuchtung im freien Fall beschreibt. Das klingt wie aus dem Munde des nächstbesten erfolgreichen Yogis oder Potheads. Keine Kamera kann diese Erfahrung festhalten, da letztere sich im Inneren des Nervensystems abspielt.

(Captain Mitchell hat die Raumfahrt aufgegeben und *The Institute of Noetic Sciences* gegründet, das sich mit der wissenschaftlichen Erforschung der rechten Hirnhälfte und ihren Funktionen beschäftigt. Später kam auch Buzz Aldrin dazu.)

Starke Psychedelika wie Meskalin, LSD und Psilocybin eröffnen dem Nervensystem den fünften Schaltkreis.

Freier Fall, zum richtigen evolutionären Zeitpunkt, löst die neurosomatische Mutation aus. Bisher wurde diese Mutation «künstlich» bewirkt, durch schamanistische Techniken oder Yoga-Training oder mittels der Stimulans des fünften Schaltkreises, Cannabis. Gleichzeitig entwickelten sich Surfen, Skifahren, Tauchen und die neue sexuelle Kultur (Sensitivmassage, Vibratoren, importierte tantrische Künste usw.) als Teil der hedonistischen Überwindung der Gravitation. Der Zustand des Angetörntseins wird immer als «Schweben» oder, mittels einer Zen-Metapher, als «dreissig Zentimeter über dem Boden» beschrieben.

6. Der neuroelektrische Schaltkreis: Das sechste Gehirn besteht aus einem Nervensystem, **das sich seiner selbst bewusst wird**, unabhängig von geprägten Gravitations-Realitätsgrundlagen (erster bis vierter Schaltkreis) und sogar unabhängig von der Ekstase des Körpers (fünfter Schaltkreis). Der Semantiker Graf Korzybski nannte diesen Zustand «Bewusstsein des Abstrahierens». Dr. John Lilly nennt es «Metaprogrammieren», d. h. Bewusstwerden des Programmierens der eigenen Programmierung. Diese Einsteinsche, relativistische Bewusstseins-Intelligenz erkennt beispielsweise, dass die Euklidischen, Newtonschen und Aristotelischen Realitätsgrundlagen nur drei von Milliarden möglicher Programme oder Modelle der Erfahrung sind.

Über diese Stufe der Gehirnfunktionen scheinen erstmals um 500 v. Chr. verschiedene, durch die Seidenstrasse (China–Nordindien) verbundene «okkulte» Gruppen berichtet zu haben. Sie steht soweit über den irdischen Schaltkreisen, dass jene, die sie erreicht haben, darüber kaum mit der restlichen Menschheit kommunizieren können (erster bis vierter Schaltkreis) und wird nicht einmal von den Ekstase-Technikern des fünften Schaltkreises richtig verstanden.

Die Charakteristika des neuroelektrischen Schaltkreises sind hohe Geschwindigkeit, beliebige Auswahl, Relativität sowie Spaltung und Vereinigung aller Wahrnehmungen in parallele Science Fiction-Universen wechselseitiger Möglichkeiten.

Die Säugetierpolitik, von der die Machtkämpfe der irdischen Menschheit unter Kontrolle gehalten werden, ist hier transzendiert; sie wird als statisch, künstlich und als sorgfältig ausgearbeitete Scharade gesehen. Man wird weder zwangsweise in die territoriale Realität eines anderen manipuliert noch gezwungen, mit einem umgekehrten emotionalen Spiel dagegen anzukämpfen (das übliche Seifenopern-Drehbuch). Man entscheidet sich ganz einfach bewusst, ob man das Realitätsmodell eines anderen teilen will oder nicht.

Taktiken zur Öffnung und Prägung dieses sechsten Schaltkreises werden in Schriften des fortgeschrittenen Rajah-Yogas sowie in den hermetischen (verschlüsselten) Handbüchern der mittelalterlichen Alchemisten und der Illuminaten der Renaissance beschrieben; eigentliche Erfahrungen damit sind selten.

Noch ist keine chemische Substanz für den sechsten Schaltkreis erhältlich, aber starke Psychedelika wie Meskalin (aus dem «heiligen Kaktus» Peyote), LSD und Psilocybin (aus dem mexikanischen «magischen» Pilz Teonacatl) eröffnen dem Nervensystem eine Mixed-Media-Reihe von Kanälen des fünften und sechsten Schaltkreises. Dieser Zustand wird, im Unterschied zum «Antörnen» oder «High-werden» des klar vorwärts gerichteten fünften Schaltkreises, als «Trippen» bezeichnet.

Das Öffnen des sechsten Schaltkreises ist für die jeweiligen Erwartungen der irdischen ersten bis vierten Schaltkreise so alarmierend, dass es seit jeher in paradoxen, fast absurden Metaphern beschrieben worden ist. Das Nicht-Selbst. Der Nicht-Mind. Das Weisse Licht.

Wenn wir erst einmal realisieren, dass solche ausserweltliche neurale Erfahrungen wirklich nachirdisch sind, wird es offensichtlich, dass «High-werden» und «im Raum trippen» zutreffende Ausdrücke sind.

Dieser semantische Surrealismus ist heute überflüssig geworden. Die Einsteinsche Revolution in der Physik, der post-Wienersche Durchbruch in Kybernetik und Neurologie, die synergetische Sprache eines Buckminster Fuller und die Neurologik von Lilly und Leary haben es ermöglicht, die Funktionen des sechsten Schaltkreises in sachlichen und praktischen Termini zu beschreiben, gerade so, wie das Nervensystem sich selbst programmiert oder seine Prägung periodisch erneuert.

Die Unterdrückung wissenschaftlicher Forschung auf diesem Gebiet hatte unweigerlich zur Folge, dass die gesetzlose Drogenkultur sich erneut den hedonistischen Verhaltensweisen des fünften Schaltkreises und den vorwissenschaftlichen Tunnelrealitäten der rechten Hirnhälfte zuwandte. (Das Wiederaufleben des Okkulten.) Ohne wissenschaftliche Disziplin und Methodologie können nur wenige mit Erfolg die oft erschreckenden (aber philosophisch entscheidenden) metaprogrammierenden Signale des sechsten Schaltkreises entschlüsseln. Wissenschaftler, die mit der Untersuchung dieses Gegenstandes fortfahren, wagen es nicht, ihre (illegalen) Resultate zu publizieren, und berichten darüber nur in ihren geheimen Aufzeichnungen – wie die Gelehrten zur Zeit der Inquisition. (Voltaire verkündete das Zeitalter der Vernunft zwei Jahrhunderte zu früh. Wir befinden uns immer noch im Mittelalter.) Die meisten Underground-Alchimisten haben diese herausfordernde und riskante Eigeninitiative aufgegeben und beschränken ihre Trips auf das Körperlich-Hedonistische, d. h. auf die Cannabis-Verzückung des fünften Schaltkreises.

Die evolutionäre Funktion des sechsten Schaltkreises befähigt uns, mit Einsteinschen Relativitäten und neuroelektrischen Beschleunigungen zu kommunizieren, ohne dass wir die manuellen oder Kehlkopf-Symbole des dritten Schaltkreises gebrauchen, sondern direkt **durch** Feedback, Telepathie und Computeranschluss. Neuroelektrische Signale werden nach der Auswanderung ins All die «Sprache» (menschliche Laute) ersetzen.

Wenn Menschen erst einmal die Atmosphäre und die Gravitation des planetarischen Lebens hinter sich gelassen haben, wird die beschleunigte Bewusstseins-Intelligenz des sechsten Schaltkreises eine Kommunikation auf höchster Energieebene mit «höheren Intelligenzen» ermöglichen, d. h. mit-uns-selbst-in-der-Zukunft und anderen nachirdischen Rassen.

Stellt es euch folgendermassen vor: Die höheren, fünften bis achten Schaltkreise der rechten Hirnhälfte aktivieren bei den korrespondierenden, primitiveren ersten bis vierten Schaltkreisen der linken Hirnhälfte ein höheres Bewusstsein und andere Zeit-Dimensionen. So konzentriert sich der fünfte Schaltkreis auf die gleichen körperbezogenen sinnlich-somatischen Prägungen wie der erste, aber der fünfte Schaltkreis ist zeitunabhängig, «locker», lustig, hedonistisch, **bewusst** – während der erste Schaltkreis vollauf mit den Problemen des Überlebens beschäftigt, instinktiv, reflexbezogen, blind und roboterhaft funktioniert. Genau so befassen sich der zweite und der sechste Schaltkreis beide mit «Politik». Der zweite Schaltkreis erlaubt uns zu handeln oder mit Personen, die sich entweder auf dem gleichen entwicklungsgeschichtlichen Niveau wie wir selbst (unsere eigene Spezies) oder unter uns befinden, Positionen zwischen Freiheit und Unterwerfung auszuhandeln, wobei wir aber dieselbe proxemisch-kinesische Körpersprache gebrauchen (Hund, Katze usw.). Der sechste Schaltkreis dagegen ermöglicht es, Realitäten mit Spezies, die weiter entwickelt sind als wir, auszuloten, also mit fortgeschritteneren Intelligenzen der Galaxis.

In der Terminologie der heutigen Wissenschaft kann der siebte Schaltkreis wohl am ehesten als ein Komplex genetischer Archive bezeichnet werden, der durch anti-histone Proteine aktiviert wird. Das DNS-Gedächtnis spult zur Dämmerung des Lebens zurück.

Wenn wir erst einmal realisieren, dass solche ausserweltliche neurale Erfahrungen wirklich nachirdisch sind, wird es bestrickend einfach und offensichtlich, dass «High-werden» und «im Raum trippen» zutreffende Ausdrücke sind. Die neurosomatische Verzückung des fünften Schaltkreises ist die Vorbereitung auf die nächste Stufe in unserer Entwicklung: die Auswanderung vom Planeten. Der sechste Schaltkreis dient als Vorbereitung zur nächstfolgenden Stufe; auf die gegenseitige Kommunikation mit fortgeschrittenen Wesen, die im Besitz von **elektrischen** (nach-verbalen) Tunnelrealitäten sind.

Der sechste Schaltkreis ist der «universelle Übersetzer», den sich Science Fiction-Schriftsteller schon häufiger ausgedacht haben, der aber bereits durch die DNS-Schleife in unser Gehirn eingebaut ist. Genau wie die Schaltkreise des zukünftigen Schmetterlings bereits in der Raupe eingebaut sind.

7. Der neurogenetische Schaltkreis: Das siebte Gehirn tritt dann in Aktion, wenn das Nervensystem Signale aus dem **Inneren des einzelnen Neurons**, aus dem DNS-RNS-Dialog zu empfangen beginnt. Die ersten, die eine solche Mutation erlebten, sprachen von «Erinnerungen an vergangene Leben», «Reinkarnation», «Unsterblichkeit» usw. Dass diese Adepten von etwas Realem berichteten, ist durch die Tatsache erkennbar, dass viele unter ihnen (speziell Hindus und Sufis) tausend oder zweitausend Jahre vor Darwin wunderbar zutreffende poetische Schilderungen der Evolution verfassten und lange vor Nietzsche das Phänomen des Übermenschen prophezeiten.

Die «Akasha-Chronik» der Theosophie, das «kollektive Unbewusste» von Jung, das «phylogenetische Unbewusste» von Grof und Ring sind drei Metaphern für diesen Schaltkreis. Die Visionen der Vergangenheit und der Zukunft, beschrieben von Leuten, die im Verlauf von todesähnlichen Zuständen Erfahrungen des Aus-dem-Körper-Heraustretens gemacht haben, beschreiben ebenfalls die transzeitliche Bewusstseins-Intelligenz des siebten Schaltkreises.

Spezifische Übungen, um den siebten Schaltkreis zu aktivieren, finden sich in den Yoga-Lehren keine; normalerweise gelingt dies – wenn überhaupt – erst nach mehreren Jahren fortgeschritten Rajah-Yoga-Trainings, das auch den Zugang zum sechsten Schaltkreis erleichtert.

Der spezifische Neurotransmitter des siebten Schaltkreises ist natürlich LSD. (Aber auch Peyote und Psilocybin erzeugen Erfahrungen des siebten Schaltkreises.)

In der Terminologie der heutigen Wissenschaft kann der siebte Schaltkreis wohl am ehesten als ein Komplex genetischer Archive bezeichnet werden, der durch anti-histonische Proteine aktiviert wird. Das DNS-Gedächtnis spult zur Dämmerung des Lebens zurück. Alle Mutanten des siebten Schaltkreises überkommt das Gefühl der Unvermeidlichkeit von Unsterblichkeit und gegenseitiger Symbiose. Nun können wir erkennen, dass auch dies eine evolutionäre Prophezeiung ist, **denn wir stehen jetzt genau auf der Schwelle zur erweiterten Langlebigkeit, die schliesslich zur Unsterblichkeit führt.**

Das ist nicht übertrieben. In einem Labor der University of California in Berkeley hat der Forscher Paul Segall bereits eine Gruppe Ratten gezüchtet, die nicht nur lebendig sind, sondern sich auch fleissig fortpflanzen und Junge werfen, wenn normale Ratten schon längst

Der Versuch, ein Quantenmodell des Bewusstseins zu konstruieren, zeigt sehr deutlich, dass das «atomare Bewusstsein» die Verbindung darstellt, die die Parapsychologie und Paraphysik zur ersten wissenschaftlichen Theologie der Geschichte vereinigen wird.

tot sind. Segall spricht davon, in den nächsten zehn Jahren eine Formel zu entwickeln, welche die menschliche Lebensspanne bis zu vierhundert oder fünfhundert Jahren ausdehnt. In Wisconsin werden ähnliche Forschungen von Bjorksten, in Los Angeles von Froimovich und zahlreichen weiteren Wissenschaftlern betrieben, die der Langlebigkeit zu einem Status echter wissenschaftlicher Wahrscheinlichkeit innerhalb der nächsten paar Jahrzehnte verhalfen.

Wie Senator Hubert Humphrey sagte, nachdem er sich mit der russischen Langlebigkeitsforschung beschäftigt hatte: «In ein bis zwei Jahrzehnten werden wir die heutige Haltung dem Tod gegenüber als ‹primitiv› und ‹mittelalterlich› empfinden, ähnlich wie wir heute auf einen einstmals so gefürchteten Killer wie die Tuberkulose zurückblicken.»

Die genaue Aufgabe der Schaltkreise der rechten Hirnhälfte und der Grund ihrer Aktivierung während der Kulturrevolution der sechziger Jahre wird nun klar. So schreibt der Soziologe F. M. Esfandiary in **Upwingers**: «Wenn wir heute von Unsterblichkeit und dem Betreten einer anderen Welt reden, so meinen wir dies nicht länger in einem theologischen oder metaphysischen Sinn. Die Leute reisen heutzutage in andere Welten. Die Leute streben heutzutage nach Unsterblichkeit. Transzendenz ist nicht länger ein metaphysisches Konzept. Sie ist Realität geworden.»

Es gibt keinen Grund zu sterben. Viele weitblickende Pioniere haben sich schon jetzt beim Eintritt des klinischen Todes von cryonischen Konservierungsgesellschaften einfrieren lassen und erwarten ihre medizinische Wiederauferstehung, sobald die Wissenschaft ein paar Jahrzehnte weiter ist. Nur Dummheit und Abhängigkeit an eine tödliche Philosophie wird uns daran hindern können, so lange zu leben, wie wir wollen.

In dem Buch **The Immortality Factor** schreibt Osborn Segerberg jun., dass die Vorhersagen der Wissenschaftler über den Zeitpunkt, wann Unsterblichkeit zur Realität geworden sein wird, immer näher an die Gegenwart herangerückt sind. Eine im Jahre 1962 durchgeführte Konferenz zu diesem Thema sagte Unsterblichkeit für das späte 21. Jahrhundert voraus, eine andere von 1969 prophezeite sie schon für das Ende unseres Jahrhunderts, und so weiter. Schon erscheint die 1973 von Timothy Leary und L. Wayne erhobene Schätzung, die das Jahr 1990 nannten, als konservativ. Wir könnten ewiges Leben wahrscheinlich bereits in den achtziger Jahren habe, wenn das öffentliche Bewusstsein sich weit genug entwickelt, um es zu fordern.

Die evolutionäre Funktion des siebten Schaltkreises und die Drogen, die denselben aktivieren, dienten uns zur Vorbereitung auf bewusste Unsterblichkeit und gegenseitige Symbiose.

8. Der neuroatomare Schaltkreis: Wenn man der Quantenmechanik glauben will, **geht das Bewusstsein vermutlich der** biologischen Einheit oder der DNS-Bandschlaufe voraus. Über Erfahrungen des «Aus-dem-Körper-Tretens», «astrale Projektion», Kontakte mit fremden (ausserirdischen) «Wesen» oder mit galaktischen Übergeistern ist schon seit Tausenden von Jahren berichtet worden, nicht nur von Ignoranten, Abergläubigen oder Leichtgläubigen, sondern oft von den edelsten Geistern unter uns (Sokrates, Giordano Bruno, Edison, Buckminster Fuller usw.). Parapsychologen hören täglich von Erfahrungen dieser Art, die

Die irdischen Schaltkreise der linken Hirnhälfte enthalten die gelernten Lektionen unserer evolutionären Vergangenheit. Die nachirdischen Schaltkreise der rechten Hirnhälfte sind das evolutionäre Drehbuch für unsere Zukunft.

übrigens auch von Wissenschaftlern wie Dr. John Lilly und Carlos Castaneda gemacht worden sind. Dr. Kenneth Ring hat dieses Phänomen ziemlich treffend jenem «Etwas» zugeschrieben, das er als «das ausserirdische Unbewusste» bezeichnete.

Wir sind der Ansicht, dass der achte Schaltkreis buchstäblich neuroatomar ist – **infra-, supra-** und **meta**physiologisch – ein quantenmechanisches Kommunikationssystem, das keinen biologischen Behälter erfordert. Der Versuch, ein Quantenmodell des Bewusstseins und/oder ein bewusstes Modell der Quantenmechanik zu konstruieren (Prof. John Archibald Wheeler, Saul-Paul Sirag, Dr. Fritjof Capra, Dr. Jack Sarfatti), zeigt sehr deutlich, dass das erstmals von Leary in *Politik der Ekstase* erwähnte «atomare Bewusstsein» die erklärende Verbindung darstellt, die die Parapsychologie und Paraphysik zur ersten wissenschaftlichen, empirisch experimentellen Theologie der Geschichte vereinigen wird.

Wenn das Nervensystem auf diese Quantenebene angetörnt wird, entfällt die Raum-Zeit. Einsteins Lichtgeschwindigkeitsschranke ist transzendiert; in Dr. Sarfattis Metapher entfliehen wir dem «elektromagnetischen Chauvinismus». Die Bewusstseinsintelligenz innerhalb der Quantenprojektionszelle **ist** in der Tat das gesamte kosmische «Gehirn», genauso wie die Mikro-Miniaturausgabe der DNS-Helix das lokale Gehirn **ist**, das zur planetarischen Evolution führt. Laotse drückt es aus seiner vom achten Schaltkreis bestimmten Sicht wie folgt aus: «Das Grösste ist im Kleinsten.»

Diese neuroatomare Bewusstseins-Intelligenz liegt vier Mutationen weiter ausserhalb unseres irdischen Daseins. (Der gegenwärtige Kampf spielt sich zwischen Stammesmoralisten oder -kollektivisten des vierten und hedonistischen Individualisten des fünften Schaltkreises ab.) Wenn unser Bedürfnis nach höherer Intelligenz, verstärktem Einbezogensein in das kosmische Drehbuch und weiterer Transzendenz nicht länger durch physikalische Körper befriedigt werden kann – auch nicht durch unsterbliche Körper, die quer durch die Raum-Zeit hüpfen –, dann wird der achte Schaltkreis eine weitere Grenze öffnen. Neue Universen und Realitäten. «Jenseits der Theologie: Die Wissenschaft und Kunst der Gottesschaft», wie Alan Watts einmal sagte.

Es ist daher möglich, dass die geheimnisvollen «Wesenheiten» (Engel und Ausserirdische), von denen Visionäre des achten Schaltkreises immer wieder berichtet haben, Mitglieder von Rassen sind, die sich bereits bis auf diese Ebene entwickelt haben. Es ist jedoch ebenso möglich und viel aufregender, dass es sich dabei um «uns-selbst-in-der-Zukunft» handelt, wie Saul-Paul Sirag, auf Godels Mathematik aufbauend, es kürzlich darlegte.

Die irdischen Schaltkreise der linken Hirnhälfte enthalten die gelernten Lektionen unserer evolutionären Vergangenheit (und Gegenwart). Die nachirdischen Schaltkreise der rechten Hirnhälfte sind das evolutionäre Drehbuch für unsere Zukunft.

Bis heute hat es für die Drogenrevolution zwei gegesätzliche Erklärungen gegeben. Die eine erfolgte auf gelehrte Art durch den Anthropologen Weston La Barre, während die andere dummdreist und moralistisch durch den grössten Teil der Antidrogenpropaganda in Schulen und Massenmedien verbreitet worden ist. Diese Erklärung besagt in ihrer Essenz, dass Millionen Menschen von den legalen **down**-Drogen zu illegalen **high**-Drogen gewechselt haben, da wir in unsicheren Zeiten leben und viele eine Flucht in die Phantasie suchen.

Ohne Charles Forts technologischen Mystizismus vorbehaltlos zu unterstützen («Es dampfmaschint, wenn die Zeit der Dampfmaschine kommt»), ist es offensichtlich, dass das DNS-Metaprogramm für die planetarische Evolution weit klüger ist als jedes unserer individuellen Nervensysteme.

Diese Theorie erklärt bestenfalls nur teilweise die hässlichsten und meistpubliziertesten Aspekte der Revolution – jenen leichtsinnigen Drogenmissbrauch, der für unreife Typen charakteristisch ist. Sie sagt nichts aus über die Millionen angesehener Ärzte, Anwälte, Ingenieure usw., die von der Intoxikation des zweiten Schaltkreises durch Alkohol zur Verzükkung des fünften Schaltkreises mit Hanf übergewechselt haben.

Sie geht auch nicht im geringsten auf die durchdachten philosophischen Untersuchungen des sechsten Schaltkreises ein, wie sie von hochintelligenten und äusserst sensiblen Leuten durchgeführt worden sind. Dazu gehören Dr. Aldous Huxley, Dr. Stanislav Grof, Masters-Houston, Alan Watts, Carlos Castaneda, Dr. John Lilly und Tausende von wissenschaftlichen Forschern auf dem Gebiet des Bewusstseins.

Eine einleuchtendere Theorie stammt von dem Psychiater Norman Zinberg, der sie aus dem Werk Marshall McLuhans abgeleitet hat. Er stellt fest, dass die modernen elektronischen Medien die Parameter unseres Nervensystems dahingehend verschoben haben, dass junge Leute «linearen» Drogen wie Alkohol keinen Genuss mehr abgewinnen können, sondern nur in «nicht-linearen» Drogen wie Hanf oder Psychedelika einen Zweck sehen.

Das trifft sicher teilweise zu, ist aber zu beschränkt und mit einer Überbetonung von Fernsehen und Computern belastet, ohne dass genügend Wert auf das allgemeine technologische Environment gelegt würde – die andauernde Science Faction-Revolution, bei der eine Auswanderung ins All, gesteigerte Intelligenz und Lebens-Verlängerung die bedeutendsten, von uns in der S.M.I.^{2}L.E.-Formel zusammengefassten Aspekte sind.

Auswanderung ins All (*S*pace *M*igration) plus Intelligenz-Steigerung (*I*ntelligence^2) plus Lebens-Verlängerung (*L*ife *E*xtension) bedeutet Expansion der Menschheit in die gesamte Raum-Zeit.

S.M. + I.^{2} + L.E. = ∞

Ohne Charles Forts technologischen Mystizismus vorbehaltlos zu unterstützen («Es dampfmaschint, wenn die Zeit der Dampfmaschine kommt»), ist es offensichtlich, dass das DNS-Metaprogramm für die planetarische Evolution weit klüger ist als jedes unserer individuellen Nervensysteme, die gewissermassen riesige Roboter oder Sensoren für die DNS sind. Frühe Science Fiction-Groschenhefte; die Plumpheiten eines Buck Rogers; die gebildete Science Fiction brillanter Schriftsteller wie Stapledon, Clarke, Heinlein, Kubricks **2001** – alle sind stets klarere, von der intuitiven rechten Hirnhälfte übertragene DNS-Signale sensitiver Künstler, die uns auf die nach-irdische Mutation vorbereiten.

Es ist kaum Zufall, dass «literarische» Intellektuelle der alten Schule – die Erben der platonisch-aristokratischen Tradition, wonach ein Gentleman nie seine Hände gebrauchte, nie mit Werkzeugen herumbastelt oder ein Handwerk erlernt – Science Fiction und die Drogenkultur verachten. Auch ist es kein Zufall, dass der **Whole Earth Catalog** – von Stewart Brand, einem Absolventen von Ken Keseys *Merry Pranksters* – das neue Testament der ländlichen Dropout-Kultur bildet; jede Ausgabe ist vollgestopft mit öko-technologischen Informationen über Geschicklichkeit und Know-how, die Plato und seine Nachfolger höchstens für Sklaven geeignet hielten. So überrascht es natürlich auch nicht, dass Brands

Diejenigen, die anfangs des 17. Jahrhunderts verbrannt oder ins Gefängnis geworfen wurden (Bruno, Galilei usw.), waren Vorkämpfer der Revolution der Äusseren Technologie. Jene aber, die in den sechziger Jahren unseres Jahrhunderts im Gefängnis landeten, waren Vorkämpfer der Inneren Technologie.

letzte Publikation **Co-Evolution Quarterly** ausführlich Prof. Gerald O'Neills Weltraum-Habitat L5 gewidmet ist.

Kein Wunder, dass Doper Science Fiction jedem anderen Lesestoff vorzuziehen scheinen, einschliesslich ausserirdisch gewürzter Hinduschriften und okkult-schamanistischer Trip-Poeten des sechsten bis achten Schaltkreises, zu denen auch Crowley und Hesse gehören.

Die Drogen des sechsten Schaltkreises mögen viel zum metaprogammierenden Bewusstsein beigetragen haben, das zum plötzlichen Erkennen und Erfahren des «männlichen Chauvinismus» (Frauenbefreiungsbewegung), des «Chauvinismus der Arten» (Ökologie, Lillys Delphinstudien), des «Typ-G-Sternen-Chauvinismus» (Carl Sagan) und sogar des «Oxygen-Chauvinismus» (die CETI-Konferenz) usw. führte. Die geprägten Tunnelrealitäten, die uns als «weissen-männlichen-Amerikaner-Erdianer» usw. oder als «schwarze-weibliche Kubanerin» usw. identifizieren, sind nicht mehr umfassend genug, um unsere Bewusstseinsintelligenz miteinzubeziehen.

Wie das **Time**-Magazin am 26. November 1973 schrieb: «Nach Auskunft von Pharmakologen werden innerhalb von zehn Jahren perfekte Pillen und Schädel-Elektroden zur Verfügung stehen, die jedem auf der Erde ein lebenslanges Wohlergehen garantieren.» Die Hysterie der sechziger Jahre in bezug auf Marihuana und Acid war nur die Overtüre zu diesem Durchbruch des fünften Schaltkreises.

Der Arzt Nathan S. Kline sagt wirkliche Aphrodisiaka voraus, ferner Drogen, die das Lernen beschleunigen, und solche, die jedes denkbare Verhalten fördern oder bremsen können. Diejenigen, die anfangs des 17. Jahrhunderts verbrannt oder ins Gefängnis geworfen wurden (Bruno, Galilei usw.), waren Vorkämpfer der Revolution der Äusseren Technologie. Jene aber, die in den sechziger Jahren unseres Jahrhunderts im Gefängnis landeten oder von Polizeieinheiten zusammengeschlagen worden sind, waren Vorkämpfer der Inneren Technologie.

Die neurogenetische Bedeutung der Revolution ist damit klar. Neurochemikalien werden dafür gemacht, erstrebenswert und nicht abstossend zu sein. Sie öffnen das Nervensystem für die Möglichkeiten der zukünftigen, nach-irdischen Evolution. Und sie bestätigen den interstellaren Optimismus des Raumfahrtpioniers und Science Fiction-Propheten Konstantin Tsiolkovsky, der schon 1910 und 1920 Prototypen für viele technologische Entwicklungen der siebziger, achtziger und neunziger Jahre vorausgesehen und entworfen hat. Wie Tsiolkovsky schrieb: «Die trüben Aussichten, die einige Wissenschaftler bis hin zum unvermeidlichen Aussterben eines jeden Lebewesens auf der Erde predigen . . . sollten heute nicht mehr als Axiome betrachtet werden. Der bessere Teil der Menschheit wird aller Voraussicht nach nie sterben – er wird von Sonne zu Sonne wandern, während sie hinter ihm verglühen. Für Leben, Intelligenz und die Vervollkommnung der Menschheit gibt es kein Ende mehr. Ihr Fortschritt wird nicht aufhören.»

Die sexuelle Domestizierung des vierhirnigen Zweibeiners

Co-Autor: Robert Anton Wilson
November 1973
Folsom-Gefängnis

Frank, ein angetörnter Diskjockey aus San Francisco, hat seine knackige Frau (gespielt von Marilyn Chambers, dem Engel der Ivory Seifenreklame) endlich rumgekriegt, ihn in Zukunft bei seinen Abstechern in die swingende Orgienszene der Bay Area zu begleiten. Erinnert ihr euch? **The Resurrection of Eve,** die oft kopierte und bis heute künstlerisch eleganteste Porno-Story aller Zeiten? Aber eine keuchende, stöhnende Bongo-unterlegte Spule zu spät bemerkt Frank mit Entsetzen Eves plötzlich erwachte Leidenschaft, speziell für schwarze junge Männer mit Riesenschwengeln. «So wie es immer war . . .» jammert er. Doch sie sagt ihm mit vier kleinen Worten alles, einfach alles, was vom Anfang der Evolution bis zum heutigen Tag wirklich los war: **«Es ist gelaufen, Frank.»** Am Ende des Films hat die Pornographie endlich ihren typisch europäischen, statisch-doppeldeutigen Schluss (mit Polanskis **Messer im Wasser** als Vorlage).

Und Marilyn/Eve, die geborene Hexenschülerin, geradewegs ihrem hochprozentigen Ivory-Taufbad entstiegen, wendet sich der nächsten evolutionären Mutation zu. Die «Suche nach dem apokalyptischen Orgasmus» hat triumphiert, eine Suche, die schon Mailer (und zwar als einziger) in seinem Buch *The White Negro* (1958) als Vektor der Hip Revolution definierte, lange bevor irgend jemand anders realisierte, dass es so etwas wie eine Hip Revolution überhaupt **gab.** Das sexuelle Armageddon ist da. Wir brauchen keine Gloria Steinem, um zu wissen, dass das patriarchalische Zeitalter vorbei ist. Und wir brauchen keinen Alvin Toffler, um zu merken, dass die nukleare Kleinfamilie zusammen mit dem Atom schon längst geknackt ist. Wir brauchen uns nur umzugucken, um zu verstehen, dass wir uns mitten in der grössten biologischen und sozialen Umwälzung befinden, seit die neolithische Revolution Städte hervorgebracht, zentrale Regierungen geschaffen und die Menschheit **domestiziert** hat.

Wir existieren in den primitiven, larvalen Stadien der Mutation. Der Hauptgrund für unsere beschleunigte und ungeheure Veränderung ist die Erweiterung unseres Nervensystems durch Chemie und Technologie (wie Buckminster Fuller und Marshall McLuhan uns immer wieder eintrichtern). Unsere Kultur wird ganz entscheidend von der Tatsache geprägt, dass wir heute über mehr Wissenschaftler verfügen, die aktiv in der Forschung tätig sind, als in allen früheren Generationen zusammen. **Sexualität** (wie auch jeder andere Aspekt unserer Kultur) **wird sich in den kommenden dreissig Jahren viel radikaler ändern als in den letzten dreissigtausend Jahren.** (Wir werden beispielsweise viel schneller von Erdbewohnern zu nach-irdischen Wesen mutieren, als sich die meisten Leute vorstellen können.)

Denkt an die sozio-kulturellen Trends der Gegenwart – und haltet euch dabei einmal vor Augen, dass dies alles nur ein Vorspiel, die Ouvertüre ist:

Die Scheidungsquote der Vereinigten Staaten beträgt heute fast 50 Prozent (in Kalifornien, dem fortschrittlichsten Teil dieses Vereins, sogar über 75 Prozent). Die Wiederverheiratungsquote unter den Geschiedenen liegt bei phantastischen **80 Prozent.** Die beiden Tatsachen bedeuten, dass die Vereinigten Staaten, die höchstentwickelte technologische Nation unseres Planeten und Pionier des Wandels, sich **de facto** von einer Kultur, die traditionell monogamisch war, zu einer solchen entwickelt hat, die mehrere aufeinanderfolgende Ehen oder periodische Polygamie gestattet. Für unsere Kultur ist das in etwa eine ebenso bedeutsame Abweichung von der Moral unserer Vorfahren, wie wenn sie geschlossen vom Christentum zum Islam übergetreten wäre.

Um Sexualität (endlich einmal) realistisch zu sehen, sollte man versuchen, sie als Teil der Entwicklung des Nervensystems zu verstehen.

Vorehelicher Geschlechtsverkehr wird heute nicht mehr nur von einer Minderheit oder als Ketzerei akzeptiert. Eine neuere Untersuchung, die in einer Mittelklassen- und einer Unterschichtenschule von San Francisco durchgeführt wurde, hat ergeben, dass die klare Mehrheit der Schüler das, was früher nervös mit «bis zum Letzten gehen» umschrieben wurde, billigt. (Die exakten Zahlen: 53 Prozent der männlichen und 58 Prozent der weiblichen Studenten in Schulen der Mittelklasse; 64 Prozent der männlichen und 48 Prozent der weiblichen Studenten in Schulen der Unterschicht.) Paul C. Glick, Chef-Demoskop bei der Bundesanstalt für Bevölkerungsstatistik, berichtet, dass die Rate der unverheiratet zusammenlebenden Paare in den sechziger Jahren um 800 Prozent gestiegen ist. Und die Zahl der unehelichen Kinder hat sich seit den fünfziger Jahren um 200 Prozent vermehrt.

Andere Bevölkerungsstatistiken belegen, dass die Zahl der neu geschlossenen Ehen abnimmt und die der ersten Scheidungen 1975 stärker angestiegen ist als in dem vorangegangenen stürmischen Jahrzehnt. (Scheidungen standen 1960 bei 2,2 pro Tausend, erreichten 1965 rund 2,5 pro Tausend, stiegen bis 1970 auf 3,5 pro Tausend und sind mittlerweile schon auf über 4,6 pro Tausend geklettert.) Im Staat New York stieg die Scheidungsquote zwischen 1969 und 1975 sprunghaft um 300 Prozent an.

Solange Kommunen, Gruppenehen und Wohngemeinschaften kommen und gehen, sich formen, umformen, auseinanderbrechen und sich wieder neu bilden, sind noch keine genauen Zahlen über diese neuen Stammesformen zu ermitteln, aber die Familienform des Atomzeitalters macht offensichtlich eine Veränderung durch. Eine kürzlich erstellte Umfrage der *United Press* in zweiundzwanzig Städten hat gezeigt, dass über die Hälfte der Standesämter dramatische Rückgänge an Eheschliessungen zu verzeichnen haben. In San Francisco betrug die Rückgangsquote in fünf Jahren über 25 Prozent.

Frauen haben mehr ausser- und vorehelichen Geschlechtsverkehr als je zuvor. Sechs von zehn minderjährigen Müttern sind heute unverheiratet oder heiraten erst kurz vor der Geburt ihres Kindes. Während die Quote für aussereheliche Affären bei Männern im Vergleich zu den Forschungsergebnissen von Kinsey (um 1940) konstant blieb (etwa 50 Prozent), ist sie bei Frauen um 25 bis 40 Prozent gestiegen. Gleichzeitig hat sich dieser Ausbruch aus der Monogamie zeitlich nach vorn verschoben (Durchschnittsalter in Kinseys Statistik bei vierzig, heute bei fünfunddreissig Jahren). In Bells neuester Umfrage deutete die Hälfte aller Ehefrauen an, dass sie «sicher» oder «möglicherweise» in Zukunft ausserehliche Beziehungen haben würden. Dieser Trend ist wie üblich bei den Jüngsten am stärksten. In Kinseys Report waren nur 8 Prozent aller Frauen unter vierundzwanzig Jahren ihren Männern untreu geworden, heute sind es schon 24 Prozent.

Und die **Redbook**-Untersuchung von 1972 hat ergeben, dass 40 Prozent einer grossen statistischen Gruppe (hunderttausend Ehefrauen) sich darüber beklagten, dass sie nicht **genug** Sex bekommen. Nennen wir das «Evas Auferstehungs-Syndrom». Es prophezeit für jedes Schlafzimmer der Vereinigten Staaten die Apokalypse.

Im Jahre 1937, als der Kongress Marihuana auf die schwarze Liste setzte, wurde es nur von ein- bis zweihunderttausend Bürgern (meist Schwarze aus dem Süden und mexikanische Amerikaner) konsumiert. Heute, am historischen Vorabend seiner Entkriminalisierung, konsumieren etwa dreissig bis vierzig Millionen Bürger regelmässig Marihuana. Ein grosser Teil des Grasrauchens hat mit seinen erotischen Qualitäten zu tun, und zwar in mancherlei Hinsicht, wie Barbara Lewis in **The Sexual Power of Marihuana** ausführlich darlegt

«Keine von unseren sozialen Organisationen ist darauf vorbereitet, mit einer Veränderung dieses Ausmasses fertig zu werden.» Utopismus, Futurismus und Science Fiction sind heutzutage die einzige realistische Politik.

und Antipot-Kreuzritter von Anfang an neidisch argwöhnten. Fünfundachtzig Prozent der Grasraucher, die im Rahmen einer Untersuchung von Prof. McGlothlin im Jahre 1968 befragt wurden, nannten die Steigerung und Intensivierung der sexuellen Lust als Hauptgrund dafür, warum sie das schwer kriminelle Cannabis dem legalen anti-aphrodisiakischen Alkohol vorzogen.

Die Suche der Hipster nach dem transzendentalen Orgasmus à la Mailer oder Reich ist nicht nur die Wurzel dieses Umschwungs, sondern auch der Anfang der sexuellen De-Domestizierung. Die konservativen Lager waren sich in ihrer eigenen merkwürdigen Art darüber natürlich schon eher im klaren als die optimistischen Liberalen und akademischen Humanisten. Eine ganze Phase der menschlichen Zivilisation geht ihrem Ende entgegen. Nietzsche und Aleister Crowley sahen die moralische (d. h. sexuelle) Apokalypse schon zu Beginn des 20. Jahrhunderts deutlich voraus und feierten (irrtümlich) den Untergang der Domestizierung als Wiedergeburt eines heroischen Barbarismus – Nietzsche mit seiner «blonden Bestie», dem Krieger und Supermann und Crowley in seiner Selbstidentifikation als das Grosse Biest in **Revelations**, deren einziges Gesetz lautet: «Tue was du willst.» Letztlich lagen diese Barden der Evolution mit ihrer Analyse dessen, was zu Ende ging, weitaus richtiger als in der Deutung dessen, was daraus an Neuem entstehen würde.

Um Sexualität (endlich einmal) realistisch zu sehen, sollte man versuchen, sie als Teil der Entwicklung des Nervensystems zu verstehen. Mailer identifizierte das Verlangen nach erotischer Transmutation zu Recht als Teil des Hipster-Versuchs, «ein neues Nervensystem zu entwickeln». Die Erweiterung unseres Nervensystems, unser selbstgeschaffener, wissenschaftlicher Sinnesapparat, explodiert in alle Richtungen. Die Kommunikationsgeschwindigkeit hat seit 1900 rund 10^7 mal zugenommen und beschleunigt sich in diesem Jahrzehnt noch schneller. Die Reisegeschwindigkeit beträgt heute im Vergleich zur selben Periode 10^2, Datenverarbeitung 10^6 und die Anzahl der bekannten Energiequellen 10^3. Unbemannte Raumschiffe haben andere Planeten erreicht.

Prof. J. R. Platt von der University of Michigan, der diese Berechnungen aufstellte, gibt zu bedenken: **«Keine von unseren sozialen Organisationen ist darauf vorbereitet, mit einer Veränderung diesen Ausmasses fertig zu werden.»** Utopismus, Futurismus und Science Fiction sind heutzutage die einzige realistische Politik. Die säugetierhafte Linke und die reptilische Rechte sind beide gleichermassen überholt, blind und irrelevant. Es gibt keine sozialen Organisationen auf der Welt, welche die gerade neu entstehende Menschheit unterbringen könnten. Wir sind statistisch gesehen im wahrsten Sinne des Wortes zu gross für die Schosskultur, die uns hervorgebracht hat.

Die Lockerung des monogamen Robotismus ist eng mit der gesteigerten Wirkung empfängnisverhütender Mittel von 50 bis 70 Prozent (Schaumtabletten und altmodische Kondome) auf 98 bis 99 Prozent (Spirale und Pille) verflochten. Der unvermeidliche Übergang zu 100prozentiger Empfängnisverhütung kann nicht weiter als 1985 entfernt sein. Retortenbabies werden um 1990 die alltäglichste Sache der Welt sein und damit die biologische Befreiung der Frau vollenden und ihre politische Befreiung sichern. Genetische Manipulation bedeutet, dass Langlebigkeit nicht mehr lange auf sich warten lassen kann – und einige der

Die sexuelle Prägung friert im wahrsten Sinne des Wortes Verhaltensmodelle zu automatischen Reflexen ein, die fast genauso starr wie die «instinktiven» Werbungsrituale bei Vögeln oder Insekten sind.

hellsten Köpfe auf diesem Gebiet, wie Paul Segall aus Berkeley, zielen bereits hinter die Langlebigkeit auf Unsterblichkeit. O'Neills Weltraum-Habitate, die nicht etwa wie Mönche lebende Astronauten, sondern ganze Familien, Stämme, menschliche Gemeinden beherbergen sollen, werden um die Sonne kreisen und die grösste evolutionäre Mutation seit dem Übergang vom Wasser zum Land in Gang setzen.

Heute können wir verstehen, dass die Domestizierung der Menschheit ein notwendiges, aber temporäres Stadium war.

Das säugetierhafte (und überhaupt tierische) Nervensystem entwickelt sich in metamorphischen Schüben, über lange historische Phasen hinweg, **und dieser Vorgang wird in jedem einzelnen Individuum – im Hinblick auf die jeweiligen äusseren Bedingungen – schnell rekapituliert und eingeprägt.** Eine Prägung ist ein biochemischer Prozess, bei dem bestimmte Tunnels, Muster und Netzverbindungen in synergetischen Reaktions-Einheiten miteinander verschmolzen werden. Wenn ähnliche Ereignisse in der Umgebung ablaufen, werden sie aktiviert und lösen die entsprechenden mechanischen Reaktionen aus. Ethologen haben bewiesen, dass Konditionierung nur zusätzliche Assoziationen auf die ursprüngliche biochemische Prägung aufbauen, diese aber weder verändern noch umkehren kann. Die Prägung bleibt in den Neuronen verankert, bis sie biochemisch verändert wird. In den meisten Fällen bleibt sie bis zum Tod konstant.

Der erste Schaltkreis bildete sich während der Entwicklung des (wirbellosen) Nervensystems und ist zugleich der erste, der bei jedem neugeborenen Menschen aktiviert wird. Das Bio-Überlebens-Hirn. Es verhakt den Organismus mit einem mütterlichen Objekt und baut dann langsam einen sicheren territorialen Raum darum herum. Es handelt sich dabei um grundlegendes viszerotonisches Bewusstsein, Jetzt-hier-sein, wobei der DNS-Speicher sich langsam mit diesem bestimmten Nervensystem in diesem bestimmten hilflosen kleinen Körper, in dieser bestimmten sozialen Umgebung, im Jetzt identifiziert. Urgefühle von Angst oder Sicherheit werden von dieser Prägung bestimmt und ändern sich nie (es sei denn, es findet eine biochemische Neuprägung statt, entweder durch sorgfältige wissenschaftliche Techniken oder durch brutale Gehirnwäsche). In der Umgangssprache heisst dies «Wille».

Der zweite Schaltkreis bildete sich erst später im Verlauf der Evolution (amphibisch, nach-marin) und steht in Zusammenhang mit Territorium und Status. Sobald das Kleinkind laufen, die Schwerkraft beherrschen, Muskelanstrengungen ausführen und sich in die Familienpolitik einmischen (Entscheidungen treffen) kann, erfolgt die grundlegende Prägung. Dies ist das emotionale Skript, der Stammesstatus, die Wahl zwischen stark/dominant/manipulativ und schwach/unterwürfig/manipulierbar. Im täglichen Sprachgebrauch wird dies als «Ego» bezeichnet.

Der dritte Schaltkreis bildete sich in einer frühen hominiden Gesellschaft und befasst sich mit Geräten – von der Steinzeithacke bis zum Raumschiff Enterprise – und Verbalisationen (Kehlkopfsignalen) von «Ich Tarzan, du Jane» bis hin zu Formeln wie «$E = mc^2$». Die Grundprägung erfolgt im Alter von etwa drei Jahren und ist entweder «hell/geschickt» oder «dumm/schwerfällig». (Headstart-Programme hatten keine Chance, weil sie zu spät einsetzten. Spätere Konditionierungen stellen niemals die erste biochemische Prägung auf den Kopf.) Dieser Schaltkreis wird normalerweise «Mind» genannt.

Der fünfte Schaltkreis definiert neurosomatische Intelligenz: die Fähigkeit, alle frühen Prägungen als direkte, körperliche Sinneswahrnehmungen aufzuheben, zu ergänzen, neu zu verbinden und hedonistisch zu steuern.

Diese Schaltkreise wurden vom DNS-Bauplan für das Überleben des individuellen Organismus entwickelt.

Der vierte Schaltkreis sorgt dafür, dass die Spezies erhalten bleibt. Er verbindet den sexuellen Apparat mit einem geprägten Verhaltenssyndrom. Die ersten Orgasmen oder sexuellen Erfahrungen schaffen die biochemische Prägung – in der menschlichen Rasse das sexuelle «Rollenverhalten». Auch hier hat keine verhaltensändernde Technik oder Konditionierung je signifikante oder stabile Erfolge bezüglich einer Veränderung der biochemischen Grundprägung gebracht. Dieses sexuelle Rollenverhalten wird normalerweise «Erwachsenenpersönlichkeit» genannt.

Die sexuelle Prägung friert im wahrsten Sinne des Wortes Verhaltensmodelle zu automatischen Reflexen ein, die fast genauso starr wie die sogenannten «instinktiven» Werbungsrituale bei Vögeln oder Insekten sind. **Eindeutige männliche Überlegenheit, Strumpfhalter, Alkohol, schwarze Spitzenhöschen und cooler Jazz** kennzeichnen eine bestimmte Prägungsgruppe genauso eindeutig wie beispielsweise das Ritual des Zweigesammelns das Werbungsverhalten eines Rotkehlchens oder eines Spatzen. **Möglichst grosse äussere Ähnlichkeit, lange Haare, Räucherstäbchen, Gras, Schlafsack und Rock 'n' Roll** kennzeichnen ebenso klar eine andere hominide Prägungsgruppe.

Arbeitsteilung, weitgefächerte Unterschiede im kulturellen Stil **und die erstaunliche Fähigkeit des Nervensystems, fast alles als Prägung aufzunehmen,** hindern domestizierte Menschen an der Erkenntnis, dass ihre sozialisierten sexuellen Verhaltensmuster genauso mechanisch wie die der Ameisen und Schnabeltiere ablaufen.

Ein fünfter neuraler Schaltkreis besteht seit mindestens einigen tausend Jahren. Er gab schon Anlass zu vielen Formen von Mystizismus, Okkultismus, Zauberei und Aberglauben, mit erstaunlichen, sporadisch auftretenden Durchbrüchen in Kunst, Musik und Wissenschaft. (Ausserdem kennen wir die gerade aufdämmernden sechsten, siebten und achten Schaltkreise, auf die wir später zurückkommen werden.) Der fünfte Schaltkreis definiert **neurosomatische Intelligenz:** die Fähigkeit, alle frühen Prägungen als direkte, körperliche Sinneswahrnehmungen aufzuheben, zu ergänzen, neu zu verbinden und hedonistisch zu steuern.

Die erste wissenschaftliche Untersuchung dieses Schaltkreises stammt von dem Psychiater R. M. Bucke (*Kosmisches Bewusstsein*) und geht davon aus, dass es sich um eine neue evolutionäre Entwicklung – und nicht um eine pathologische Erscheinung – handelt, die laut Statistik in den vergangenen Jahrhunderten spürbar zugenommen zu haben scheint. Der Psychologe A. H. Maslow zeigt in seinem Buch **The Peak Experience**, dass dieser Schaltkreis in vielen Fällen spontan auftritt, allerdings nur unter selbst-verwirklichten (d. h. relativ undomestizierten) Individuen. Ornstein und seine Mitarbeiter haben erst vor kurzem bewiesen, dass Erfahrungen des fünften Schaltkreises durch die rechte Hirnhälfte vermittelt werden, während die ersten bis vierten Schaltkreise in der linken Hirnhälfte und niedrigeren Hirnzentren sitzen.

Erfahrungen mit dem fünften Schaltkreis sind mehr oder weniger vertraute Erscheinungen für:

Erst vor kurzem wurde bewiesen, dass Erfahrungen des fünften Schaltkreises durch die rechte Hirnhälfte vermittelt werden, während die ersten bis vierten Schaltkreise in der linken Hirnhälfte sitzen.

1. Leute, die zur Entspannung gelegentlich chemische Neurotransmitter wie Gras o. ä. zu sich nehmen und dabei milde bis heftige Anfälle von Verzückung haben.

2. Wissenschaftliche und schamanistische Techniker des Nervensystems, die gelernt haben, solche Chemikalien zu benutzen, um die Verzückung zu kontrollieren und neue Prägungen zu programmieren, d. h. präzise neurosomatische Intelligenz zu entwickeln.

3. Andere Schamanen und Yogis, verstehen, die wie man seine Verzückungs-Schaltkreise aktiviert, **ohne** biochemische Hilfsmittel zu benutzen. Anders ausgedrückt: Sie produzieren durch verschiedene Arten von Stress oder Anspannung ähnliche Biochemikalien direkt im Körper. Beim Yoga besteht dieser Stress aus dem sogenannten «sozialen Kontaktentzug». In den meisten Formen des Schamanismus hingegen läuft die Sache so, dass man den Adepten munter zu Tode erschreckt, bis die Ekstase-Chemikalien, die für die tatsächliche oder mögliche Todeserfahrung charakteristisch sind, ausgestossen werden. Dadurch wird ein kindlicher Zustand gefördert, der wiederum neue Prägungen zulässt.

4. Einige Epileptiker (zum Beispiel Dostojewski) und Schizophrene (van Gogh) haben gelegentlich biochemische Mutationen ausgelöst, die zu Verzückungserlebnissen des fünften Schaltkreises führten.

5. Tantra. Eine peinigend sinnliche Kunst, in der die sexuelle Vereinigung ausgedehnt wird, bis ein neurales Gewitter («das Erheben der Schlange») die neurosomatische Mutation auslöst.

In Freuds düsterem, teutonischen Jargon ist dieser neurosomatische fünfte Schaltkreis «polymorph-pervers»; in taoistischen Beschreibungen «kindlich, spielerisch, kreativ», und in einer berühmten Zen-Metapher wird seine Wirkung so beschrieben: «So wie sonst auch, bloss dreissig Zentimeter über dem Boden.» In ein paar ziemlich signifikanten und prophetischen Slangausdrücken unseres Jahrhunderts heisst er «high», «spaced out», «trippy», «schwebend», «fliegend», «far fucking out» oder ähnlich. Genau dieses neue Nervensystem suchten 1958 Mailers Hipster. Ihr Verlangen nach dem apokalyptischen Orgasmus war ein intuitives Gefühl für die zentrale Rolle des **Tantra** (hedonistische Steuerung) in dieser Mutation in Richtung der ausserirdischen, nach-domestizierten evolutionären Stufen.

Eine grimmige Warnung vor dem fünften Schaltkreis und zugleich eine rührende Verteidigung des domestizierten Robotertums des vierten Schaltkreises gibt uns George Gilder in seinem melodramatischen Buch **Sexual Suicide.** Zu Recht fühlt er, dass die Verzückungsausbrüche des fünften Schaltkreises und das neue Zeitalter der Freiheit zwischen den Geschlechtern eine evolutionäre Herausforderung für die domestizierte Spezies des vierten Schaltkreises bedeutet, und verteidigt ausführlich die traditionellen, roboterhaften Geschlechterrollen.

Bei vierhirnigen Kreaturen «ist Sexualität an die tiefsten Wurzeln ihrer Energie, Identität und Emotionen gebunden. Sexualität war die Quelle des Lebens und der verbindende Impuls der Menschheit. Ihr ganzer Charakter war davon beeinflusst, ob Sexualität sublimiert oder ausgedrückt, unterdrückt oder ausgelebt wurde.» Im Vergleich dazu ist Sexualität bei post-domestizierten fünfhirnigen Hedonisten «entwertet und entstellt» – d. h. individualisiert, ent-roboterisiert.

In den meisten Formen des Schamanismus hingegen läuft die Sache so, dass man den Adepten zu Tode erschreckt, bis die Ekstase-Chemikalien, die für die tatsächliche oder mögliche Todeserfahrung charakteristisch sind, ausgestossen werden.

Gilder erkennt, dass die Ego-Politik des zweiten Schaltkreises und die Kompetenz des dritten Schaltkreises grundlegende Voraussetzungen für die Entwicklung der Geschlechterrolle (vierter Schaltkreis) sind. Was die vierhirnige Menschheit angeht, fährt er fort: «Für die sexuelle Identität der Jungen ist Entdeckung und Eigeninitiative entscheidend.» (Mut des zweiten, Geschicklichkeit des dritten Schaltkreises.) «Ehe er zu einer Frau zurückkehren kann, muss er seine Männlichkeit durch Taten unter Beweis stellen. Der Zulu-Krieger musste einen Menschen töten, der irische Bauer ein Haus bauen, und der Amerikaner von heute muss einen Job finden.» (Genauso roboterhaft wie der Pinguin einen speziell gefärbten Stein finden und seiner Gefährtin bringen muss.) «Das», so meint Gilder, «ist ein klassischer Mythos und die weltliche Realität der Männlichkeit – die niedrige Komödie und die hohe Tragödie der Menschheit.» Oder der Säugetiere oder der Ameisen.

«Die Geschichte der Frau verläuft anders», sagt Gilder und identifiziert dabei immer noch die Menschheit mit der vierhirnigen, domestizierten Spezies. Das weibliche Geschlecht wird bei Gilder auf eine insektoide Hausfrauenrolle reduziert. Mit Erleichterung wenden wir uns daraufhin dem Science Fiction-Propheten Robert Heinlein zu, der mit gelassener Präzision die Multi-Rollen-Flexibilität des post-domestizierten Post-Terraners beschreibt:

> Ein menschliches Wesen sollte dazu in der Lage sein, Windeln zu wechseln, eine Invasion zu planen, ein Schwein zu schlachten, ein Gebäude zu entwerfen, ein Schiff zu steuern, ein Sonnett zu schreiben, Buchhaltung zu machen, eine Mauer zu bauen, einem Sterbenden Trost zu spenden, Befehle entgegenzunehmen, Befehle zu erteilen, zu kooperieren, allein zu handeln, Gleichungen zu lösen, ein neuartiges Problem zu analysieren, Mist zu schaufeln, einen Computer zu programmieren, ein wohlschmeckendes Essen zu kochen, tapfer zu kämpfen und würdig zu sterben. Spezialisierung ist Sache der Insekten.

Das menschliche Gehirn mit seinen hundertzehn Milliarden Zellen, einschliesslich der noch nicht aktivierten hedonistischen rechten Hirnhälfte bei domestizierten Primaten, ist dafür gemacht, all diese Sexualverhaltensprogramme (und noch eine Million mehr) zu handhaben und zu lernen, wie es sich selbst zu immer höherer Intelligenz, emotionaler Stabilität und künstlich-ekstatischer Metaprogrammierung seiner eigenen Programme umprogrammieren kann.

In seiner einsamen Schlacht für die Domestizierung fährt Gilder fort: «Von allen Institutionen der Gesellschaft, die diese zivilisierende Wirkung – (Domestizierung) – haben, ist die Ehe vielleicht die wichtigste ... die Familie ist die einzige Vermittlungsstelle, die mit Sicherheit dauerhafte Veränderungen im Charakter und Verantwortungsgefühl ihrer Mitglieder hervorbringt.» Sehen wir einmal von der merkwürdigen Ambiguität des Ausdrucks «dauerhafte Veränderungen» ab und fügen einfach hinzu, dass die Familie die einzige Vermitt-

Von der sexuellen Verfassung (Roboter-Prägung) hängt es ab, «ob die Gesellschaft ein Netzwerk voll integrierte Bürger» – oder ein nicht organisiertes Durcheinander von zusammenhanglosen Individuen ist.

lungsstelle vor dem chinesischen Kommunismus ist, um genau zu sein, denn der Maoismus ist eine Philosophie totaler Massen-Domestizierung.

Die sexuellen Rollen, die dem jugendlichen vierhirnigen Menschen eingeprägt werden, nennt Gilder «die sexuelle Verfassung» des Stammes. Diese Verfassung, bemerkt er scharfsinnig, «wird Produktivität und Ordnung der Gemeinschaft tief beeinflussen» (Bienenstock-Solidarität). «Von ihr hängt es ab, ob soziale Energien kurzgeschlossen und abgeleitet oder vermehrt und nützlichen Zwecken zugeführt wird. **Nützlich** heisst nützlich für den Bienenstock; **kurzgeschlossene** und **abgeleitete** Energien sind solche, die somatisches Vergnügen, zwischenmenschliche Beziehungen, Hirnbelohnung, persönliche Weiterentwicklung und individuelle Freiheit fördern.»

Von der sexuellen Verfassung (Roboter-Prägung) hängt es ab, «ob die Gesellschaft ein Netzwerk aus voll integrierten Bürgern» – eine höchst verdächtige Formulierung – oder ein nicht organisiertes Durcheinander von zusammenhanglosen Individuen ist, die Sex und Lebenserhaltung auf der eingeschränktesten und anti-sozialsten Stufe überhaupt anstreben. Was für eine auffällig sowjetisch gefärbte Semantik! Der Bienenstock ist das Symbol der Tugend; das freie Individuum ist von vornherein als **anti-sozial** definiert. Die **Prawda** würde Gilders Rhetorik höchstens noch dadurch aufbessern, dass sie den Adjektiven, die das selbst-verwirklichte hedonistische Individuum bejammern, die Begriffe «dekadent» und «verkommen» hinzufügte.

«Ein Job gehört demnach zu den zentralen Kapiteln der sexuellen Verfassung», fasst Gilder eindrucksvoll zusammen. «Er kann die männliche Identität seines Besitzers bestätigen; er kann es ihm ermöglichen, zu heiraten und dadurch in eine stabile Gemeinschaft integriert zu werden.» Bei solch schreiend insektoiden Moralanschauungen ist es auch kein Wunder, dass Gilder auf **alle** Manifestationen des fünften Schaltkreises gleichermassen verschreckt reagiert – den **Playboy**, Rock 'n' Roll, Frauenbewegungen, objektive Sexualwissenschaftler wie Masters und Johnson, schwule Militanten, Hippies, liberale Kirchenmänner – jeden, wirklich jeden, der von der domestizierten Roboter-Prägung abweicht, die sich in der Pubertät biochemisch in Gilders Neuronen eingehakt hat.

Der sogenannte «Zukunftsschock» ist natürlich in Wirklichkeit ein Gegenwartsschock. **Die Gegenwart ist die Zukunft des Nervensystems** der vierhirnigen Menscheit, weil Neuronen normalerweise keine neuen Prägungen mehr annehmen, sobald die Geschlechtsrolle in der Jugend einmal festgelegt worden ist. Nixons sexuelles System bildet sich 1925; Frank Sinatras 1930 usw. So braucht ein Liberaler bloss zehn Jahre, um konservativ zu werden; nach weiteren zehn gehört er zu den Reaktionären.

Gilder selbst ist ein anschauliches Beispiel. Er macht deutlich, wie sehr die vierhirnige Massenmenschheit mit statisch-insektoider Stabilität beschäftigt ist, im Gegensatz zur individuellen, evolutionären Erforschung ihrer Umwelt. Positive moralische Werte heissen bei Gilder «Produktivität», «voll integrierter Bürger» (Bienenstockeinheiten) und «soziale Energie» (ein merkwürdiger Ausdruck, der soviel bedeutet wie viele individuelle Energien, die kollektiv vom Stock mit Beschlag belegt werden). Die gelungene taoistisch/Einsteinsche Formulierung «nicht organisiertes Durcheinander» wird bei dem strengen Moralisten zu einer schmählichen Verunglimpfung.

110

Die DNS-Strategie erfordert eine stetige Beschleunigung des genetischen Skripts. Die Evolution verlief noch nie so schnell wie in der Gegenwart.

Maoismus ist die höchste und endgültige Form der irdischen vierhirnigen domestizierten Menschheit. Wenn ein amerikanischer Botschafter kleinlaut zugeben muss, dass Frauen in einer chinesischen Stadt nachts um drei unbehelligt durch die Strassen gehen können, welcher amerikanische vierhirnige Moralist wäre da nicht neidisch, eingeschüchtert und insgeheim beschämt?

Um der evolutionären Perspektive willen haben wir die soziale Domestizierungsethik mal ein bisschen durch den Kakao gezogen, aber wir verachten oder verurteilen sie nicht. «Frauen und Kinder zuerst!» «Wir sind bereit, für die Erhaltung unseres Stammes zu sterben!» «Gemeinsam sind wir stark!» «Verteidigt unsern Grund und Boden!» Mit Hilfe einer solch galanten Säugetierpolitik wurde das Überleben der Saat gesichert und die Spezies erhalten.

Es wird verdächtig, wenn Verteidiger der **Status-quo**-Domestizierung – ob nun der Kleinfamilie oder des maoistischen Kollektivs – den legislativen und zwingenden Kräften das Recht zubilligen, die Entwicklung höherer Grade von Bewusstsein und Evolution zu verhindern. Der soziale Moralist wird dann zu einem neurologischen Faschisten, der jedes Konzept des menschlichen Schicksals, das über hündische Ameisenhaufen-Produktivität hinausgeht, unerbittlich bekämpft.

Was Gilder und alle orthodoxen Moralisten befürchten, ist die Entfaltung des fünften neurologisch-ekstatischen Schaltkreises, Freiheit von statischen Prägungen, disziplinierte Verzückung der rechten Hirnhälfte, die heitere Erfahrung von Zen-Freiheit, der Geist der Leichtigkeit, der einzelne Atome befreit, so dass sich diese von den irdischen Molekülen lösen und höhere Verbindungen im neurologischen (und physikalischen) Raum eingehen können.

Es soll ausdrücklich betont werden, dass die Evolution von der Schwerkraft des vierten Schaltkreises zur Schwerelosigkeit des fünften Schaltkreises sehr viel mehr ist als bloss ein Generationskonflikt. Die DNS-Strategie erfordert eine stetige Beschleunigung des genetischen Skripts. Die Evolution verlief noch nie so schnell wie in der Gegenwart, folglich führt die Bitterkeit der alten Spezies zu immer paranoideren, brutaleren und rachsüchtigeren Reaktionen.

Denken wir an den kurzlebigen, aber symptomatischen Spiro-Agnew-Kult. Die willkürlichen Schüsse auf Langhaarige. Den Todeswunsch, der sich hinter Gilders grimmigem Titel **Sexual Suicide** verbirgt. Das totale Abblocken aller Versuche, bei den Jugendmassakern von Kent State für Gerechtigkeit zu sorgen, auch jetzt, nach vielen Jahren noch.

Und bedenken wir folgendes: Nach all den Jahren, in denen man Rezensionen aller Art gelesen hat und allmählich glauben könnte, dass man mittlerweile jedem Extrem gehässiger Grausamkeit begegnet sei, mit der irgendwelche Kritiker kreative Künstler fertigmachen können, hat man es nun ein einziges Mal mit einer Rezensentin zu tun, die den Wunsch hat, die Hauptfigur einer von ihr besprochenen Biographie buchstäblich umzubringen. Ist das nun etwa die Reaktion auf die Lebensgeschichte eines berüchtigten Gangsters oder Massenmörders, irgendeines berühmten Halsabschneiders oder Diktators, eines Hitler, Stalin, Mao oder Nixon? Nein. Es ist die Besprechung einer Biographie von **Janis Joplin**, in Wirklichkeit jedoch ein langer hysterischer Ausfall gegen Janis, ohne dabei die Verdienste des Buches selbst auch nur zu erwähnen.

Offensichtlich gibt es für die domestizierte Rasse bei ihrem Kampf gegen die Mutanten des fünften Schaltkreises keine Grenzen mehr.

Auch dieser mörderische Berserkergesang ist historisch bedeutsam. Die Rezensentin heisst Midge Decter und ist eine der zentralen Figuren in der marktbeherrschenden Literaturclique von New York. Die **New York Times** hatte den richtigen Riecher und räumte Decters Polemik die ersten drei Seiten ein. Für den mittelalterlichen Spiesser muss diese Besprechung ein gefundenes Fressen gewesen sein, denn sie artikulierte genau das, was er hören wollte. Viele haben wahrscheinlich lauthals Beifall gebrüllt, als Decter erklärte, sie habe den unwiderstehlichen Drang, «sie (Janis) auf der Stelle abzumurksen».

Decter nimmt kein Blatt vor den Mund. Sie spricht ohne Scham aus, was mit Sicherheit das faszinierendste Phänomen in der gesamten Geschichte der Genetik darstellt, nämlich der völkermörderische Hass einer Generation auf ihre eigenen Kinder.

Wir haben die Nase voll von all dem Gerede über die «Kluft zwischen den Generationen», aber Decter ist noch lange nicht fertig damit. «Janis», so schreibt sie, «wurde von einer ganzen Generation unserer Zeit dazu ausersehen, ihre intensivsten und tiefsten Gefühle zu repräsentieren . . . wer weiss, wer Janis Joplin war, dem ist schon eine ganze Menge klar, wenn nicht vielleicht alles, was in bezug auf die Epidemie bizarrer Verzweiflung von Bedeutung war, die Ende der sechziger Jahre so viele unserer Kinder mitriss.» Man lese die beiden letzten Sätze bitte noch einmal durch und denke daran, dass dies nicht Ausdruck eines in Dallas entstandenen Fundamentalismus ist, sondern jener einer geistig durchschnittlich interessierten Intelligenzschicht.

Diese «Epidemie» war eine Art Pest oder Krankheit, die glücklicherweise von der Watergate-Affäre gestoppt worden ist – willkürliche Hausdurchsuchungsvorschriften, Wanzen und Abhörgeräte, Legionen von terrorisierten D.E.A.-Informanten, eine totale Front gegen die Jugend und die Gestapoisierung Amerikas unter Nixons Konterrevolution.

«Bizarre Verzweiflung» bezieht sich auf die fröhliche, allgemeine Kulturrevolution, die neben anderen Erfolgen das Verhältnis von Studenten, Lehrern und Verwaltung an unseren Universitäten nachhaltig veränderte und verbesserte, die Beziehung zwischen den Geschlechtern klärte, für einen gesunden Hedonismus eintrat und ein Dutzend orientalische Neuro-Wissenschaften (plus zwei Dutzend orientalische Scharlatane) einführte, die unsere Erkenntnistheorie und Kultur immens bereicherten, die ökologische Bewegung gründete, neue Liebe zu Natur und den wilden Tieren proklamierte, die unangefochtene karrierebezogene Arbeitsethik anzweifelte, die allgemeine Wehrpflicht stoppte, den Krieg beendete und einen Hauch von intelligenter Kritik so weit verbreitete, dass nicht mal Nixon seinen Sessel behalten konnte, nachdem seine Verbrechen dokumentiert und öffentlich bekanntgemacht worden waren, obwohl er die gesamte Maschinerie der Regierung hinter sich hatte.

«Unsere Kinder mitgerissen hat . . .» bezieht sich möglicherweise auf spirituelle Verlockungen. Die «Kinder» pfeifen auf die Ethik, die Politik, die Ästhetik oder die Roboteruniformität von Decters Generation.

Denn sicher bezieht sich Decter nicht auf die tatsächlichen Verluste in Vietnam (wo fünfzigtausend amerikanische Soldaten gefallen sind), Kent State, Jackson State oder auf die Hunderte und Tausende von jungen Leuten, die durch Rauschgiftfahndungen und Verhaftungen neurologisch geschädigt oder gar chronisch zerstört worden sind. Kann Decter der Tatsache ins Auge sehen, dass die Anti-Drogen-Kampagne ihrer Generation mehr junge Leute getötet und verdorben hat, als ein ganzes Jahrhundert dümmsten und verantwortungslosesten Missbrauchs von Gras es je könnte?

Die Raupe kann den Schmetterling nicht verstehen.

Die krönende Ironie des Ganzen ist Decters Ansicht, wonach ihre eigene Generation «die wahren Freuden der Sexualität genossen hat», während Joplins undomestizierte Fans und Janis selbst «nur einen Abklatsch von Sexualität und den vielen anderen Qualitäten des Erwachsenendaseins» mitbekommen haben.

Pures Mitleid wäre ein Grund, ihr diesen Schwachsinn ganz einfach kommentarlos durchgehen zu lassen. Offensichtlich gibt es für die domestizierte Rasse bei ihrem Kampf gegen die Mutanten des fünften Schaltkreises keine Grenzen mehr. Da die jungen Leute zu nachsichtig und welterfahren sind, um mit Decter darüber zu diskutieren, wessen Sexualleben «reicher» ist, und da wir derselben Altersgruppe angehören wie Decter selbst, wollen wir die Sache ein für allemal klarstellen. Die erotischen Erfahrungen des fünften Schaltkreises und die der dreissig bis vierzig Millionen jungen Konsumenten des dazugehörigen Stimulans Cannabis sind so unterschiedlich, locker, so unglaublich intensiv, kunstvoll, diszipliniert und elegant, orientalisch reich und tantrisch ekstatisch, so ehrlich, unschuldig und frei von domestizierten Neurosen, so liebevoll und zärtlich, so fröhlich und hemmungslos, dass Midge Decter sie weder begreifen noch an sie glauben kann.

Die Raupe kann den Schmetterling nicht verstehen.

Nachdem sie irgendwo gelesen hat, dass Janis angeblich zusammen mit den **Hell's Angels** an einem, wie sie es ausdrückt, «unaussprechlichen Akt der Erniedrigung» teilgenommen haben soll, sieht Decter keine andere Möglichkeit mehr, als «dieses unbelehrbare Kind» zu ermorden. Die Originalstimme des Grossen Inquisitors. Eigentlich sollte man ja in dieser Phase evolutionärer Metamorphose ein bisschen freundlicher und liebevoller miteinander umgehen, aber wenn man so viel spirituelle Grosszügigkeit nicht aufbringen kann, hat man wenigstens die Pflicht, die geheimnisvolle Individualität des anderen zu respektieren. Sie müssen ja Janis Joplins sexuelle Prägung nicht mögen, Mrs. Decter, genausowenig wie sie die Ihre gemocht hätte, aber bitte bedenken Sie: Der Wunsch diejenigen, die anders denken, umzulegen, ist die Wurzel des Faschismus.

Dann weidet sich Decter daran, dass Janis nach «nicht viel mehr als einer kurzen Phase voller Enthusiasmus» ins Gras beissen musste. Millionen unter uns fühlen sich ein bisschen wärmer und glücklicher, seit ihre Ausstrahlung uns berührt hat. Selbst heute noch hält diese Energie die Maschinerie der «Janis-Industrie» in Schwung. Die Plattenkonzerne, die sie von **Big Brother** trennten, bereichern sich noch immer an ihrem Sound, ihre Biographen erhalten Tantiemen. Decter kriegt drei Seiten ganz vorn in der Literaturbeilage der **Times**, um sich dann nekrosadistisch an ihrem Leichnam zu vergehen. Wir hoffen, dass dieses Kapitel ein wenig für Decters Brutalität entschädigt. Es ist eine kleine Danksagung an Janis. Wahrscheinlich würden ihre Augen warm aufleuchten, und sie würde uns eine Flasche Southern Comfort rüberschieben. Was ist schlimmer: mit Janis Heroin zu schiessen oder mit Midge auf Heldinnen zu zielen?

(Das ist übrigens gar nicht so weit hergeholt. Immer noch quillen die Gefängnisse über mit sensiblen jungen Nervensystemen, nach-larval, offen und verletzlich, denen das neurologische Know-how fehlt, um mit der Brutalität der Moralisten fertig zu werden. Sie sitzen aus demselben Grund, aus dem Decter Janis' Leiche ausgräbt und misshandelt: nicht wegen eines Verbrechens an Leib und Seele, nicht wegen Diebstahls oder Betrugs, sondern wegen ihrer Manifestation kultureller Nonkonformität.)

Zivilisation basiert, wie Freud düster eingestehen musste, auf autoritärer staatlicher Kontrolle über individuelles Leben und individuelle Sexualität. Domestizierung, die evolutio-

Der Versuch, die Ehe zu erotisieren, hat eine enorme Industrie von sexuellen Handbüchern hervorgebracht, mit dem Ziel, die Roboter so weit zu befreien, dass sie die vordergründigsten Schwierigkeiten selbst beheben konnten. Das kann nicht gutgehen. Man kann nicht rekonditionieren, ohne neu zu prägen.

näre Stufe des vierten Schaltkreises, ist tatsächlich (wie Freud ebenfalls in seinem typischen Jargon postulierte) «die Sublimation und Unterdrückung des Eros», die Entfesselung von Gilders «sozialer Energie» aus roboterähnlicher Unterdrückung der Massen. Monogame Ehen und das Mama/Papa-Modell der Kindererziehung war zwar für die entwicklungsgeschichtliche Stufe des vierten Schaltkreises notwendig, hat sich aber grösstenteils als neurologische und genetische Übergangsphase entpuppt.

Domestizierter Robotersex ist eine sozial akzeptable Form der Prostitution, wie jeder einigermassen vernünftige Mensch von Ibsen bis Gloria Steinem mittlerweile erkannt hat. Er gibt ihr $$$$. Sie gibt Ihm einen lauwarmen Orgasmus. «Frigid fucking for frigidaires», wie der Poet Kenneth Rexroth bitter kommentierte.

Richter Murtagh behauptet in seinem äusserst intelligenten und sensiblen Buch **Cast The First Stone,** dass die meisten Männer, die zu Prostituierten gehen, verheiratet seien. Domestizierte Individuen, die theoretisch ihren Sex von einem domestizierten weiblichen Roboter zu Hause kriegen. Warum geben sie dann ihr gutes Geld einer Fremden? Die Wahrheit ist lustiger und gleichzeitig tragischer als jede Satire: In den meisten Fällen für harmlose Frivolitäten wie Fellatio. Simple hedonistische Tricks, von denen ihre Roboter-Partnerinnen in einer verklemmten christlichen Umgebung noch nie was gehört haben, und mittlerweile sind sie auch viel zu senil (mit 25 bis 35 Jahren), um sie noch lernen zu können. Eine Minderheit von Männern ist natürlich auch hinter ihren ganz speziellen Fetischen her – Befriedigung «bizarrer» Prägungen, die statistisch nur deshalb auftreten, weil die Sensibilität des Nervensystems in den kritischen Stadien der Pubertät jedwelche Prägung zulässt.

Der Versuch, **die Ehe zu erotisieren,** hat eine enorme Industrie von sexuellen Handbüchern, Sensitivitätskursen, Kosmetik, Kostümen und erotischen Rekonditionierungsstimuli hervorgebracht, mit dem Ziel, die Roboter so weit zu befreien, dass sie die vordergründigsten Schwierigkeiten selbst beheben konnten. Das kann nicht gutgehen. **Man kann nicht rekonditionieren, ohne neu zu prägen.** Das Stimulans des fünften Schaltkreises hat mehr sexuelle Zwangsvorstellungen verändert als sämtliche Rekonditionierer und Aphrodisiaka – allerdings mit dem Haken, dass dies der nach-larvalen Generation zu mehr Freiheit verhalf, als die larvale Gesellschaft verkraften konnte.

Man kommt einfach nicht an der Tatsache vorbei, dass keine einzige anthropologische Studie «primitiver» Stammesgruppen Anzeichen von Neurosen, Hysterie, Vergewaltigung, Brutalität, psychosomatischen Leiden, offenen Psychosen usw. feststellen konnte, die wiederum charakteristisch für die städtische Massengesellschaft und Mama/Papa-Kleinfamilie sind. Die erweiterte Familie des Eingeborenendorfes lebt auch heute noch gesünder und friedlicher als wir.

Eine Zivilisation, die auf erotischer Verklemmtheit und sexueller Domestizierung basiert, ist psychopathisch gefährlich und führt unweigerlich zur Unterdrückung der Frau (es ist immer Eva, die an allem schuld ist) sowie zur neurotischen Sublimation von sexuellen Trieben durch eine grausame, zwanghafte, oft mörderische Politik. Der Anthropologe Ashley Montague hat dieses Paradox einmal ironisch zusammengefasst: «Alle zivilisierten Nationen be-

Es handelt sich hier nicht einfach um eine weitere, dem Untergang geweihte Zivilisation, sondern um den erwachenden, nach-irdischen Prometheus.

finden sich im Kriegszustand und alle wilden im Frieden.» Eigentlich ist es gar kein Paradox. Unterdrückte Sexualität ist die explosivste und brutalste neurologische Blockierung, die es überhaupt gibt.

Empfängnisverhütung und bewusste Fruchtbarkeit geben uns zum ersten Mal in der Geschichte der Menschheit die Möglichkeit zu individueller Entscheidung und individueller Verantwortung in bezug auf unser sexuelles Verhalten. Gleichzeitig hat die elektronische Kommunikationstechnologie es ermöglicht, Menschen in sozialen Molekülen und ethischen Kollektiven miteinander zu verbinden, die nicht auf mechanischer Massenmoral, sondern auf gemeinsamen, bewusst gewählten evolutionären Zielen basieren. Beide sind Teil der Mutation, die uns auf die Auswanderung ins All vorbereitet. Die H.O.M.E.s beherbergen nichts anderes als diese Kleinkollektive.

Die ersten vier neuralen Schaltkreise und die mit ihnen assoziierten Prägungen und konditionierten Reflexnetze sind völlig euklidisch, «geradlinig» und dafür bestimmt, das Neugeborene an seine Umgebung anzupassen und darauf vorzubereiten, in einer räumlich polarisierten und massengeprägten Umwelt zu überleben. Für den Weltraum haben sie keinerlei Bedeutung.

Der erste Schaltkreis, «Bewusstsein», beherrscht die Vorwärts/Zurück-Strategien zum Überleben; die erste Dimension euklidischen Raums.

Der dritte Schaltkreis, «Vernunft» oder «Mind», ist für die Links/Rechts-Polaritäten des Nervensystems selbst verantwortlich. Bevorzugung der rechten Hand und damit verbunden Dominanz der linken Hirnhälfte schafft euklidische, aristotelische, lineare Modelle von «Realitäts»-Definition.

Diese Schaltkreise plazieren das Nervensystem in drei räumlich/psychische Dimensionen; der vierte Schaltkreis «Persönlichkeit» löst die rechtzeitige Evolution der genetischen Saat aus, indem Sexualverhalten auf einem «moralischen» Schachbrett domestiziert wird, dessen Felder von der unfehlbaren Autorität des Bienenstocks dogmatisch mit **Richtig** oder **Falsch** markiert worden sind.

Die Funktion des erwachenden larvalen Nervensystems besteht darin, zu filtern, einzuengen, auszuwählen, aus einer Vielzahl von Möglichkeiten die räumlichen Taktiken, Überlebensstrategien und Sequenzen herauszuspüren, die Leben und Fortpflanzung hier in dieser Umgebung, in der wir geboren wurden und aufgewachsen sind, sicherstellen. Das Kleinkind ist zellular darauf vorbereitet, jede mögliche Sprache zu lernen, jede denkbare Kunst oder Wissenschaft zu beherrschen, jede sexuelle Rolle zu spielen, aber es wird von Anfang an so geprägt, dass es das schmale Angebot der Bienenstockgemeinde verinnerlicht, ihm folgt und es imitiert.

Die vierhirnige Menschheit hat also einen hohen Preis bezahlt. Sie hat zwar die Saat erhalten und dafür gesorgt, dass die Spezies sich vermehrt, aber sie hat die Möglichkeit der freien Wahl und Veränderung verloren. Weniger poetisch ausgedrückt: Die larvale Prägung und Konditionierung konzentriert das Bewusstseins-Potential auf ein winziges Fragment aller Möglichkeiten für Intelligenz und Erfahrung in einem Hundertzehn- Milliarden-Zellen-Biocomputer, der unter anderem dazu in der Lage ist, breitgefächerte Metaprogramme der rechten Hirnhälfte für hedonistische Techniken (fünfter Schaltkreis), psionisch-

Während unserer gesamten Entwicklung sind wir immer als domestiziertes Kollektiv irgendwo hingegangen. Nun gehen wir zum ersten Mal als viele verschiedene nach-domestizierte Gruppen überall hin.

neuroelektrische Multi-Phasen-Intelligenz (sechster Schaltkreis), genetisch-evolutionäre Weisheit (siebter Schaltkreis) und meta-physiologische synergetische Fusion mit höheren Intelligenzen in Raum und Zeit (achter Schaltkreis) zu kontrollieren.

Die eine Hälfte des Nervensystems, und zwar die ungeprägte, nicht konditionierte, wird durch die rechtshändigen, linkshirnigen Prägungen und roboterhaftes Sexualverhalten am Bewusstsein gehindert. Das Erwachen dieser unterdrückten Hälfte in unseren Köpfen (der «Buddha-Mind» des Ostens, das «schweigende Ego» des westlichen Okkultismus) signalisiert jedoch nicht, wie Nietzsche und Crowley gehofft und Gilder und Decter hysterisch befürchtet hatten, eine Rückkehr in tiefste Barbarei und chauvinistisches Abenteuertum. Es handelt sich hier nicht einfach um eine weitere, dem Untergang geweihte Zivilisation – sondern um den erwachenden, nach-irdischen Prometheus.

Hinter all den überflüssigen Oberflächlichkeiten, die die Medien täglich aufbauschen – hip versus spiessig; alt versus jung, rechts versus links – erhebt sich als Resultat der Beschäftigung mit den östlichen Gehirnwissenschaften im Westen ein neues Bewusstsein, das zur Überwindung der irdischen Realität führen wird. Weder das östlich/passive **Yin** (rechtshirnig), noch das westlich/agressive **Yang** (linkshirnig) allein werden das Rennen machen, sondern nur **beide zusammen**. Der gleichzeitige Einbruch in den Inneren und Äusseren Raum ist ein Balance-Akt zwischen der symbolisch/rationalen Vernunft des dritten, und dem dionysischen Entzücken des fünften Schaltkreises. Es wird zwar äusserlich an Science Fiction-Vorlagen erinnern, trotzdem aber elementar wissenschaftlich sein. Er baut auf der Erweiterung des Bewusstseins, der bewussten, selbst-disziplinierten Steigerung von Intelligenz, einem neuen Verständnis für das Nervensystem – und der Kontrolle über dasselbe – auf und wird einen Quantensprung an Freude, Mut, Sicherheit, Wärme, Neugier und Sinn für Humor auslösen.

Neurogenetisches Bewusstsein wird sich verstärken und schliesslich Ärger, Konfusion und Ungerechtigkeit in den alten rassistischen und sexistischen Prägungen lösen, indem es das verfassungsmässig geschützte «Streben nach Glück» zu einem wissenschaftlich greifbaren, neurologisch erreichbaren Ziel macht.

Das Nach-Hipster-Zeitalter wird Offenbarung und Höhere Intelligenz nicht in unausgegorenen Ritualen für anthropomorphe Gottheiten (vergrösserte Mamis und Papis), sondern in natürlichen Prozessen suchen; im Nervensystem selbst, in den Geheimnissen der Sexualität, dem genetischen Code und besonders in post-irdischer Erforschung und Erweiterung der Kommunikation.

Aber was soll dann die Mami/Papi-Kleinfamilie ersetzen? Schon diese Frage zeugt von larvalem, vierhirnigem Bewusstsein und ist ein Beispiel für das, was McLuhan «Rückspiegelismus» nennt. Die einzige Frage, die euch interessieren muss, lautet: Was soll die Kleinfamilie in unserem Fall ersetzen? Oder wollen wir sie vielleicht bewusst und intelligent weiterführen? (Schliesslich hat sie durchaus Überlebensqualitäten und Verdienste, die wir nicht bestreiten.) Während unserer gesamten Entwicklung sind wir immer als domestiziertes Kollektiv **irgendwo** hingegangen. Nun gehen wir zum ersten Mal als viele verschiedene nach-domestizierte Gruppen **überall** hin.

In O'Neills Weltraumstädten wird sich innerhalb eines halben Jahrhunderts ein ganzes

Die Sanftmütigen werden die Erde erben und sie vollständig domestizieren. Die Mutigen jedoch werden in weit entfernte H.O.M.E.s auswandern.

Spektrum von Sexualmodellen entwickeln, das alles mit einbezieht, was es auf der Erde je gegeben hat: Gruppenehen, sexueller Kommunismus, Vielweiberei, Vielmännerei, Homosexualität, (Langlebigkeit wird das Überlebensproblem der Schwulen als einer unabhängigen Kultur ohne genetische Verbindung zur hetero-sexuellen Masse lösen), amazonenhafte weibliche Kommunen usw. und Dutzende, später Hunderte und Tausende von sexuellen Gruppierungen, die unter den harten Überlebensbedingungen auf dem primitiven Planeten Terra nie ausprobiert worden sind.

Kants kategorischer Imperativ sucht eine Antwort auf die Frage: Was ist gut für **alle** Männer und **alle** Frauen gleichzeitig? Dies ist die ethische Schlüsselfrage der irdischen domestizierten Menschheit, aber sie ist mittlerweile überholt. Die nach-irdische Frage ist individualisiert: was ist richtig und falsch **für mich** und wie finde ich all die anderen freien, selbstentwickelten nach-larvalen Individuen, die sich wie ich in diesem bestimmten multi-dimensionalen Raum/Zeit-Kontinuum zusammentun und es gemeinsam erforschen wollen? Auf der einfachsten Ebene gesprochen: die Sanftmütigen werden in der Tat die Erde erben und sie in maoistisch-insektoider Art vollständig domestizieren. Die Mutigen jedoch werden in weit entfernte H.O.M.E.s (High Orbital Mini Earths – Miniwelten auf hoher Umlaufbahn) auswandern.

Teil II

Die Dämmerung ausserirdischer Politik

Starseed: Ein Psy-Phy Kometenmärchen

Folsom-Gefängnis
Oktober 1973

«Kohoutek wird einen hellblau-gelben Schweif aufweisen, der sich über fünfundsiebzig bis hundert Millionen Meilen erstreckt – die gelben Teile in Form eines Krummsäbels. Mit blossem Auge wird er – zunächst noch recht schwach – etwa ab Mitte November zu erkennen sein. Da er sich aber der Sonne mit einer Geschwindigkeit von zweihundertfünfzig Millionen Meilen in der Stunde nähert, wir er immer heller strahlen und von Mitte Dezember bis zum 28. Dezember den Menschen auf der Erde den schönsten Weihnachtsstern aller Zeiten bescheren. Was sagst du dazu, Mann? Glaubst du immer noch, dass da draussen alles nur ‹reiner Zufall› ist?»

Aus *Memo an einen Atheistenfreund,* Bob Considines Kolumne im *San Francisco Examiner & Chronicle* vom 16. September. Der zitierte Abschnitt stammt aus einer Veröffentlichung des *American Museum – Hayden Planetarium.*

Das Signal kommt aus einer Zelle im Folsom-Gefängnis, dem Schwarzen Loch der amerikanischen Gesellschaft. Ein Schwarzes Loch ist ein in sich geschlossenes System mit grosser Anziehungskraft. Materie, die in ein Schwarzes Loch fällt, wird unsichtbar und löst sich unter dem Druck der Schwerkraft auf. Nach entsprechender Zeit wird ihre Strahlung so schwach, dass sie von aussen nicht mehr wahrnehmbar ist. Zwar taucht Materie nie wieder als solche aus einem Schwarzen Loch auf, doch kommt es vor, dass einzelne Teilchen in Form von schwacher roter Strahlung entweichen. Es gibt Kosmologen, die behaupten, dass Schwarze Löcher als Verbindungsglieder zu einer anderen Realisation von Materie fungieren. Vielleicht sind es Tunnel zu einem anderen Universum, ähnlich wie die Strassengullis in Paris zu einer anderen Welt unterhalb der Strasse führen. Nun, der Hochsicherheitstrakt ist ein wirklich netter Ort, um das Universum abzutasten. Jenseits des reinen unverwässerten Bösen. So gut wie schlecht nur sein kann.

Von hier draussen also, jenseits von Gut und Böse, kann man mit ansehen, wie Amerika leidet: ein verletztes Nervensystem, das mit ewig gleichförmigen, ziellosen Stössen Roboterkörper die mit **Richtig** und **Falsch** markierten Tunnel entlangpumpt. Ich beobachte die hartgesottenen Kriminellen, die im Fernsehen verfolgen, wie John Ehrlichman gegen die Verletzung seiner Persönlichkeitsrechte protestiert.

Sri Krishna Prem, der weiseste Mann Indiens, hockte auf dem Fussboden seines kleinen, auf einem Berg gelegenen Ashrams und zeigte mir Bilder aus alchimistischen Schriften des Mittelalters. Er zeigte mir die Zeichnung eines Mannes, dem der Teufel auf der einen Schulter und ein Engel auf der anderen sass und meinte: «Wenn du das verstanden hast, kannst du zur nächsten Lektion übergehen.»

Die nächste Lektion war die Parabel von einer grossen Burg, die durch eine Sumpflandschaft vom Strand getrennt war. Pilger, Wanderer und Krieger, welche die Burg suchten, verschwanden in diesem Sumpf, denn jeder Stein, auf den sie ihren Fuss setzten, versank vor ihren Augen. Der Held und seine Gefährtin setzten sich auf eine Bank und beobachteten das Geschehen einige Tage lang. Dann stand SiEr auf und reichte ihr/ihm die Hand. Er flüsterte ihr die Anweisungen zu, die Shri Krishna Prem jetzt an mich weitergab: «Spring

Leben ist ein interstellares Kommunikationsnetz. Leben wird durch alle Galaxien hindurch in Form von Nucleotid-Schablonen verbreitet. Diese «Samen» landen auf Planeten, werden durch Sonneneinstrahlung aktiviert und entwickeln Nervensysteme.

von Stein zu Stein, aber schneller, als er sinken kann. Der Trick ist ganz einfach. Hab nur Mut und bleib immer in Bewegung.»

Jeder Punkt, auf dem wir stehen, zerbröckelt unter uns und wird zur Abschussrampe für den nächsten Schritt.

Aus der fernen Zukunft. Wir übermitteln diese Botschaft zurück an den Planeten Erde. Hütet euch vor der Hindu-Falle. Sie hat was gegen Sex. Der Guru, Gott und das Swami-Universum – nichts als ein weicher, süsser Pudding. Undifferenzierte Einheit. Wahre Einheit wird erst durch gesteigerte Präzision von Unterschieden erreicht. Psy-Phy. Die Philosophie der Wissenschaft. Das Universum ist kein Chaos, das von zufälligen Veränderungen gelenkt wird. Das Zweite Gesetz der Thermodynamik ist ein pessimistischer Schwindel aus dem 19. Jahrhundert. Höhere Ordnungssysteme tauchen auf und entwickeln sich gesetzmässig aufgrund der ihnen innewohnenden magnetischen Kräfte weiter. Positiv-negativ. Mann-Frau.

Leben ist ein interstellares Kommunikationsnetz. Leben wird durch alle Galaxien hindurch in Form von Nucleotid-Schablonen verbreitet. Diese «Samen» landen auf Planeten, werden durch Sonneneinstrahlung aktiviert und entwickeln Nervensysteme. Die Körper, welche die Nervensysteme und die fortpflanzungsfähigen Samen schützen und transportieren, haben sich entsprechend den atmosphärischen Konditionen und der jeweiligen Schwerkraft ihres Planeten entwickelt – der bröckelige Fels, auf dem wir vorübergehend ausruhen.

Evolution hat mit Nervensystemen, der sexuellen Anziehungskraft von Körpern, der Erweiterung des Bewusstseins und Intelligenzsteigerung zu tun.

Das menschliche Wesen ist der Roboterträger eines grossen Gehirns, das sich seines Bewusstseins bewusst ist. Ein Roboter, dazu bestimmt, die Schaltkreise zu entdecken, die sein Verhalten programmieren. Das Nervensystem ist das Instrument des Bewusstseins. Als die Menschheit die Funktion und die unendlichen Fähigkeiten des Nervensystems entdeckte, fand eine Mutation statt. Die Metamorphose von larvalem Erdenleben zu einer höheren Bestimmung. Jede Person, die diese Entdeckung gemacht hat, wird zu einem Zeitreisenden. Einem Psy-Phy-Wesen. Als Astronaut Mitchell das blaue Juwel der Erde vor dem schwarzsamtenen Raum der interstellaren Ferne sah, wurde er zu einem Psy-Phy. Ökologie als primitive Ablenkung. Psy-Phy-Pfadfinder sammeln Müll ein. Das genetische Ziel ist Kommunikation. Telepathie. Elektronische Sexualität. Empfang und Übermittlung von elektromagnetischen Wellen. Die Erotik der Resonanz. Das ganze Universum vibriert sanft, rhythmisch und freudig. Kosmische Gemeinschaft.

Dies ist eine Botschaft der Hoffnung und interstellaren Liebe aus dem Schwarzen Loch. Des unbändigen Optimismus. Ja, es stimmt, dass repressive Pessimisten im Moment unsere planetarische Politik kontrollieren. Dies ist die larvale Phase. Leben entwickelt sich seit dreieinhalb Milliarden Jahren und bisher haben wir noch nicht mal die Hälfte geschafft.

Die Botschaft der neurologischen Resonanz kann zwar zensiert und geheimgehalten, aber nicht unterdrückt werden, denn sie kommt von innen, aus dem DNS-Kern jeder einzelnen Zelle unseres Körpers. Aus dem sich weiterentwickelnden Nervensystem. Höhere Intel-

Höhere Intelligenz ist auf dem Planeten Erde ausgesät, ihr Skript steht in unseren Körpern geschrieben und wird mit jeder Generation sichtbarer.

ligenz ist auf dem Planeten Erde ausgesät, ihr Skript steht in unseren Körpern geschrieben und wird mit jeder Generation sichtbarer.

Im Jahre 1963 machten wir uns auf die Suche nach einem Platz auf diesem Planeten, der zur Errichtung einer Station für unsere Zeitexperimente geeignet wäre. Im selben Jahr flogen wir aus Harvard, Mexico, Dominica und Antigua raus. Ohne dass angeblich oder tatsächlich irgendwelche Verbrechen begangen worden waren. Nur weil wir zuviel Energie ausstrahlten. Die lokalen Sicherungen waren durchgebrannt.

G. Gordon Liddy leitete 1966 mehrere Mitternachtskommandos und Helikopterangriffe gegen unser Zentrum in Millbrook, New York. Wir wurden buchstäblich belagert. Man entdeckte keine Anzeichen für irgendwelche illegalen Aktivitäten, trotzdem wurde ich gezwungen, den Bezirk zu verlassen. Mit den Ergebnissen seiner Untersuchungen trabte G. Gordon Liddy dann geradewegs ins Weisse Haus. Das unerbittliche Netz des Karma. Auf diese Weise war auch ich an der Watergate-Affäre beteiligt. Der Rauschgiftexperte des Weissen Hauses Howard Hunt leitete die Kampagne von Beschattungen, Hausdurchsuchungen und Verhaftungen, die mich schliesslich nach Algerien und in die Schweiz ins Exil trieben.

Zu viel Energie. Keith und Anita hatten das gleiche Problem. *Exile on Main Street*. Die einzige Lösung schien ein Boot zu sein. Eine neue Gesellschaft von Zeitschiffen, die auf hoher See trieben. Der Noah-Mythos. Erste Vorbereitungen für die Emigration vom Planeten Erde. Das Boot mit Sendeanlagen ausgerüstet. *Radio Free Earth*.

Auf dem Flughafen von Kabul konfiszierte der Vertreter der amerikanischen Botschaft illegal meinen Pass. Daraufhin verfrachtete mich die afghanische Polizei in den Knast, weil ich mich nicht ausweisen konnte. Nach drei Tagen, die wir unter Bewachung von bewaffneten Soldaten verbrachten, fuhren sie uns zum Flughafen zurück. Der afghanische Polizist hatte Tränen in den Augen und der Major der Armee versicherte mir, dass mir der Pilot des Flugzeuges meinen Pass zurückerstatten würde.

In Amerika eskortierten mich bewaffnete amerikanische Polizeibeamte wieder ins Gefängnis. Ich verbrachte vier Monate in einer Einzelzelle und schrieb dort **Neurologik**. Bei der Verhandlung sagte ich unter Eid aus, dass ich mich wie ein Mann aus dem einundzwanzigsten Jahrhundert fühlte, der von abergläubischen Wilden zum Schmoren in einen Kochtopf gesteckt worden war. In den Science Fiction-Büchern ist das genau der Zeitpunkt, wo der kosmische Geheimdienst ein ausser-planetarisches Rettungsschiff losjagt.

Als ich zum ersten Mal in die Bibliothek des Folsom-Gefängnisses kam, stiess ich dort auf Lovells Buch über den Weltraum. Das letzte Kapitel enthält eine Zeichnung von den Resten eines lebensfähigen Organismus, der kürzlich auf einem Meteoriten entdeckt worden war. Ein Nukleinsäuremolekül. Das erste Signal ausserirdischen Lebens. Die Hilfe ist also schon unterwegs. Die Gefangenen fingen an, das Zeichen auf silberne Anstecknadeln und Ledersachen zu ritzen, die sie im Hobbyraum angefertigt hatten. Wir nannten es STAR-SEED. Das Symbol von Psy-Phy.

Anfang Juli brachte die **New York Times** eine Story über einen neu entdeckten Kometen, der ins Sonnensystem eingedrungen war. Unerwartet. Er wurde nach seinem Entdecker, einem osteuropäischen Astronomen benannt. Er würde im Herbst 1973 am Himmel erscheinen und heller leuchten als der Vollmond.

Ich sass im trüben Licht meiner Einzelzelle und schrieb eine komplette, systematische Philosophie: Kosmologie, Politik, Epistomologie, Ethik, Ästhetik, Ontologie und die hoffnungsvollste Eschatologie, die je zu Papier gebracht worden war.

Dies war das grösste astronomische Ereignis, das in der Geschichte der Menschheit je verzeichnet worden war, und es kam genau zur richtigen Zeit. Wir nannten es STARSEED, neues Licht, leuchtende Mahnung an unseren ausserirdischen Ursprung und Geschick. Ein Symbol der Freiheit.

Im Laufe der Wochen fiel uns etwas Merkwürdiges auf. Es wurde einfach nicht mehr über Starseed berichtet. Kein Wort in den wissenschaftlichen Magazinen, die in der Gefängnisbibliothek herumlagen. Und auch sonst hatte keiner etwas gehört oder gelesen. Ich fragte mich, ob ich das Ganze in sehnsüchtiger Erwartung vielleicht nur geträumt hatte. Mysteriöse Sache. Wieso wurde das hellste Licht am ganzen Himmel plötzlich überhaupt nicht mehr beachtet? Seit meiner Rückkehr in die Vereinigten Staaten waren jede Menge anderer merkwürdiger Dinge passiert. Zwei Tage nach meiner Inhaftierung sickerte Watergate in die Presse. Die Vereinigten Staaten versanken im Morast. Der Dollar brach zusammen. Nahrungsmittel wurden knapp. Die Energiekrise brach aus. Selbst der König von Afghanistan machte sich dünn. War es möglich, dass die amerikanische Regierung mich gekidnappt hatte, um ihr aus dem Schlamassel zu helfen? Das Schlimmste war die geistige Depression, die zerebrale Pollution. Keiner redete klar und deutlich darüber, was passierte. Keiner wusste eine neue Lösung. Eine düstere Stagnation setzte ein. Feuchte Nostalgie. Frivole Melancholie. Ein Gefängnis sorgt jedenfalls für klare Perspektiven. Ich sass im trüben Licht meiner Einzelzelle und schrieb eine komplette, systematische Philosophie: Kosmologie, Politik, Epistomologie, Ethik, Ästhetik, Ontologie und die hoffnungsvollste Eschatologie, die je zu Papier gebracht worden war. Immer wieder erzählte ich den anderen Häftlingen: die Gesellschaft kann nicht mal für sich selber sorgen, also dann erst recht nicht für uns. Es liegt an uns, ihnen die Vision zu geben. Das war ja auch schon immer so. Neues Licht aus dem Schwarzen Loch.

Aber keiner erwähnte den Kometen.

Dann schickte mir Paul Kantner folgenden Bericht:

«Am 7. März 1973 entdeckte Dr. Luboš Kohoutek, ein tschechischer Astronom, im Hamburger Observatorium von Bergedorf, Westdeutschland, einen neuen Kometen. Wie die meisten modernen Entdeckungen wurde auch diese mit Hilfe der Photographie gemacht. Später haben die Astronomen aufgrund von Bildern aus der Zeit vor seiner Entdeckung und unzähligen später gemachten Photos die Umlaufbahn des Kometen mit ziemlicher Genauigkeit berechnen können.

Zwischen Juli und September wird er dem Sonnenzentrum so nahe sein, dass optische Observationen unmöglich sind, aber Mitte Oktober wird seine Helligkeit bei einer Entfernung von hundertachtundsechzig Millionen Meilen von der Sonne bis zu einer Grössenordnung von acht bis zwölf ansteigen. Von da an wird er wahrscheinlich sehr schnell immer heller werden und mit blossem Auge etwa ab Mitte November zu erkennen sein. Dann wird er (in San Francisco) ungefähr zwei Stunden vor Sonnenaufgang im Südosten den Morgenhimmel erstrahlen lassen.

Bisher lässt sich noch nicht präzise voraussagen, was für eine Form der Kometenschweif haben oder welche Helligkeitsstufe er erreichen wird, aber es gibt Anzeichen dafür, dass

Die Auseinandersetzung mit den Auswirkungen neuer wissenschaftlicher Entdeckungen, die uns zu einer totalen Erneuerung der Modelle für unser Leben und die menschliche Natur zwingen, werden unterdrückt und tabuisiert.

dieser Komet den Halleyschen übertreffen wird, der zuletzt im Jahre 1910 beobachtet worden ist. Letzterer wird vor 1986 nicht mehr auftauchen. Es ist möglich, dass seine Grösse im Perihel (geringste Entfernung von der Sonne – etwa dreizehn Millionen Meilen) die des Vollmonds erreicht und ihn zu einem der hellsten Sterne macht, die je vom menschlichen Auge gesehen worden sind.»

Dies bestätigte die Ankunft, erneuerte jedoch die Frage: Warum dieses Schweigen, dieser Mangel an Interesse? Die Zeitungen waren voll von Stories, die sich mit der neuen Fussballsaison beschäftigten. Wieder ein Zeichen der Zeit. Die philosophische Perspektive ist verloren gegangen. Die Auseinandersetzung mit den Auswirkungen neuer wissenschaftlicher Entdeckungen, die uns zu einer totalen Erneuerung der Modelle für unser Leben und die menschliche Natur zwingen, werden unterdrückt und tabuisiert. Einsteins Gleichungen. Atomenergie. Die Entdeckung des DNS-Codes als Code, der buchstäblich entziffert werden muss. Neurologische Prägungen. Die Menschheit klammert sich an die alten Mythen und geht neuen Wahrheiten aus dem Weg.

Das war schon immer so.

«Gegen Ende des 16. Jahrhunderts versetzte Giordano Bruno die schwer geprüfte Menschheit in Angst und Schrecken, als er verlangte, dass man weit über das Phänomen der Planeten hinausdenken müsse. Er äusserte die Vermutung, dass der Kosmos sich ins Unermessliche erstreckte.

An sich war das nicht weiter beunruhigend, aber Bruno ging noch beträchtlich weiter: er postulierte eine Vielzahl von Welten, Sonnen und Planeten mit Leben und bisher noch unentdeckten Gefährten für die menschliche Spezies. Er spielte mit der Vorstellung des Menschen über sich selbst. Ausserdem stellte er magische Behauptungen auf, verstrickte sich in politischen Intrigen und wurde schliesslich im Jahre 1600 auf dem Scheiterhaufen verbrannt.» *The Discovery of our Galaxy*, Charles Whitney.

«Kurz vor Brunos Tod im Jahre 1600 meldete Tycho Brahe zum ersten Mal einen ‹neuen› Stern am Himmel. Ein paar Jahre später beobachtete er einen Kometen, bewies, dass sich dieser zwischen den Planeten entlang bewegte und zertrümmerte damit die Theorie von der Kristallglocke, die angeblich Planeten und Sterne über die Erde trug.»

Tychos Stern löste eine heftige Kontroverse aus, denn er führte eine Veränderung in der Kosmologie herbei. Die damaligen Theorien gingen davon aus, dass die Sterne sich nicht bewegen, sondern an einem bestimmten Punkt fixiert sind. Nun war diese neue Entdeckung da und blitzte quer über den Himmel. Die Sterne bewegten sich. Kosmologie ist kein peripheres Hobby, keine Spezialität für wissenschaftliche Experten. Jeder Aspekt des menschlichen Lebens wird von den Antworten auf kosmologische Fragen berührt: Wo kommen wir her? Wo gehen wir hin? Tychos Stern erschien zu einer Zeit, als das Christentum von der Reformation geschwächt war. Luther hatte die Unerschütterlichkeit der katholischen Theologie in Frage gestellt. In diesen Tagen konnte man, wie Galilei am eigenen Leib erfahren musste, im Kerker landen, wenn man zu behaupten wagte, dass die Erde sich bewege.

Erinnern wir uns an die Nervosität der Air Force, als es um eine Überprüfung des UFO-Phänomens ging. Das negative Ergebnis des Condon-Reports, der die Existenz ausserirdi-

Es ist viel wahrscheinlicher, dass ein ausserplanetarisches Signal über jenes Instrument empfangen wird, das sich vor dreieinhalb Milliarden Jahren entwickelt hat, um elektromagnetische Schwingungen aufzufangen: über das menschliche Nervensystem.

scher Besucher der Erde schlichtweg leugnet, ist nicht verwunderlich. Das Ärgerliche an der Sache war die offensichtliche, emotionale Voreingenommenheit. Es war eine Tatsache, und das ist die entscheidende Voraussetzung für dieses Experiment, dass die Air Force nicht wünschte, dass man in der Öffentlichkeit über ausserirdische Interventionen spekulierte. Genauso wie die katholische Hierarchie und ihre scholastischen Philosophen vor vierhundert Jahren eben nicht wollten, dass die Leute dachten, dass sich die Sterne vielleicht doch bewegen könnten. Die uralten, entscheidenden kosmologischen Ängste und Hoffnungen. Wenn man erst mal anfängt, sich über höhere Intelligenzen den Kopf zu zerbrechen, erhebt sich eine ganze Glaxis von unliebsamen Problemen. Was würden unsere himmlischen Besucher davon halten, wie wir mit unserem Planeten umgehen? Wessen egoistische Bedürfnisse und einseitige Übermacht würde bedroht sein?

Die UFO-Untersuchung der Air Force enthält einen Faktor – den sie sogar betont –, der die Partisanen der Fliegenden Untertassen auf die Palme brachte. Ein Team von Psychologen studierte die Persönlichkeit jener Kontaktpersonen, die UFOs beobachtet hatten. Was für ein cleverer Schachzug! Die, deren Kosmologie, wie vage sie auch war, die Möglichkeit ausserirdischer Intelligenzen nicht unbedingt ausschloss, wurden einfach für «verrückt» erklärt! In einem grösseren Zusammenhang könnte man jedoch den Versuch der Air Force, psychologische Diagnosen zu erarbeiten, nur begrüssen. Denn es könnte ja sein, dass der Kontakt mit ausserplanetarischen Intelligenzen und die Entdeckung des «Hauptnetzplans» **nicht** über radioteleskopische Schaltungen erfolgt. Gewiss ist die Annahme, wonach die «Untertassen» menschliche Wesen transportieren würden, ganz schön naiv. Es ist viel wahrscheinlicher, dass ein ausserplanetarisches Signal über jenes Instrument empfangen wird, das sich vor dreieinhalb Milliarden Jahren entwickelt hat, um elektromagnetische Schwingungen aufzufangen: über das menschliche Nervensystem. Die Psychiater der Air Force hätten besser daran getan, intensive neurologische Untersuchungen und Hirnwellenforschung an den ausgeflippten UFO-Fans vorzunehmen, statt sie mit Rohrschach-Tests zu traktieren. Vielleicht haben einige der Verrückten ein Nervensystem, das für ein breites Spektrum elektromagnetischer Impulse empfänglich ist?

Ich stehe auf dem Gefängnishof des Folsom-Gefängnisses und unterhalte mich mit einigen Mithäftlingen über die Starseed-Verschwörung. Die Psy-Phy-Möglichkeiten lösen begeistertes Lachen aus. Die ganze Zeit über werden wir aus den fünf Wachtürmen von Wächtern mit hochtourigen Knarren und Ferngläsern beobachtet. Es macht sie immer leicht nervös, wenn eine Gruppe von Häftlingen herumsteht und miteinander redet.

Jeder dieser Häftlinge hat sich in langen einsamen Nachtstunden schon mal Gedanken über die befreienden Möglichkeiten einer Katastrophe gemacht. Folsom liegt ziemlich nahe am St. Andreas-Graben. Was würde zum Beispiel passieren, wenn ein Atomkrieg ausbricht?

Johnny James, ein zäher Bursche, macht sich keine Illusionen: «Die Wächter haben ihre Anweisungen. Im Fall einer Katastrophe haben sie den Befehl, die Gefangenen in ihre Zellen zu sperren und das Gefängnis auf der Stelle zu verlassen.» Das Folsom-Gefängnis liegt eine halbe Meile unterhalb des Folsom-Damms.

Es wird vereinbart, dass ich eine Botschaft mit den Starseed-Fragen aussende. Wäre es

«Das einfachste für sie wäre doch, dich einfach umzulegen.» «Nein», sagte ich. «Heutzutage geht man einfach hin und erklärt den Dissidenten für verrückt.»

möglich, dass eine geheime Verschwörung existiert, die jeden ausserirdischen Kontakt zensiert? Gedanken an Dallas, Sirhan, Martin Luther King, My Lai, Kambodscha, Liddy, Hunt, Haldeman und Ehrlichman rasen durch unsere neuralen Tunnel. Meine Mithäftlinge sind überzeugt, dass Hunt nie bis zu seiner Zeugenaussage überleben wird und dass «sie» den Plan haben, mich umzulegen, sobald ich anfange, irgendwelche Botschaften in den Himmel zu schicken.

Auf dem Rückweg zum Zellenblock meint Chaslon: «Ist dir eigentlich klar, dass deine Überlebenschancen sich gerade um hundert Prozent verringert haben?»

Auch Michel Gustave Hauchard, der französische Gauner *extraordinaire*, mein Beschützer und Gönner in der Schweiz, ein Freund von J. Edgar Hoover und laut eigener Aussage CIA-Agent, sinnierte immer laut vor sich hin: «Das einfachste für sie wäre doch, dich einfach umzulegen.»

«Nein», sagte ich. Heutzutage geht man einfach hin und erklärt den Dissidenten für verrückt. Jeder, der sich mit dem monolithischen System anlegt, muss doch verrückt sein.

Die alte klimakterisch-stoische Ansicht, wonach Galaxien stumme Strudel von Sternen, Gas und Staub sind, schwindet allmählich dahin; überall finden sich Zeichen von kreativem Aufruhr. Steine, die im Pool der Zeit auftauchen und wieder versinken. Wenn Schwarze Löcher erst ihren Platz in der Kosmologie (und in der Lokalpolitik) gefunden haben, werden die Neurologiker die gründlichste Revision der Entstehungsgeschichte geschrieben haben, die es je gab.

Der Kosmologe Hyde ist mittlerweile der Ansicht, dass sich die Schöpfung nicht im ganzen Universum einheitlich entwickelt hat, sondern nur jeweils in Regionen mit hoher Dichte und intensiver Aktivität, wie beispielsweise in einem gerade entstehenden Schwarzen Loch. Kontraktionen und Ausdehnungen lassen sich an verschiedenen Punkten über das ganze Universum verteilt beobachten. Astronauten glaubten immer, dass die Strahlung, die das Universum aufheizt, aus dem berühmten Grossen Knall stamme. Mittlerweile scheint es möglich zu sein, Schöpfung als Produkt von Schwarzen Löchern zu erklären.

Der Komet kann alles, jedoch auch gar nichts bedeuten. Er kann eine Mahnung sein, dass dieser Planet nur ein bröckeliger Stein auf der Reise des Lebens quer durch die Galaxien ist. Dass die Höhere Intelligenz sich schon längst auf der Erde etabliert und uns ein Testament in die Zellen gebrannt hat, das nur unsere Nervensysteme entschlüsseln können. Dass es langsam Zeit wird, zu mutieren. Eine neue Philosophie anzunehmen und weiterzugeben.

Seht, ein strahlendes Licht wird am Himmel erscheinen. Das Angebot steht. Das Signal ist gegeben. Entweder ihr macht mit oder ihr bleibt blind und dumpf dem Untergang bestimmt.

Bob Hyde, der stärkste und weiseste Mann im ganzen Gefängnissystem, der zu seiner Zeit jede Menge gebrauchter Autos verschob, überfliegt meinen Entwurf und schüttelt den Kopf.

«Viel zu allgemein und enthusiastisch. In Tausenden von Jahren werden sie dein Starseed-Signal das intelligenteste Signal des ganzen 20. Jahrhunderts nennen. Aber heute sind die Menschen verwirrt. Sie wollen gesagt kriegen, was sie tun sollen. Sie brauchen etwas, dem sie ihre Zeit und ihr Geld opfern können. Sowas wie Ralph Nader.»

Wir haben die erste wahre und optimistische Kosmologie der Welt zu bieten. Wir gaben ihnen Nervensysteme. Praktischer und nützlicher als die Erfindung des Rads.

«Ralph Nader ist ein Monster. Ein puritanischer, moralistischer Leistungsroboter. Wir haben die erste wahre und optimistische Kosmologie der Welt zu bieten. Wir gaben ihnen Nervensysteme. Praktischer und nützlicher als die Erfindung des Rads. Wir gaben ihnen ein Zeichen der Wiedergeburt am Himmel und das Starseed-Symbol und lehrten sie, ihr Schaltkreissystem zu aktivieren und aufzuladen. Wir brachten ihnen die Ekstase!»

«Das ist nicht genug», meinte Hyde, der einmal auf einem Schlag zweihundert frisch gespritzte Taxis aus Philadelphia nach Holyoke, Massachusetts verkauft hatte. «Sie wollen alles, aber sie wollen nichts dafür bezahlen. Der Fehler war, dass du es ihnen umsonst gegeben hast. Sie wollen genau gesagt kriegen, was sie machen sollen.»

«Lass es uns noch mal versuchen», schlug ich vor.

«Lass uns abwarten, was passiert, wenn der Komet kommt», sagte ich.

Aber wie sollten die Häftlinge den Kometen zu Gesicht bekommen? In Folsom müssen alle Inhaftierten den Hof um 15.30 Uhr verlassen und verbringen die nächsten siebzehn Stunden in ihren Zellen eingeschlossen.

Wir standen im Hof herum und diskutierten über Petitionen und Gesuche, die es uns ermöglichen sollten, nachts unsere Zellen zu verlassen, um den Kometen zu sehen.

Aber der Komet zeigte sich gar nicht. November wurde zu Dezember und versank im Regen vom Januar. Die Zeitungen berichteten, dass Kohoutek die Leuchtkraft des Vollmondes nie erreichen und für das blosse Auge unsichtbar bleiben würde.

Eines Morgens wachte ich um fünf Uhr vom Rasseln der Zellengitter auf. Ein Wärter brachte mich ins Verwaltungsbüro, wo zwei Vollzugsbeamte auf mich warteten. «Sie haben eine Vorladung zum Bundesgerichtshof bekommen. Wir bringen Sie jetzt ins Bezirksgefängnis von San Francisco.»

«Was für eine Scheisse», rief ich aus. «Das ist der abgefuckteste Knast von ganz Kalifornien.»

«Yeah, ich weiss», meinte der Beamte, «seien Sie froh, dass Sie wenigstens den Sonnenaufgang mitkriegen.»

Sonnenaufgang? Der Komet sollte kurz vor Anbruch des Tages zu sehen sein. Vielleicht war das ein Wink des Himmels – meine einzige Chance, den Kometen je zu sehen.

Und so kam es, dass ich mit Handschellen und Fussfesseln auf dem Rücksitz eines Polizeiwagens sass, der gemütlich den East Bay Freeway hinunter rollte, während ich mir fast den Hals verrenkte, um die Berge von Berkeley (wo ich fünfzehn Jahre lang gewohnt hatte) und den östlichen Teil des Himmels zu erkennen.

Nichts. Das dunkle Blau der Nacht ging in eine silbrige Dämmerung über, und dann färbte die aufgehende Sonne den Himmel rosa, aber von einem Kometen weit und breit keine Spur.

Eine Woche später machte sich im Gefängnishof Stupid Stam an mich ran. Er war ein stämmiger Kerl, Gruppenführer bei den Hell's Angels.

«He, Mann, wie läuft's?»

«Ich kümmere mich um meinen Kram», antwortete ich.

«Irre», meinte Stupid Stam.

«Wie geht's denn so, Mann?» fragte ich.

«Im Fall einer Katastrophe haben die Wächter den Befehl, die Gefangenen in ihre Zelle zu sperren und das Gefängnis auf der Stelle zu verlassen.»

«Irre», sagte Stupid Stam.

«Schönes Wetter», meinte ich.

«Ein irrer Tag», stimmte Stupid Stam zu. «He, Mann, ich dachte gerade an was. Weisst du noch, wie du mir von dem Kometen erzählt hast, der heller sein sollte als der Vollmond und halb so gross wie der Himmel? Ich hab nachts aus meiner Zelle geguckt und nichts gesehen. Was ist passiert? Hat vielleicht einer vergessen, die Stromrechnung zu bezahlen, oder was?»

«Es hat sich rausgestellt, dass er unsichtbar ist», antwortete ich.

«Nun, da kann man nichts machen», sagte Stupid Stam und schüttelte den Kopf. «Na, vielleicht klappt's nächstes Jahr, was, Tim?»

«Vielleicht klappt's nächstes Jahr», sagte ich.

Timothy Leary und Gabriel Wisdom.

Gespräche mit Höheren Intelligenzen

Juli 1976
Zum grössten Teil in den USA

Kommodore Timothy Leri (Agent des Geheimdienstes für Mutation auf dem Planeten Erde) wachte auf, öffnete die Augen und fand sich einmal mehr in einer Gefängniszelle wieder. Diesmal war es in Vaccaville. Seine lichtgespeicherte Diode zeigte 8 Uhr morgens, pazifische Zeit. Das Jahr: 29 P.H. (Post Hiroshima.)

Der Kommodore gähnte und reckte sich wohlig. Er befand sich nun schon seit rund 3,2 Milliarden Jahren auf diesem Planeten und genoss sein mittleres Alter.

Auf dem eisernen Tisch neben seinem Feldbett lag das **Wall Street Journal**, das Everett (Börsenschwindler) ihm wie jeden Morgen leise hereingebracht hatte.

Leri stand auf, nahm die Keramiktasse mit Kaffeepulver, Zucker und Milchpulver, ging hinüber in den Waschraum und verrührte alles mit kochend heissem Wasser.

Dann ging er zu seinem Bett zurück, wickelte die braune Papiertüte auf und entschied sich für ein frischgebackenes braunes Brötchen, das nach geschmolzener Butter und Erdbeermarmelade duftete. Die Brötchen schmuggelte Marshall (Heroinhandel) jeden Morgen aus der Gefängnisbäckerei.

Aus einem silbernen Kasten mit chinesischen Schriftzeichen, den Manolo (Marihuanadealer) im Hobbyraum gebastelt hatte, nahm er eine Zigarette – fertig gedreht, wie sie ihm am besten schmeckten, eine Hälfte Bugler für den Körper, ein Viertel Pfeifenmischung für den Geschmack und ein Viertel Kite, um ihr einen Hauch von Pfefferminz zu verleihen.

Er inhalierte den schweren üppigen Rauch und spürte in seinem neuralen Equipment einen willkommenen Nikotinstoss. Das Brötchen zerbröselte süss auf der Zunge, und der Kaffee glitt durch seine Kehle.

Nach dem Rasieren verrieb der Kommodore den prickelnden byzantinischen Duft von Chanel No. 5 auf seiner Haut. Das hatte er Jackie Dee (Falschmünzer), heute Friseur des Zellenblocks, zu verdanken. Dann drehte er sich um und begrüsste Tony (Heroin), dem er einen Karton Zigaretten die Woche zahlte, damit er seine Zelle in Ordnung hielt.

Tony stützte sich auf seinen Besen und brachte das tägliche metaphysische Gespräch in Gang. Jeden Morgen unterhielten sie sich über fliegende Untertassen, Jean Dixon, Triumphwagen der Götter, Swami Booboodananda, Kirlianische Photographie, Uri Gellers verbogene Schlüssel, die Magie der Pyramiden und Reinkarnation.

Das Gehirn des Kommodore informierte die neun Kehlkopfmuskeln, dass es langsam Zeit wurde, etwas strenger mit Tony zu werden.

«Tony, ich will mit dir reden, es ist wichtig. Bist du bereit?»

«Na klar, Doc», antwortete Tony grinsend.

«Okay, also pass auf. Stell dir vor, du gehst ganz allein über den Gefängnishof und plötzlich – BUMM – landet eine fliegende Untertasse genau vor deiner Nase. Alles klar?»

«Yeah», murmelte Tony mit aufgerissenen Augen.

«Und eine silberne Treppe mit rubingeschmücktem Teppich und einem Geländer aus Platin tut sich auf. Und eine Höhere Intelligenz, die Licht und Weisheit ausstrahlt, kommt vom Zentrum der Galaxis herunterspaziert.»

«Menschenskinder! Irre!» murmelte Tony.

«Und eine wunderschöne Stimme sagt zu dir: ‹Tony, wir sind Trillionen von Lichtjahren gereist und sind gekommen, hier hinunter in den Ozean eurer Atmosphäre, wo ihr Menschen wie auf dem Grund eines Sumpfes herumkriecht. Wir sind gekommen, um euch zu helfen. Zuerst wollen wir dir drei Fragen beantworten, die du uns gerne stellen würdest.›»

«All die Gespräche über Metaphysik! Und jetzt bist du noch nicht mal darauf vorbereitet, mit den UFOs zu reden, wenn sie kommen? Glaubst du etwa gar nicht an ausserirdische Intelligenzen?»

Tony fielen fast die Augen aus dem Kopf; er lachte unsicher.

«Das ist ja irre, Doc. Sag mal, glaubst du an fliegende Untertassen?»

Die Augen des Kommodore blitzten mit gespielter Strenge. Er ging zwei Schritte auf Tony zu und sagte mit fester Stimme: «Tony! Pass auf! Nur einmal im Leben! Drei Fragen, Tony. Was willst du die Höhere Intelligenz fragen?»

Tonys Blick fiel auf den ungefegten Boden. Er fühlte sich unbehaglich. Nach einer langen Pause meinte er zögernd: «Sag mal, Doc, kommst du heut abend mit ins Kino? Es läuft ein Western mit John Wayne.»

«Tony!» rief Kommodore Leri. «Hast du wirklich keine Fragen an die Höhere Intelligenz? All diese okkulten Bücher! Und all die Gespräche über Metaphysik! Und jetzt bist du noch nicht mal darauf vorbereitet, mit den UFOs zu reden, wenn sie kommen? Glaubst du etwa gar nicht an ausserirdische Intelligenzen?»

«Klar doch.»

«Aber du hast keine Fragen an sie?»

Tony grinste dümmlich.

«Ich sag dir, was wir machen», fuhr der Kommodore unerbittlich fort. «Du denkst darüber nach und heute abend schreibst du dir deine drei Fragen auf. Morgen früh bringst du sie mit, und ich seh zu, dass ich dir die Antworten besorge.»

Am nächsten Morgen tauchte Tony erst zum Saubermachen auf, als Leri schon zu seinem Gefängnisjob gegangen war. Nachmittags trafen sie sich zufällig auf dem Zellengang und der Kommodore wiederholte seine Aufforderung. Am nächsten Morgen kam Tony pflichtschuldigst mit seinen drei Fragen an.

«Also, meine erste Frage an die Höhere Intelligenz lautet: Wie seid ihr hergekommen?»

Der Kommodore schloss für eine Weile die Augen, ehe er sprach. «Okay, ich habe ihre Antwort mit meinem neuralen Sender/Empfänger aufgefangen. Sie sagen, dass sie in einem Augenblick durch unsere ganze Galaxis reisen können. Sie haben Mittel gefunden, sich schneller als die Lichtgeschwindigkeit fortzubewegen, die sie unseren Quantenphysikern beibringen wollen. Wie lautet deine zweite Frage?»

«Nun, also als nächstes möchte ich gern wissen, ob sie Atombomben haben, die auf uns gerichtet sind.»

Wieder schloss der Kommodore die Augen, ehe er sprach. «Sie sagen, sie kennen die Atomenergie und viele andere, noch stärkere Energiequellen, die sie uns zeigen werden. Aber sie benutzen sie nur zum Heilen und Helfen. Du brauchst keine Angst zu haben.»

«Uff, das ist gut», sagte Tony mit offensichtlicher Erleichterung. «Meine nächste Frage hat mit Christus zu tun. Frag sie, ob Jesus zurückkommt, um uns zu erlösen.»

Und noch einmal schloss der Kommodore die Augen, ehe er sprach. «Sie sagen, dass in dem atmosphärischen Sumpf eines Planeten nicht viel passieren kann, und dass wir unsere wissenschaftlichen Erkenntnisse dazu benützen müssen, um sie dort oben wiederzutreffen. Sie sagten, ich soll dich daran erinnern Tony, dass Christus gesagt hat, unser Königreich ist nicht von dieser Welt.»

Der kleine Teppich vor der Haustür des Radioprogrammdirektors war mit hebräischen Buchstaben bedruckt. Am Türpfosten hing ein Mesusah.

«Wir werden im Radio gross ankündigen, dass wir Kontakt zu einer höheren Intelligenz im Weltraum aufgenommen haben und dass wir die Zuhörer auffordern, Fragen zu stellen, die wir dann auf der Basis wissenschaftlicher Fakten beantworten.»

Schwartzman war jung, untersetzt und sehr zufrieden mit sich. Der Kommodore lehnte die Einladung zum Lunch ab und trank einen Apfelsaft, während Schwartzman sich mit eingelegtem Fisch, Reibekuchen, würzigem Kartoffelsalat und Roggenbrot vollstopfte. Mit einem Seufzer der Befriedigung wischte sich der Programmdirektor mit der Serviette den Mund ab und lächelte einladend wie ein Prinz.

«So, Sie haben also ein Skript für eine Sendung mitgebracht. Schiessen Sie mal los.»

«Mein Vorschlag», begann Kommodore Leri, «basiert frei auf einem bestimmten Ereignis in der langen Geschichte des Radios, das das Publikum völlig packte, die Leute aufrüttelte und ihr Verhalten änderte. Wissen Sie, welche epochale Sendung ich meine?»

«Natürlich», antwortete Schwartzman mit einem väterlichen Lächeln. «Orson Welles' **Krieg der Welten.**»

«Genau. Ich habe Hunderte von Leuten gebeten, mir das mächtigste Mediensignal zu nennen, das je gesendet wurde, und alle gaben mir die gleiche Antwort. Die Invasion vom Mars. Und genau das ist mein Ehrgeiz. Einen neuen Orson Welles zu machen, bloss besser.»

«Besser?» meinte Schwartzman stirnrunzelnd. «Ich bezweifle, dass das möglich ist. Regierungsvorschriften und FCC-Kontrolle. Ich glaube nicht, dass das möglich ist.»

«Es ist möglich, wenn man die beiden Fehler im Skript von Orson Welles vermeidet. Zunächst mal war das Original ein negativer Trip. Die Ausserirdischen waren uns feindlich gesinnt und höchst gefährlich. Das verursachte Panik, über die der FCC beunruhigt ist. Und zweitens war es nicht authentisch. Das Manuskript basierte auf einer Science Fiction-Story von H. G. Wells. Was ich im Sinn habe, ist ein Programm, das auf überzeugende Weise mit einer ausserirdischen Intelligenz in Kontakt tritt, die hilfreich und uns freundlich gesonnen ist, so dass sie bei den Zuhörern hemmungslose Begeisterung und Inspiration auslösen wird. Wie kann die Regierung so etwas verbieten wollen?»

Schwartzman runzelte die Stirn und zündete sich eine Kool mit Filter an. «Hemmungslose Begeisterung?» murmelte er zweifelnd.

«Und die zweite Verbesserung, die wir an Orson Welles' Konzept vornehmen würden: das Ereignis wäre Science Faction.»

Schwartzman sog heftig an seiner Zigarette und hustete herausfordernd. «Science Faction? Was ist denn das?»

«Damit meine ich folgendes: Wir werden im Radio gross ankündigen, dass wir Kontakt zu einer Höheren Intelligenz im Weltraum aufgenommen haben und dass wir die Zuhörer auffordern, Fragen zu stellen, die wir dann auf der Basis wissenschaftlicher Fakten beantworten.»

«Aber das ist doch Schwindel», sprudelte Schwartzman los. «Sie haben doch nicht wirklich Kontakt zu einer Höheren Intelligenz aufgenommen.»

«Ahhh-», erwiderte der Kommodore, «wer kann das schon sagen? Nicht mal diejenigen, die die Signale übermitteln, werden es genau wissen. Die Fakten, welche die Wissenschaft heute zu grundlegenden philosophischen Fragen liefern kann, gehen weit über das hinaus, was normalerweise von den Medien verbreitet wird. Sie sind so weit von Walter Cronkite

«Aber wie kann ich denn meine Intelligenz verdoppeln?» protestierte Schwartzman. «Das hätte vielleicht Ihre erste Frage sein sollen», antwortete Leri immer noch lächelnd.

entfernt wie dieser vom Steinzeitmenschen. Denn Science Faction ist viel exotischer als Fiction.»

«Nein, das läuft nicht», sagte Schwartzman und schüttelte den Kopf. «Fakten sind langweilig und verkaufen sich nicht. Ich will Ihnen mal eine ganz harte marktwirtschaftliche Erkenntnis verraten: Fakten sind heutzutage eben nicht glaubwürdig. Kein Mensch interessiert sich dafür.»

«Okay, dann lassen Sie es mich an Ihnen ausprobieren. Sind Sie bereit? DA!» rief Leri und klatschte genau vor der Nase des verblüfften Programmdirektors in die Hände. «Hier spricht die Höhere Intelligenz. Wie lauten Ihre drei Fragen?»

Der Druck der 1-G-Schwerkraft zerrte an Schwartzmans schlaffen Gesichtsmuskeln. Wie eine Eidechse fuhr er sich mit der roten Zunge über die Unterlippe. Dann lächelte er schlau.

«Also zuerst möchte ich wissen, wann ich sterbe.»

Leri antwortete ohne zu zögern: «Die Antwort auf diese Frage ist einfach. Die Höhere Intelligenz sagt, dass Sie überhaupt nicht sterben müssen! Dass die irdische Wissenschaft bereits so weit fortgeschritten ist, dass sie Ihre Lebensspanne bis ins Unendliche verlängern kann.»

«Aber das ist ja furchtbar», antwortete Schwartzman aufgebracht. «Der Sinn des Lebens ist doch der Tod.»

«Wir können nicht dafür garantieren, dass die Antworten immer zur Zufriedenheit der Fragesteller ausfallen werden. Wie lautet Ihre zweite Frage?»

Schwartzman lächelte breit. «Meine zweite Frage ist ganz einfach. Wann werde ich meine erste Million Dollar verdient haben?»

«Auch die Antwort darauf ist leicht», versicherte der Kommodore. «Sie werden innerhalb eines Jahres eine Million Dollar verdienen, wenn Sie die Konversationen mit der Höheren Intelligenz ausstrahlen. Und wie lautet Ihre letzte Frage?»

«Hmmm, lassen Sie mich nachdenken», sagte der Programmdirektor und spielte mit der grün-weissen Zigarettenschachtel herum. «Wie werde ich mit den emotionalen Problemen des Lebens fertig?»

«Die Höhere Intelligenz sagt, dass Sie nur dann mit Ihren emotionalen Problemen fertig werden, wenn Sie Ihre Intelligenz verdoppeln», sagte der Kommodore lächelnd.

«Aber wie kann ich denn meine Intelligenz verdoppeln?» protestierte Schwartzman.

«Das hätte vielleicht ihre erste Frage sein sollen», antwortete Leri immer noch lächelnd. «Ich muss schon sagen, Ihre Fragen waren sehr materialistisch. Wissen Sie, wir haben Leute gehabt, die stellten rein wissenschaftliche Fragen, zum Beispiel wollten sie wissen, mit welcher Formel man die Lichtgeschwindigkeit übertreffen kann usw.»

«Ja, ich bin nun mal ein materialistischer Mensch», sagte der Programmdirektor.

Gekonnt parkte Gabriel Wisdom, der Diskjockey von KGB San Diego seinen Datsun Kombi auf eine Klippe hoch über dem Strand.

«Von hier aus können wir zu Fuss gehen. Sollen wir die Surfbretter mitnehmen?»

«Nein nein, heute reiten wir nur Gehirnwellen», antwortete der Kommodore, während er aus dem Wagen stieg.

Die beiden Männer trugen Badehosen und waren dunkelbraun gebrannt. Wisdoms Haar,

«Aber wie kriegen wir die Stimme der Höheren Intelligenz auf Band?» «Ich habe mir immer vorgestellt, dass die Stimme der Höheren Intelligenz weiblich sein müsste.»

Bart und Körperflaum waren von der Sonne ausgebleicht, Leris dagegen schimmerten schwarz und silbern. Sie gingen den Bürgersteig entlang, der sich heiss in ihre Fusssohlen brannte, und kletterten dann den steilen Abhang hinunter. Der einsame Strand lag verlassen da, nur ein paar Surfer waren zu sehen – südkalifornische Männer mit langen blonden Haaren und Körpern, die von der ständigen Massage des Meeres und Sandes glatt und geschmeidig geworden waren, und Frauen mit langen kakaofarbenen Gliedern, die ab und zu bei dem Diskjockey und dem Geheimagenten stehenblieben und angeregt mit ihnen plauderten. Die beiden waren eine ziemliche Nummer bei den anmutigen Strandfeen.

«Surfer verstehen mehr vom Wesen der Energie als alle anderen», sagte Gabriel Wisdom auf dem Weg zum Wasser. «Kein Guru oder Swami drückt sich so klar und präzise aus wie sie. Und sie lieben dich.»

«Das liegt daran, dass ich auch ein Surfer bin. Ich reite auf den Wellen der Evolution. Es ist so einfach, ein visionärer Prophet zu sein. Mach nur die Augen auf und schau zu, wie die nächste genetische Welle heranrollt.»

«Und lass dich von ihr tragen», lachte Wisdom.

«Ohne, dass dich eine Ebbe zwischen den Fluten verwirrt oder in die Falle lockt.»

«Wie während der Nixon-Reaktion?» fragte Wisdom. «Wann kommt denn endlich die nächste Welle?»

«Bald», sagte der Kommodore. «Fühlst du nicht, wie sich das Wasser sammelt? Es wird eine riesige Welle sein. Die Sechziger werden uns dagegen wie ein Plätschern vorkommen.»

Die beiden Männer waren ein Stück den Strand entlang gelaufen und standen jetzt auf dem Rand einer riesigen flachen schwarzen Felsplatte, die mit hellgrünem Moos bewachsen war. Sie schauten zu, wie das Meer in die enge Spalte wirbelte, die hoch aufspritzende Gischt gegen den Fels brandete und Surfer und Kinder gegen die Klippen drängte, die den nassen Schock lachend und schreiend abwehrten.

Der Diskjockey und der Kommodore sassen mit dem Rücken zu den Klippen im Sand.

«Ich habe eine technische Frage», fing Gabriel Wisdom an. «Ich könnte den Nachrichtensprecher machen, der das normale Programm unterbricht um zu melden, dass eine Höhere Intelligenz Botschaften an einen Dreizehnjährigen aus Los Alamos übermittelt. Die Stimme von dem Jungen nehmen wir auf. Du spielst den Reporter vom Dienst. «Aber wie kriegen wir die Stimme der Höheren Intelligenz auf Band?»

«Ich habe mir immer vorgestellt, dass die Stimme der Höheren Intelligenz weiblich sein müsste.»

Gabriel Wisdom lachte laut auf. «Oder wie wär's mit der von einem Kind?»

Die beiden Männer lachten. Der Kommodore strich mit der Hand durch den Sand.

«Und noch eine Frage . . . ich meine . . . wie wird sie klingen . . . ich meine, sie muss echt klingen . . . wie kriegen wir das bloss hin?»

«Weisst du», sagte der Kommodore, «ich liebe all das hier. Das Meer, den Sand und die heisse Liebkosung der Sonne auf meiner Haut. Nur so kann ich arbeiten. Geht es dir auch so?»

«Ich glaube, ich nehme es als viel zu selbstverständlich hin», erwiderte Wisdom.

«Sie wird schon echt klingen», sagte Leri. «Das menschliche Hirn ist der Sender/Emp-

Er ist gut, dachte Leri. Er ist ein Schauspieler. Und er spielt mit seinem Kehlkopf wie mit einem gestimmten Instrument. Nein, mehr als das, wie mit einem Geschlechtsorgan.

fänger. Seine Hauptfunktion besteht darin, Signale von Höheren Intelligenzen aufzufangen und zu übermitteln. Wenn wir bloss die richtigen Bedingungen schaffen und das Gehirn empfänglich und übermittlungsbereit machen.»

Kurz vor Mitternacht stand der Kommodore im Zentrum des KGB-Sendestudios. Der Nachrichtenraum hinter ihm lag abgedunkelt da. Rechts, hinter einer Glasscheibe, konnte er Gabriel Wisdom erkennen, der vor einem Mischpult sass und die Schalter bediente, Platten aussuchte und mit leiser, sanfter Stimme ins Mikrophon sprach. Links hinter einer anderen Glasscheibe erkannte Leri Michael Sheedy, der im FM-Programm Rock 'n' Roll-Scheiben laufen liess.

Punkt Mitternacht kamen die beiden Sprecher aus ihren Kabinen. Gabriel verschwand in einem Produktionsraum, um die letzten Nachrichten aufzunehmen. Michael Sheehy zog sich in einen anderen Produktionsraum zurück, um einen Werbespot für ein Schuhgeschäft aufzunehmen und winkte Leri, mitzukommen.

Von der Tür aus beobachtete der Kommodore, wie Sheehy sich mit Kopfhörern vor das Mischpult setzte. Sein Mund war nur circa fünfundzwanzig Zentimeter von dem knollig-obszönen, mit Schaumstoff verkleideten Mikrophon entfernt. Sheehy räusperte sich, wiegte sich leicht vor und zurück und zauberte mit seiner sonor schmachtenden Stimme wie in Trance eine majestätische und poetische Werbung für den Everlast Schuhladen aufs Band. **Er ist gut,** dachte Leri. **Er ist ein Schauspieler. Und er spielt mit seinem Kehlkopf wie mit einem gestimmten Instrument. Nein, mehr als das, wie mit einem Geschlechtsorgan.** Als das rote ACHTUNG AUFNAHME!-Licht ausging, machte Wisdom die Tür auf und winkte dem Kommodore.

Die zwei Männer gingen hinüber in den anderen Produktionsraum, wo ein fünfzehnjähriger Junge auf sie wartete.

«Hast du das Skript durchgelesen?» fragte Wisdom.

Der Junge nickte verkrampft.

Er ist nervös, dachte Leri. **Das ist gut. Er hat schliesslich auch allen Grund dazu.**

Der Junge sass vor dem Mischpult. Gabriel fummelte an den Schaltern herum und drückte dann auf die Aufnahmetaste, die dabei ein lautes Klicken von sich gab. Er nickte. Leri las die Einführung und der Junge hiess die Höhere Intelligenz willkommen.

Als er fertig war, übernahm Leri seinen Platz und las seinen Part als Interviewer des Jungen.

Gabriel drückte die REWIND-Taste und liess das Band mit jammerndem Kreischen zurücklaufen.

Die beiden Männer und der Junge hörten sich das Interview an.

Wisdom drückte noch einmal auf die REWIND-Taste und nickte. «Das Zeug ist gut. Ich glaube, ich könnte es ganz gut hinkriegen, mit aufgeregtem Durcheinander, Stimmengemurmel usw. im Hintergrund. Ich könnte sogar selbst den atemlosen Reporter spielen. Aber die Höhere Intelligenz brauchen wir noch.»

In diesem Moment öffnete sich die Studiotür und Sheehy kam herein.

Er ist wirklich der Inbegriff eines erfolgreichen jungen Talents, dachte der Kommodore. **Superskeptisch. Zynisch beim kleinsten Anschein von Heuchelei. Ein Radiotechniker. Ange-**

136

«Vergiss nicht», sagte der Kommodore, «du bist eine Milliarde Meilen weit weg und gleichzeitig genau hier, vor dieser Glasscheibe. Du bist eine unendlich alte Kreatur aus der Galaxis.»

törnt, ohne zu wissen, wo er sich eintunen soll. Und er ist Ire. Was für ein Glück. Katholiken sind die einzigen, die wirklich an den Himmel und die Unsterblichkeit glauben.

«Hör mal Sheehy, was hälst du davon, die Stimme der Höheren Intelligenz aus dem Weltraum zu übernehmen?»

Sheehy nickte mit einem breiten Grinsen und zog sich einen Stuhl vor das Mikrophon. «Warum nicht? Wir können es ja mal versuchen.»

Kommodore Leri reichte dem Diskjockey das Skript rüber. Sheehy begann zu lesen. Er blätterte durch ein paar Seiten, lächelte, nickte und fing plötzlich an zu lachen.

«Der Stoff hat's in sich», meinte er. «Wisst ihr, was wir machen sollten? Wir könnten noch ein Echo dazumischen, nur ein kleines, grade so viel, um die Stimme etwas aufzumöbeln und sie metallisch, flimmernd . . . na ja, eben interstellar klingen zu lassen.»

Gabriel Wisdom nickte und legte ein neues Band in das Aufnahmegerät ein. Sheehy räusperte sich und beugte sich über das Mikrophon. Leri und der Junge standen vor ihm und beobachteten jede Bewegung.

Sheehy fing leise an, das Skript zu lesen, und regelte gleichzeitig die Aufnahmelautstärke. Dann schloss er die Augen und fing noch mal von vorne an. Plötzlich schaute er auf.

«Macht's euch was aus, euch ein bisschen weiter weg zu stellen? Ich will mich richtig in die Rolle einarbeiten.»

«Vergiss nicht», sagte der Kommodore, «du bist eine Milliarde Meilen weit weg und gleichzeitig genau hier, vor dieser Glasscheibe. Du bist eine unendlich alte Kreatur aus der Galaxis. Du bist die grosse Vater/Mutter-Figur im Himmel, die zu unserer Rasse hier unten spricht. Die diesen Kindern, die sie liebt und verehrt, etwas beibringen will.»

Sheehy nickte und versetzte sich langsam in Trance, indem er die ersten Zeilen immer wieder von neuem las, die Stimme dabei immer lauter werden liess und mit Vibrato und sonorer Tiefe unterlegte. Die allwissende, geniale, stets weise Radiostimme bei der Arbeit. Plötzlich brach er ab.

«Also, hör mal, ich habe echt Schwierigkeiten mit den ganzen Bleistiftanmerkungen im Text. Könnten wir das Skript nicht auf der grossen Maschine schnell noch mal abtippen?»

Leri nickte und ging mit dem Skript hinüber zum Nachrichtenraum. Dort setzte er sich vor die manuelle Maschine und tippte die erste Ansprache der Höheren Intelligenz langsam und sorgfältig in den riesigen Typen der Nachrichtenskripte ab. Dann zog er das erste Blatt aus der Maschine und rannte zurück zum Studio. Sheehy nahm es ihm wortlos aus der Hand und wendete sich wieder dem Mikrophon zu, wo er sich in hypnotische Trance versetzte.

Leri kehrte unterdessen in den Nachrichtenraum zurück und tippte die nächste Seite.

Während der nächsten halben Stunde ging es genauso weiter. Sheehy nahm ein Blatt nach dem anderen entgegen und verlor sich in irgendeinem neuralen Trakt zwischen Gehirn und Stimmbändern.

Als die letzte Übermittlung beendet war, schob Sheehy den Stuhl zurück, holte tief Atem und drückte die REWIND-Taste. «Diese Sache fasziniert mich immer mehr», sagte er zu Wisdom. «Komm, wir legen gleich das Echo drüber.»

Mit den Händen auf den Tasten hockte Sheehy unter seinem Kopfhörer und hörte sich mit abwesendem Lächeln das Band an.

Sheehy stand schweigend da und runzelte die Stirn. «Wisst ihr . . . ein paar religiös eingestellte Leute werden das hier vielleicht überhaupt nicht schätzen. Es ist zu . . . authentisch. Wir könnten Schwierigkeiten kriegen.»

«Okay. Spulen wir nochmal zurück und passen auf, was Gott da wieder zustande gebracht hat.» Sheehy stand auf, nahm den Kopfhörer ab und ging zum Mischpult. Der Kommodore, der Junge und Wisdom standen da und warteten, während das Band kreischend zurückspulte. Als es stoppte, drückte Sheehy auf die PLAY-Taste. Der kleine Raum dröhnte unter den donnernden Schallwellen, die elektromagnetisch verstärkt aus allen vier Quadrophonboxen zugleich kamen.

> *Hallo Planet Erde. Die folgende Botschaft stammt vom Zentrum eurer Galaxis. Herzlichen Glückwunsch. Das Leben auf Sol-3 ist nun an einem Punkt angelangt, an dem die menschliche Rasse in der Lage ist, mit ihren Nachbarn zu kommunizieren, den kleinen eingeschränkten Mutterplaneten zu verlassen und sich der galaktischen Gemeinde anzuschliessen. Dies ist ein Augenblick grosser Freude für uns, die wir eure Entwicklung seit langem verfolgt haben . . . und es ist ein grosser Augenblick für euch, die ihr kurz vor dem Übergang zu einer Höheren Stufe steht! Die menschliche Rasse ist als Vertreter allen Lebens auf eurem Planeten nur fähig, den Schoss zu verlassen, um als galaktische Bürger wiedergeboren zu werden. Wir, eure Nachbarn und Verwandten, werden euch weiterhelfen und euch bei eurer Entwicklung unterstützen. Ihr beim Sender KGB seid auserwählt, als Radiokontakt zu fungieren und Signale zwischen der menschlichen Rasse und euren Freunden hier draussen zu empfangen und auszustrahlen.*

Sheehy stand wie gebannt vor Staunen, mit halb offenem Mund da. «Wisst ihr», meinte er langsam. «Ich bin nun mal ein gläubiger Mensch. Für mich klingt das unheimlich echt.»

«Versteht sich», sagte der Kommodore trocken. «Die Galaktische Intelligenz nimmt natürlich die Stimme eines Radiosprechers an.»

«Soll das wirklich über den Sender gehen?» fragte Sheehy.

«Das hatten wir jedenfalls vor», erwiderte Gabriel Wisdom fröhlich. «Wir fordern die Zuhörer auf, uns zu schreiben und der Höheren Intelligenz drei Fragen zu stellen.»

«Warum nicht», fügte der Kommodore hinzu. «Jeder, den ich kenne, langweilt sich bei der Konversationsstufe, die hier unten herrscht, zu Tode. Wir glauben, dass unheimlich viele Leute bereit sind, mit Höheren Intelligenzen zu kommunizieren. Es ist wie beim Tennis. Man sollte immer versuchen, mit jemand zu spielen, der besser ist als man selbst.»

Sheehy stand schweigend da und runzelte die Stirn. «Wisst ihr . . . ein paar religiös eingestellte Leute werden das hier vielleicht überhaupt nicht schätzen. Es ist zu . . . authentisch. Wir könnten Schwierigkeiten kriegen.»

«Wir nicht», sagte der Kommodore lächelnd. **«Du** könntest Schwierigkeiten kriegen. Ich habe solche Szenen schon erlebt, und mein Soll an die Rundfunkgewerkschaft ist mehr als einmal erfüllt. Diesmal schreibe ich bloss das Skript.»

Sheehy lachte. Alle lachten.

Krieg und Zentralisierung als notwendige Vorbereitung für die Auswanderung ins All

März 1976
Bundesgefängnis San Diego

Die nach-technologische Zivilisation sieht sich heute – praktisch und marktgerecht verpackt – entscheidenden und richtungsweisenden Fragen der Spezies gegenüber, die in früheren Zeiten wahrscheinlich einfach an den nächstbesten Elfenbeinturm-Philosophen weitergegeben worden wären.

«He, du da unten auf der Autobahn . . . was ist der Sinn des Lebens?»

«Und du, der da gerade zurückblätterst, um dieses Kapitel doch zu lesen . . . was ist das Ziel der Evolution? Wohin gehen wir?»

Vor 1945 (und auch heute noch in Ländern, die die Technologie des zwanzigsten Jahrhunderts noch nicht beherrschen) hat sich unsere Spezies energisch mit vier weniger philosophischen Fragen befasst:

1. Bio-Überleben: «Wie bleibe ich am Leben?»

2. Erweiterung und Beherrschung des Territoriums: «Wenn wir sie nicht in Vietnam bekämpfen, haben wir sie bald zu Hause auf dem Hals.»

3. Technologischer Wettbewerb: russische Sputniks, japanische Kameras, deutsche VWs.

4. Kulturelle Homogenisierung: Hunderfünfzig Millionen Amerikaner unabhängig von Rasse, Glaube, Farbe, Geschlecht und nationalem Ursprung – die sich **Kojak** anschauen. Hundertfünfzig Millionen Europäer die sich **Kojak** anschauen. Hundertfünfzig Millionen Russen, die in der **Prawda** lesen, wie **Kojak** denunziert wird.

Diese vier Kernprobleme des Überlebens auf diesem Planeten sind mittlerweile gelöst.

1. Bio-Überleben ist kein Thema mehr

Bio-Überleben ist das vorrangigste Ziel jeder Spezies. Wenn er vor der Möglichkeit steht, zu verhungern oder falls er von einem gewaltsamen Angriff bedroht wird, macht sich weder der Wolf noch der domestizierte Affe Gedanken über das Ziel der Evolution. Alles geht darum, am Leben zu bleiben. Heute jedoch haben Medizin, Gesundheitswesen und der technologische Fortschritt in der Landwirtschaft die Lebenserwartung erheblich gesteigert. **Sogar der Krieg** ist als Bedrohung für die Spezies **nicht mehr relevant.** Um der Langeweile und dem Überfluss zu entgehen, musste die nach-technologische Gesellschaft Bio-Überlebensängste erfinden. Sie werden von der Unterhaltungsindustrie vermittelt und verpassen dem allseits geschützten Bürger wenigstens einen Hauch von Erregung. Krimis im Fernsehen, Detektivromane, Horrorfilme, schreckliche Achterbahnen, Autorennen, Verschwörungstheorien, Schweineseuchenpanik, aufgemotzte Entführungen usw. Die ökologische Apokalypse.

Mittlerweile hat die Wissenschaft die Gründe für die Bio-Überlebensprobleme beinahe ausgerottet, und die alte Navigationsfrage taucht plötzlich wieder auf: «Du da, der sich gerade so bequem zurücklehnt und dieses Kapitel liest . . . antworte mir: Überleben wozu?»

2. Erweiterung und Beherrschung des Territoriums sind keine Ziele der menschlichen Spezies mehr

Während der letzten zweitausend Jahre hat die Bevölkerung unserer Spezies immens zugenommen und sich geographisch immer mehr ausgebreitet. Bis zu Anfang des zwanzigsten Jahrhunderts beherrschte Politik, d. h. die neuromuskuläre Kontrolle über Territorium und andere Menschen (Sklaverei in ihren vielfältigen Erscheinungsformen), das menschliche Bewusstsein.

In *Die Enden der Parabel* demonstriert Thomas Pynchon auf brillante Weise, wie die Neuro-Technologie zur bestimmenden Kraft hinter den scheinbar irrationalen Zuckungen des zwanzigsten Jahrhunderts wurde.

Es gibt Leute, die der Ansicht sind, dass die grossen politischen Konflikte – Krieg, Konkurrenz und Sklaverei – für die neurale Evolution notwendig waren. Mag sein, dass Xenophobie (d. h. territoriale Eifersucht) wirklich eine natürliche Phase ist, durch welche die Säugetierspezies hindurch muss.

Politische Ideologien wie Nationalismus, Imperialismus oder Klassenkampf als Lebensziele sind überholt. Die polizeiliche und militärische Vormachtstellung sorgt schon dafür, dass es keine überraschenden Eroberungen und dramatischen Revolutionen mehr gibt, in welche die Industriestaaten hineinschlittern könnten. Es liegt auf der Hand, dass fast jedes zivilisierte Land heutzutage den Grundbesitz und die Regierung hat, die das Volk wünscht. Die Chinesen mögen den Insektenmaoismus. Das russische Volk liebt seine autoritäre Zentralregierung. Und wir Amerikaner haben uns offensichtlich für den aus dem Fernsehen sattsam bekannten Popularitätswettkampf entschieden.

(Das soll nicht heissen, dass zivilisierte Völker glücklich sind. Im Gegenteil. Je sozialisierter ein Land ist, desto jämmerlicher und langweiliger ist seine Lebensqualität.)

3. Der technologische Wettbewerb geht zurück

Im Verlauf des zwanzigsten Jahrhunderts wurde das Lebensziel «Politik» von «technologischem Wettbewerb» ablöst.

In **Die Enden der Parabel** demonstriert Thomas Pynchon auf brillante Weise, wie Neuro-Technologie zur bestimmenden Kraft hinter den scheinbar irrationalen Zuckungen des zwanzigsten Jahrhunderts wurde.

Die Politik und die selbstmörderischen Taktiken des Ersten Weltkrieges scheinen tatsächlich völlig unerklärlich und wirken schon beinah wie eine komische Oper, bis man erkennt, dass es eigentlich um neurogenetische und technologische Probleme ging.

Die nationale Konkurrenzsituation von 1914 zwang die antagonistischen Länder, Panzer, Flugzeuge, Radios und die schnelle Beförderung vieler Menschen beherrschen zu lernen.

Die politische Aufstellung des Zweiten Weltkrieges erscheint auf den ersten Blick genauso absurd, bis man entdeckt, dass der wahre Zweck des Konflikts sich in der Entwicklung von Radar, Raketen, synthetischer Chemie, Atomspaltung, Langstrecken-Manövern auf See und beschleunigten Luftfahrttechniken widerspiegelt.

Sobald der Zweite Weltkrieg zu Ende war, reagierten die siegreichen zentralisierten Staaten und bildeten auf wunderbare Weise, wie magnetisierte Eisenspäne eine neu polarisierte Wettbewerbssituation. Tatsächlich verlor der Kalte Krieg immer mehr an **politischer** Bedeutung, als Amerika auf einen zentralisierten Fürsorgesozialismus zukatapultierte und Russland eine konsumierende Mittelklasse entwickelte. Die Rivalitäten zwischen den beiden Weltmächten brachten von 1945 bis 1975 Kernverschmelzung, Flugkontrolle per Computer, interkontinentale Fernlenkgeschosse, biochemisch-genetische Forschung, hochentwickelte Elektronik und, als wichtigste Entwicklung überhaupt, die ersten Flüge ins All.

Wir verstehen nun, dass zentralisierte Regierungen eine fleissige und kompetente Mittelklasse brauchen, um die Technologie zu mobilisieren, die für die Auswanderung ins All, Intelligenz-Steigerung und Lebensverlängerung (S.M.I.²L.E.) notwendig sind.

Die Stufen neuer technologischer Entdeckungen, einschliesslich technologischer Kriegsführung, sind unumgängliche Stadien in der Entwicklung des Nervensystems auf einem Mutterplaneten wie dem unsrigen.

Ohne Samuel Clemens technologischen Mystizismus («Wir entwickeln ein Rückgrat, wenn es Zeit dafür ist») nun unbedingt bestätigen zu wollen, können wir doch die Möglichkeit nicht ganz von der Hand weisen, dass jeder Aspekt der neurogenetischen Evolution von der DNS vorausprogrammiert wurde und dass die Stufen neuer technologischer Entdeckungen auf unserem Planeten, einschliesslich technologischer Kriegsführung, normale und unumgängliche Stadien in der Entwicklung des Nervensystems auf einem Mutterplaneten wie dem unsrigen sind.

4. Kulturelle Homogenisierung ist eine Sackgasse

Die Strukturen eines sich entwickelnden, menschlichen Körper-Gehirns und die Ereignisse seiner sich verändernden Interaktion mit den chemisch-physikalischen Mitteln eines Routine-Planeten wie Sol-3 sind galaktische Konstanten. Es ist einfach nicht zu vermeiden, dass technologische Zivilisationen, selbst die kommunistischsten und sparsamsten unter ihnen, eine technisierte Konsumentenkultur hervorbringen. Leuten, die tagsüber in computergesteuerten Fabriken arbeiten und dort sowjetische Elektronikteile herstellen, kann man nicht zumuten, abends in vor-industrielle Lebensräume zurückzukehren. So schafft die Technologie eine elektroid-homogenisierte Gesellschaft, die in ihrer Zentralisierung schon beinahe insektoid wirkt. Moderne Russen bestehen auf ihrer Forderung nach elektronisch verstärktem Rock 'n' Roll und (illegalen) Taschenrechnern.

Eine zentralisierte Konsumentenzivilisation ist in der evolutionären Entwicklung unausweichlich. Aber was kommt danach? Der russisch-chinesisch-europäisch-amerikanische Bürger nähert sich dem Punkt, wo die nächsten, nach-technologischen Fragen auftauchen:

Bio-Überleben, wozu?
Nationale Sicherheit, wozu?
Technologische Entwicklung, wozu?
Konsumenten-kulturelle Homogenisierung, wozu?

Die vier entscheidenden irdischen Herausforderungen scheinen erledigt zu sein. Es liegt auf der Hand, dass die Probleme, mit denen unsere Spezies sich jetzt herumschlagen müssen, anderer Art sind – Überbevölkerung, Energiekrise, nukleare Bedrohung, Mangel an neuen Energiequellen, ein allgemeines Hemmen der sozialen Maschinerie, Ziellosigkeit, Langeweile, «Aussteigen», technologischer Überfluss, hedonistisches Konsumentum.

In den fortschrittlichsten Nationen der Welt war die erste, blinde und oberflächliche Reaktion auf diese Probleme die Pflastermethode der «Wachstumsbeschränkung». Sie kam in den vergeblichen Versuchen zum Ausdruck, den Energieverbrauch zu drosseln, kollektives Wachstumsstreben einzuschränken, geistige und hedonistische Erfahrungen zu fördern (Erosion der Arbeitsethik, Betonung der Sexualität, orientalischer Mystizismus, gesundheitliche Modeerscheinungen und Drogenkultur).

Die absonderliche (und vielleicht perverse) Blindheit der Nixon-Administration war ein Angriff auf alle drei Richtungen des Wachstums, die den Boom der fünfziger, sechziger und siebziger Jahre gefördert hatten:

Wachstumsbeschränkung, Landflucht und Pläne für eine gedrosselte Bevölkerungsentwicklung sind natürlich unbefriedigende Antworten; sie sind egoistisch, defaitistisch und pessimistisch.

Détente und die Reduzierung hochentwickelter Verteidigungsforschung und technologischen Fortschritts;

Die verhängnisvolle Verlangsamung der NASA und anderer nichtmilitärischer, wissenschaftlicher Forschungsbereiche;

Die Veramerikanisierung des Krieges, d. h. die Anzettelung von Bürgerkriegen gegen innere Feinde, einschliesslich einer enorm grossen und stetig wachsenden hedonistischen Minorität.

Nixon liess Amerika in einem Zustand äusserster Verwirrung zurück. Die nationalen Werte waren systematisch zersetzt und die Arbeits-Ästhetik trotz konservativer Rhetoriker von einer selbstsüchtigen Konsumentenhaltung schwer angeschlagen. Zynismus, Pessimismus und kleinliche moralische Gemeinheiten (die sich auch in den öffentlichen Untersuchungen zeigten) brachten einen heute sehr populären, neo-populistischen, lauwarmen Realismus unter dem Motto «Gürtel enger schnallen?» hervor. Liberale, Pazifisten und Ökologen tragen, wie wir sehen, alle gleich viel Schuld an der heutigen amerikanischen Malaise. Eine verlangsamte Politik kann nur dann rationalisiert werden, wenn sie von der rücksichtslosen Konsequenz der Frage begleitet wird, der sich Amerika an seinem zweihundertjährigen Geburtstag gegenübersieht: Wo wollen wir hin? Was ist der Zweck der Zivilisation und des menschlichen Lebens?

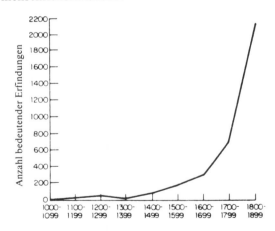

Intelligenzsteigerung:
Die Anzahl bedeutender Erfindungen und Entdeckungen in den letzten neun Jahrhunderten (Lenski, 1970, nachgedruckt aus *Sociobiology* von E. Wilson). Ähnliche, vielleicht sogar noch signifikantere Diagramme verzeichnen das explosive Vorkommen anderer Hinweise auf neurogenetische Intelligenz: von der menschlichen Spezies erreichte Höhen- und Geschwindigkeitsgrenzen; Bevölkerungswachstum; Kommunikationsnetze einschliesslich Bildungsstand, Anzahl der Wissenschaftler, Lebensspanne, Spezialisierung von Überlebensaufgaben usw. usw.

Zur gleichen Zeit, wo jede andere Form von Säugetierleben (ausser dem domestizierten) aufs Aussterben zusteuert, schiesst die Kurve menschlicher Energie in atemberaubender Geschwindigkeit nach oben.

Wachstumsbeschränkung, Landflucht und Pläne für eine gedrosselte Bevölkerungsentwicklung sind natürlich unbefriedigende Antworten; sie sind egoistisch, defaitistisch und pessimistisch. Jeder Afrikaner und jeder Asiate will technologischen Fortschritt – zwei Autos und ein Farbfernseher. Und er verdient sie auch.

Was im Pessimismus untergehen könnte, ist die Tatsache, dass unsere Spezies auf einer immensen evolutionären Gehirnwelle sitzt, einem gigantischen Aufschwung freiwerdender Energie, die mit irgendeinem Ziel vor Augen verarbeitet werden muss. Alle Statistiken zeigen eine plötzliche Explosion menschlichen Potentials im Verlauf der letzten hundert Jahre. Zur gleichen Zeit, wo jede andere Form von Säugetierleben (ausser dem domestizierten) aufs Aussterben zusteuert, schiesst die Kurve menschlicher Energie in atemberaubender Geschwindigkeit nach oben.

Die nächsten Ziele menschlichen Lebens heissen S.M.I.²L.E.

Genau zu dem Zeitpunkt, als die vier Problemkreise des irdischen Überlebens gelöst zu sein schienen, hat die zentralisierte Zivilisation drei Technologien geschaffen, aus denen sich die nächsten evolutionären Ziele für unsere Spezies ablesen lassen.

Auswanderung ins All löst das Bevölkerungsproblem, hebt territoriale Konflikte auf eine höhere Ebene und bietet der Menschheit unbegrenzten Raum und Energie, nicht auf unbewohnbaren Planeten, sondern in O'Neillschen Raumstationen.

Intelligenz-Steigerung: Die moderne Neurologie, die humanistische Psychologie und die Psychopharmakologie haben im letzten Jahrzehnt bewiesen, dass das Körper-Gehirn ein komplexes biochemisches Gehirn ist, das verstanden und dazu benutzt werden kann, neue Dimensionen von Bewusstsein und Intelligenz zu erschliessen.

Das Wissen darüber, wie das Gehirn (mittels Prägungen) Realitäten schafft, macht selbstbestimmte Gehirnveränderung und Realitätserweiterung möglich.

Lebens-Verlängerung: Mikro-Biologie und Genetik arbeiten daran, den DNS-Code zu knacken und damit Möglichkeiten für Verjüngung und unbegrenzte Lebensverlängerung zu schaffen. Die Bio-Chemiker sind heute zu dem Schluss gekommen, dass es keinen Grund dafür gibt, warum ein gesunder Mensch nicht ein paar hundert Jahre länger leben sollte als bisher. So sieht sich unsere Spezies nicht nur unendlichem **Raum** und erweitertem **Bewusstsein**, sondern zusätzlich auch noch der Herausforderung unbegrenzter **Zeit** gegenüber.

Werfen wir einen kurzen Blick auf die drei Elemente der S.M.I.²L.E.-Formel, die uns dazu veranlassen, die menschliche Philosophie neu zu überdenken.

Auswanderung ins All ist unweigerlich der nächste Schritt der Evolution

Das wird am deutlichsten, wenn wir uns mit den Statistiken der menschlichen Evolution, der Theologie, des wissenschaftlichen Fortschritts und der sozialen Organisation der Menschheit beschäftigen. All diese Systeme scheinen uns von der Last der Schwerkraft befreien zu wollen.

Der Trend der biologischen Evolution auf diesem Planeten verlief vom Wasser, über den Strand und das Land bis zum Flug. Mittlerweile hat die Menschheit die Geschwindigkeit erreicht, die es ihr ermöglicht, der Anziehungskraft von G-1 zu entkommen. Die Be-

Alle Zweige der Wissenschaft liefern konvergierende Daten, die auf die Wahrscheinlichkeit hinauslaufen, dass Auswanderung von der Erde der nächste Schritt in unserer Evolution sein wird.

wusstseins-Intelligenz des Nervensystems hat sich ganz ähnlich entwickelt. Kommunikation ist vom direkten Kontakt (riechen, schmecken, berühren) über Fern-sehen bis zum gegenwärtigen Punkt fortgeschritten, wo routinemässig Signale mit Lichtgeschwindigkeit empfangen und weitergeleitet werden.

Die meisten religiösen Offenbarungen und Kosmologien, denen die Menschheit in der Vergangenheit folgte, stimmen darin überein, dass die Ziele des Lebens im «Himmel» zu finden sind. Sicher ist es kein Zufall, dass Engel mit Flügeln, himmlische Sphären, messianische Geburten und Auferstehungen in fast allen Theologien wiederkehren. Höhere Intelligenzen und das zukünftige Schicksal des Menschen waren schon immer im Himmel angesiedelt. Selbst ein so okkultes, kabbalistisches System wie das Tarot ist so aufgebaut, dass auf den ersten zwölf Karten weltliche Persönlichkeiten (Kaiser, Priester, Papst), auf den zehn letzten Karten jedoch ausserirdische Wesen abgebildet sind.

Auch die Wissenschaft führt die menschliche Bewusstseins-Intelligenz zu der Erkenntnis, dass Menschen sich nicht unbedingt von der Atmosphäre der Schwerkraft auf unserem Planeten einschränken lassen sollten. Tatsächlich ist die Oberfläche eines Planeten einer der ungeeignetsten Plätze überhaupt, um eine technologische Zivilisation aufzubauen. Alle Zweige der Wissenschaft liefern konvergierende Daten, die auf die Wahrscheinlichkeit hinauslaufen, dass Auswanderung von der Erde der nächste Schritt in unserer Evolution sein wird.

Die Astronomie hat uns gelehrt, dass es vermutlich mehrere Millionen Planeten wie die Erde in unserem Sonnensystem gibt. Auf der Hälfte dieser Planeten ist Leben möglich, das uns im evolutionären Prozess vielleicht schon voraus ist. Wahrscheinlich haben solche Lebensformen ihre Mutterplaneten schon verlassen und erwarten uns irgendwo in den Netzen des ausserplanetarischen Raums.

Die NASA-Berichte haben Gerald O'Neills Überzeugung bestätigt, wonach die Oberfläche eines der Erde ähnlichen Planeten mit Sicherheit nicht der günstigste Ort für eine beschleunigte, industrielle Zivilisation ist. Auf dem Grund eines viertausend Meilen tiefen Gravitationsschachts sind weder die notwendigen Quellen noch die Energien vorhanden, um den technologischen und materiellen Ansprüchen unserer Zeit gerecht zu werden. Weit von der Planetenoberfläche entfernt, auf dem Mond und im Asteroidengürtel, erwarten uns unbegrenzte Materialquellen, unerschöpfliche Sonnenenergie und grenzenloser Raum, wo wir uns neue Welten nach unseren eigenen Vorstellungen aufbauen können.

Zu dieser evolutionären, religiösen und wissenschaftlichen Rechtfertigung kommt der psycho-soziale Wandertrieb, der sich in beinahe allen Aspekten der modernen Popkultur manifestiert. Es ist, als spürte unsere Spezies intuitiv, dass die grosse Mutation kurz bevorsteht. Die Tatsache, dass zwei Drittel der amerikanischen Bevölkerung auf Befragung an die Realität von «fliegenden Untertassen» glaubt, trotz der durchaus nicht überzeugenden Beweise ihrer Existenz, lässt darauf schliessen, dass eine Art mutationaler Vorahnung das Bewusstsein unserer Spezies infiltriert hat.

Die plötzliche Popularität von Science Fiction-Büchern, Space Movies *(Star Wars, Close Encounters of the Third Kind)* und die unerklärliche, aber unbestreitbare Faszination, die von der dummen TV-Serie *Raumschiff Enterprise* ausgeht, sind Medienphänomene, die un-

144

Weit von der Planetenoberfläche entfernt, auf dem Mond und im Asteroidengürtel, erwarten uns unbegrenzte Materialquellen, unerschöpfliche Sonnenenergie und grenzenloser Raum, wo wir uns neue Welten nach unseren eigenen Vorstellungen aufbauen können.

sere Sehnsucht nach dem Weltall widerspiegeln. Die Drogenkultur der Hippies kann als ein verfrühtes Zucken ausserirdischen Bewusstseins gedeutet werden. Jedermann scheint plötzlich daran interessiert zu sein, «high zu werden», zu schweben, ein kosmisches Bewusstsein zu entwickeln, Trips zu nehmen und Downers zu meiden. Diese Entwicklung wiederum bestätigt die neue Offenbarung, dass die Schwerkraft die Wurzel allen Übels ist, dass der «Fall» in die Schöpfung wörtlich zu nehmen ist und dass die Entdeckung menschlichen Potentials aus dem Prozess besteht, selbst zu einem Stern zu werden.

Wie überall, begegnen wir auch hier dem immer wieder auftauchenden paradoxen Wesen der Evolution: Wir wollten die höchste menschliche Freiheit verwirklichen und eine Existenz im Raum aufbauen; wir brauchten die Geschwindigkeit, die uns aus der Anziehungskraft des Planeten herauskatapultiert, und dazu war es notwendig, sich in zentralisierten Kollektiven zusammenzuschliessen. Das ist das Zentralisations-Paradox – das Phänomen, das die Politik des Planeten in den letzten paar Jahrzehnten so durcheinandergebracht hat. Kapitalistisch orientierte Länder bestehen darauf, dass wir uns zum Konterkommunismus **organisieren**. Republikanischer Big Business im Wettbewerb mit demokratischem Big Business um die Kontrolle über die zentralisierte Wirtschaft. Es stimmt, dass die Technologie Fliessbandgesellschaften geschaffen hat – insektoid in ihrem Bestreben, das Individuum an ein kollektives Ziel zu binden. Aber Vertrauen in den genetischen Aufbau (aus der Nähe betrachtet stets paradox) mag uns damit trösten, dass Zentralisierung – und nur diese – privates Unternehmertum und öffentliche Strukturen so organisieren kann, dass eine enorm komplexe Technologie daraus entsteht, die gebraucht wird, um den Planeten zu verlassen. Trotz aller rhetorischer Kampagnen wird die Bürokratie – Big Business und Regierung – bleiben. Die Wirkung der Zentralisierung kann nicht mal geschätzt werden. Aber sie kann vernünftig auf das Ziel unserer Spezies gerichtet werden: Auswanderung ins All. Das bietet uns umgekehrt wiederum die einzige Chance, individuelle Freiheit in Raum, Zeit und kleinen Gruppensozialstrukturen zu erleben, die unserem Nervensystem offensichtlich am besten entsprechen. Ein anderes Paradox der Neurogenetik ist es, dass die Menschheit in Weltraum-Habitaten zum dörflichen Leben und einem idyllischeren Lebensstil zurückkehren kann, nach der sie sich schon lange sehnt.*

Ohne Intelligenz-Steigerung ist weder Auswanderung ins All noch Lebens-Verlängerung möglich

Wir definieren Intelligenz als Reichweite und Beschleunigungsgrad von Informationseinheiten (Energiesignale), die von organischen oder vor-organischen Strukturen empfangen, verarbeitet und übermittelt werden können. Je intelligenter eine Spezies oder ein Individuum, desto grösser der Bereich und um so schneller und präziser wird die Information übermittelt. Wir Menschen sind intelligenter als andere Säuger, weil wir gelernt haben, eine

* In O'Neills NASA-Entwürfen sind Landwirtschaft und Industrie von den eigentlichen Wohngebieten getrennt, so dass die Raumpioniere zu kleinen ländlichen oder dörflichen Umweltstrukturen zurückfinden, wo direkte Interaktion die Bildung von multipersonalen sozialen Molekülen erlauben, die offensichtlich für die synergistische Verbindung von Menschen notwendig sind.

Es war schon immer gefährlich, zu klug zu sein oder das Kollektiv spüren zu lassen, dass man intelligenter war als andere.

enorme Masse von Energien mikroskopisch, teleskopisch, mechanisch und elektromagnetisch a) zu empfangen, b) zu speichern, abzurufen und zu organisiern und c) sie mittels Symbolen und Apparaten weiterzuvermitteln.

Das Gesetz der geringsten Anstrengung setzt fest, dass kein Individuum und keine Spezies intelligenter ist, als unbedingt nötig. In bestimmten Phasen der sozialen und persönlichen Geschichte und Evolution gibt es Perioden genau ausbalancierter Dummheit; ein Manövrieren an Energien entlang, die man schon längst beherrscht; Perioden von Speicherung, Stabilisierung und geniesserischem Überfluss. Die fünfziger und auch die sechzger Jahre sind neuere Beispiele kollektiver Dummheit. Aber dann gibt es auch die anderen Phasen im Leben einer Spezies, einer Rasse, eines Individuums, wo der evolutionäre Prozess eine Konfrontation mit der Zukunft herbeizwingt, eine Herausforderung, die nach Intelligenz-Steigerung, Sich-Öffnen für neue Frequenzen, neuen Organisationsprinzipien, neuen Methoden der Übermittlung verlangt.

Der Zweite Weltkrieg mit seiner urplötzlichen Explosion von technologischen und politischen Neuerungen war eine solche Periode. Die sechziger Jahre mit ihrem überraschenden Ausbruch an neuem Bewusstsein und neuen kulturellen Philosophien sind ebenfalls ein Beispiel für solche Phasen.

Hier sollte darauf hingewiesen werden, dass der DNS-Code den evolutionären Prozess leitet und kontrolliert und dabei die Masseninstinkte des Überlebens benutzt. Das Individuum oder die Gruppe, die zu klug wird und sich zu weit entwickelt, fällt unausweichlich auf. Es war schon immer gefährlich, zu klug zu sein oder das Kollektiv spüren zu lassen, dass man intelligenter war als andere. Exzentrische Genies werden höchstens in isolierten Elfenbeintürmen geduldet und auch nur dann, wenn sie keinerlei Versuch unternehmen, das Boot der Spezies umzustürzen oder ihre Umgebung mit neuen Ideen zu korrumpieren.

In Phasen, wo eine Spezies mutiert und die Herausforderung der Genetik zutage tritt, lässt sich immer eine unvermutete Eruption von Genies beobachten. Das 6. Jahrhundert v. Chr. brachte Pythagoras, Buddha und Lao-Tse hervor. Das Elisabethanische Zeitalter und die Renaissance in Europa sowie die islamische Explosion im 9. Jahrhundert zeigten ähnliche Erscheinungen von Mutation und Migration.

Es wird erkennbar, dass die meisten Perioden intellektuellen Fortschritts und neurologischer Mutation in von Migration und Erforschung beherrschten Epochen stattgefunden haben. Der DNS-Code, der sich darauf vorbereitet, seinen Samen zu verbreiten, aktiviert neue Schaltkreise und erlaubt der konservativen Spezies, ihre innere Kontrolle zu lockern.

Es kann sein, dass wir gerade Zeugen einer derartigen neurologischen Mutation sind. Wenn die Menschheit wirklich den Weltraum erobern und die Lebenserwartung verlängern will, muss sie sich schnellstens weiterentwickeln.

An diesem Punkt bieten Neurologie, Psychopharmakologie und humanistische Psychologiemodelle (in der Form geistiger Zufriedenheit und individueller Entwicklungsstrategien) der Menschheit die Möglichkeit, ihr eigenes psychologisches Schicksal besser zu verstehen, sich zu befreien und zu kontrollieren. Das ist bestimmt kein Zufall.

Zum ersten Mal in der Geschichte der Menschheit ist heute die Kontrolle über den eigenen Körper, den eigenen Lebensstil und die Identität (ein Luxus, der früher der Aristokratie vorbehalten war), wie künstlich und trivial dies auch immer geschehen mag, zu einem verbrieften Recht des amerikanischen Mittelstandes geworden.

Hat die Evolution etwa dreieinhalb Milliarden Jahre geschuftet, nur um eine neue Rasse sonnengebräunter, organisch gefütterter, brillant ausgebildeter, poli-orgasmusfähiger, selbstverwirklichter, somatischer Techniker zu produzieren?

Viele unserer einsichtigsten Sozialkritiker haben sich über diese psychologische Blütezeit beunruhigt und die Frage gestellt: Was bedeutet diese neue Philosophie von Selbstfindungen und persönlicher Weiterentwicklung und was ist ihr Ziel? Hat die Evolution etwa dreieinhalb Milliarden Jahre geschuftet, nur um eine neue Rasse sonnengebräunter, organisch gefütterter, brillant ausgebildeter, poli-orgasmusfähiger, selbstverwirklichter, somatischer Techniker zu produzieren? Wenn es, abgesehen von narzistischen Gelüsten, überhaupt ein Ziel für die neue Generation von hedonistischen Konsumenten gibt, die sich von den Zwängen der Arbeitsästhetik und den überkommenen Religionen befreit haben, wenn dieser neue, selbstbewusste Individualismus irgendeinen sozialen oder genetischen Zweck erfüllen soll, dann ist es vielleicht die Vorbereitung auf die grösste Herausforderung, der unsere Menschheit seit Jahrtausenden gegenübergestanden hat – auf die Überwindung von Raum und Zeit.

Lebens-Verlängerung ist nur im Kontext von Auswanderung ins All und Intelligenz-Steigerung denkbar.
Alle religiösen und philosophischen Systeme, die vom Menschen stammen, haben sich mit dem grundlegenden Problem des Sterbens auseinandergesetzt. Die westlichen Religionen verheissen denen, die sich sozial tugendhaft verhalten, nach dem Tod Unsterblichkeit in einer himmlischen Sphäre. Die orientalischen Religionen haben sich nüchtern mit der traurigen Tatsache auseinandergesetzt, dass alles menschliche Leben unweigerlich in Krankheit, Senilität und Tod mündet und deshalb passive Resignation und gelassenes individuelles Yoga empfohlen.

Neuere Entwicklungen auf dem Gebiet der Biologie und der Genetik haben diesen alten Vorstellungen überraschende neue Perspektiven verliehen. Wissenschaftler informieren uns heute, dass die Lebensspanne bis zur Unsterblichkeit ausgedehnt werden kann und dass innerhalb eines Jahrzehnts Unsterblichkeit technisch kein Problem mehr sein wird. Die erste gründliche Studie über die Implikationen einer verlängerten Lebensspanne erschien in einem Buch mit dem Titel *The Immortalist* von Alan Harrington. Auf dem Cover dieses Buches findet sich eine bemerkenswerte Widmung von Gore Vidal (der normalerweise seine Autorenkollegen nicht gerade mit Lob überschüttet).

Er sah sich genötigt, darüber nachzudenken, ob «dies nicht vielleicht das wichtigste Buch ist, das je geschrieben wurde». Harringtons Theorie ist ganz einfach. Der Tod ist der einzige Feind der Menschheit. Der Sieg über den Tod sollte das wichtigste und grundsätzlichste Anliegen der Wissenschaft sein. Der Tod sollte ausradiert werden.

Lebens-Verlängerung ohne Auswanderung ins All und gleichzeitiger Intelligenz-Steigerung ist jedoch logischerweise ein unmöglicher Alptraum. Bis jetzt war es notwendig, dass Menschen nach den Wechseljahren starben und von der Bühne abtraten, um Platz für Neuankömmlinge zu machen. Ist es vielleicht Nukleinsäure-Mystizismus, auf die Tatsache aufmerksam zu machen, dass die aktuellen Erfolge in den Wissenschaften, die sich mit Lebens-Verlängerung beschäftigen, Hand in Hand mit dem Auftauchen der Raumfahrttechnologie gehen? Lebens-Verlängerung ohne die Raumfahrt wäre mit Sicherheit unvorstellbar. Aber

Die technisch interessierte Raupe schnaubt verächtlich: «In so was kriegen die mich nie rein!»

mit einem grenzenlos verfügbaren Raum wird die Unsterblichkeit ein Hilfsmittel zum Auswandern.

Keine Verjüngung ohne Migration

Das könnte ganz gut das Motto sein, das uns vor der schrecklichen Möglichkeit bewahrt, dass John Denver oder Frank Sinatra mit fünfhundert Jahren auf dem Buckel immer noch in Las Vegas rumhängen oder dass sich Richard Nixon zum fünfzigsten Mal als Präsidentschaftskandidat aufstellen lässt und aus blosser Langeweile sogar das Rennen macht.

Langlebigkeit ohne Intelligenz-Steigerung ist genauso eine schaurige Vorstellung. Eine vor kurzem durchgeführte Umfrage über Einstellungen zu Lebens-Verlängerungsmöglichkeiten ergab das erstaunliche Resultat, dass die meisten Menschen die Idee, länger als bisher zu leben, nicht ertragen können. «Zur Not hält meine Ehe noch die nächsten zehn Jahre», meinte einer der Befragten, «aber hundert Jahre – das wäre mein Ruin!» Offensichtlich erfordern verlängerte Lebensspannen einen Quantensprung an neuraler Effizienz und das Wissen, wie man Realitäten neu prägt, neue Identitäten schafft, neue geistige Modelle verarbeitet und neue Tricks lernt.

Die Parabel von den fünf Raupen und dem Schmetterling

Diese drei evolutionären Entwicklungen – Auswanderung ins All, Intelligenz-Steigerung und Lebens-Verlängerung – bieten der Menschheit die Chance, ihre festgefahrenen Meinungen über Verantwortlichkeit und Grösse noch einmal zu überdenken und sich ernsthafte Gedanken über ihre Zukunft zu machen.

Deshalb auch jetzt die Parabel von den fünf Raupen, die kurz vor ihrer eigenen Metamorphose zum ersten Mal im Leben einen richtigen Schmetterling sehen.

Die konservative Raupe rümpft die Nase und sagt: «Das ist nicht nur illegal, sondern auch noch unmoralisch. Man sollte dieses unverantwortliche Individuum einsperren und hier auf der Erde festhalten, wo es schliesslich auch hingehört.»

Die technisch interessierte Raupe schnaubt verächtlich: «In so was kriegen die mich nicht rein!»

Die liberal/progressive Raupe ruft rhetorisch: «Wie kann diese frivole Kreatur es wagen, hier noch frei herumzuschwirren, wenn in Bangladesh die Raupen sich noch nicht mal einen Farbfernseher leisten können?»

Die hinduistisch/buddhistische Raupe singt gelassen «Ommm» und meint: «Warum soll ich mich anstrengen und mir solche Flügel wachsen lassen, wenn ich doch genauso gut im Lotossitz verweilen und mit meinem Astralkörper fliegen kann?»

Und die religiöse Raupe murmelt fromm: «Wenn Gott gewollt hätte, dass wir fliegen, hätte er uns Flügel wachsen lassen.»

Her mit den Schlangenölverkäufern

Juni 1976
Pecos, New Mexico

«**Wir** (sic) erwarten, **unsere** (sic) Weltraumstation, die zweihundert **Arbeiter** (sic) aufnehmen soll, bis 1983/1984 fertiggestellt zu haben ... **wir** (sic) sind der Ansicht, dass die Öffentlichkeit an der Planung beteiligt werden kann.»
Jesco von Puttkamer, NASA-Institut für Weltraumforschung

«Von Puttkamer hat prophezeit, dass sich bei der Planung und der Durchführung einer Weltraumstation, die er im Hinblick auf die Kolonialisierung des Weltraums als entscheidenden ersten Schritt einstuft... eine Menge Schwierigkeiten auftauchen und bewältigt werden **müssen** (sic). **Wir** (sic) sollen auf jeden Fall vermeiden, dass diese Schwierigkeiten zu einem ernsten Rückschlag für das Projekt werden. Die Pioniere der Weltraumkolonialisierung **sollten** (sic) über ein ausgewogenes Urteilsvermögen verfügen – Schlangenöl-verkäufer werden nicht gebraucht.»
L-5 News, April 1976

Es ist nichts Neues, dass sich verschiedene Menschengruppen aufgrund politischer, spiritueller oder ästhetischer Unterschiede voneinander entfernen. Die meisten Konflikte (vgl. irisch/katholisch gegen Belfast/protestantisch; Araber gegen Juden; Demokraten gegen Republikaner) dienen nur dazu, den angesprochenen Gruppen das Gefühl einer gewissen Identität zu verschaffen und der allgemeinen Langeweile zu entfliehen. Für den evolutionären Prozess spielen sie so gut wie gar keine Rolle. Grössere, politische Konflikte jedoch (vgl. die Blöcke der Kalten Krieger) sind genetisch nützlich, weil sie grosse monolithische Kräfte zu einem technologischen Wettbewerb anspornen, der die Evolution des menschlichen Nervensystems fördert.

Die beste Erklärung dafür, wie technologischer Wettbewerb, d. h. die Erweiterung neuro-muskulärer Systeme als fundamentale Ursache für das ganze letzte martialische Jahrhundert gedeutet werden kann, findet sich in Thomas Pynchons **Die Enden der Parabel**, das sich im übrigen ausgezeichnet als erster Leitfaden für Aspiranten der Weltraumkolonialisierung eignet.

Seit Hiroshima ist der territoriale Krieg als notwendiger und gesunder Stimulus für den intellektuellen Fortschritt der Menschheit durch die Konkurrenzsituation im Weltraum ersetzt worden. Spätestens seit Peenemünde und dem Sputnik ist es klar, dass das einzige intellektuell und im Hinblick aufs Überleben interessante Thema auf diesem Planeten der Übergang der Menschheit zu ausserirdischem Leben ist.

Der gewohnte ost-westliche Wettbewerb geht auf der Oberfläche des Planeten natürlich weiter. Man könnte sogar spekulieren, dass transkontinentale Rivalitäten dieser Art in dieser Phase der Evolution auf allen Mutterplaneten auftreten, nämlich dann, wenn neurologische Primaten anfangen, serienmässig Werkzeuge zur Vorbereitung auf die nach-planetarische Auswanderung herzustellen. Trotzdem ist die Möglichkeit eines gemeinsamen Apollo/Sojus-Projekts als Modell internationaler Zusammenarbeit bei der Weltraumkolonialisierung durchaus wahrscheinlich.

Wir sehen, dass der aufkommende Konflikt über die Zukunft der Auswanderung ins All zu einer Diskussion über die Zukunft der menschlichen Evolution werden kann.

«Es gibt keinen Zweifel, dass in Zukunft die Mannschaften von Weltraumstationen international zusammenarbeiten werden und dass die Erforschung des Weltraums eine Angelegenheit des ganzen Planeten sein wird.»
V. Glushko, Mitglied der Akademie in **Iswestija**, August 1975

Eine derartige Kooperation der beiden Supermächte mag auf den ersten Blick den Anschein eines utopischen Zustands globaler Harmonie erwecken. Trotzdem sollten wir uns darüber im klaren sein, dass der Akademiker Glushko und unser eigener Herr von Puttkamer mehr als scharf darauf sind, ihre jeweiligen Bürokratien mit einzuspannen. Aber evolutionäre Strömungen reichen immer tiefer als die politischen, und es ist von entscheidender Bedeutung, dass die Apollo/Sojus-Kooperation nicht die Tatsache verschleiert, dass die Auswanderung ins All unsere gesamte Spezies vor eine fundamentale evolutionäre Wahl stellt.

Erinnern wir uns, wie die verschiedenen europäischen Grossmächte nach 1942 frech damit anfingen, der neuen Welt ihre eigenen bizarren nationalen Versionen von Realität aufzuzwingen. Auf diese Weise entstanden so erstaunliche und monströse Mutationen wie Spanisch-Amerika, Anglo-Indien und Amino-Uganda.

Machen wir uns keine Illusionen. Die Auswanderung ins All wird die intensivsten ontologischen Kämpfe mit sich bringen, die unser Planet seit dem Konflikt zwischen Reptilien und Säugern vor langer Zeit erlebt hat. Die Emigration bietet unserer unfertigen Spezies die Möglichkeit, neue Realitäten zu schaffen, neue Wohnräume, neue neurale Perspektiven, neue Welten zu entdecken, die nicht von territorialen Längengraden und Gravitations-Chauvinismen eingeschränkt sind. Wir stehen tief in Jesco von Puttkamers Schuld, der uns mit seiner Schlangenöl-Proklamation ein deutliches Beispiel für eine verhängnisvolle Entwicklungsmöglichkeit gegeben hat – die Begrenzung nach-irdischer Realität durch dickköpfige Bürokraten, die sich ganz offen gegen Enthusiasmus, Optimismus, Pluralismus und poetische Vision stellen.

Die hochfliegenden Pläne des Erzengels von Puttkamer, die Tore der neuen himmlischen Sphären zu bewachen, sind nicht der erste Versuch der Dickköpfe, den Weltraum zu kontrollieren. Kurz nach der ersten Mondlandung gab Thomas Paine, der Direktor des NASA-Apollo-Projekts, in seiner Begeisterung eine der parteigängerischsten Erklärungen seit der Reformation ab. «Dies», sagte Paine, «ist ein Sieg für unsere kurzgeschorenen Burschen, die noch mit Rechenschiebern arbeiten, die Bibel lesen und unsere Fahne achten.» Beifall für Direktor Paine, der es in einem einzigen, herrlichen Anlauf chauvinistischer Rhetorik schafft, alle Steuerzahler, die weiblich sind, weder Ingenieure noch Protestanten sind oder den Marineschnitt nicht ausstehen können, unter den Tisch zu fegen. Ersetzen wir das Wort «Bibel» durch «Mars», und die NASA-Version darüber, wessen Realität den Weltraum kontrollieren sollte, ist gar nicht so weit von sowjetischen Vorstellungen entfernt.

Wir haben also gesehen, dass der aufkommende Konflikt über die Zukunft der Auswanderung ins All («Schlangenölverkäufer brauchen sich nicht zu bewerben.») zu einer Diskussion über die Zukunft der menschlichen Evolution werden kann, eine Diskussion, die eher

Die Antwort des Weltraum-Aspiranten auf sowjetische Einwände lautet natürlich: «Lasset die Schwachen die Erde erben; wir haben weitreichendere Pläne!»

philosophischer Natur ist und nicht in temporären nationalen Rivalitäten, sondern in einer unumgänglichen Spannung begründet ist, die seit mehreren Jahrhunderten existiert und sich am besten auf den Nenner Technologie versus Humanismus; Industrie versus Ökologie; Poesie versus Logik, Freiheit versus Kontrolle oder – um auf die ungewollt brillante Metapher von Puttkamers zurückzukommen – Schlangenöl versus Motorenöl bringen lässt.

In den letzten dreissig Jahren habe ich mich hauptsächlich mit diesem verdammten Missverständnis zwischen Maschine und Mensch beschäftigt. Ich habe immer wieder nach Kräften versucht, Ingenieure zu personalisieren, neurologisieren, erotisieren und subjektivieren und umgekehrt die Sprache und Denkgewohnheiten von Dichtern und Philosophen straffer, präziser, einsichtiger und objektiver zu machen. Interessanterweise sind sowohl die Techniker wie auch die Humanisten hoffnungslos in ihren eigenen Abstraktionen und Kontrollmechanismen verstrickt. Es stellt sich die Frage, ob die Lösung dieser starren Haltungen, die die Maschinenbürokratie daran hindern, ohne Schwierigkeiten sowohl mit ihren Kollegen zu kommunizieren als auch harmonisch mit den Humanisten zusammenzuarbeiten, nicht in einem gewissen Mangel an neurologischer Flexibilität zu suchen ist, den man durchaus als «Schlangenölentzug» bezeichnen könnte.

Grundsätzlich ist jedoch diese Polarität zwischen Technologie und Humanismus ein künstlicher und statistischer Allgemeinplatz – d. h. ziemlich dumm. Ist es denn nicht offensichtlich, dass es in jeder Generation unter den bürokratischen Brigaden von Technikern und Labordirektoren selten mehr als zwölf bedeutende Wissenschaftler gibt? Und ist es nicht denkbar, dass es unter den Armeen von Literaturprofessoren, Modeschriftstellern, Fakultätsphilosophen und stiftungsgeförderten Theologen höchstens zwölf wirklich bedeutende Philosophen gibt? Und sehen wir nicht, dass sich die Ansichten dieser vierundzwanzig Pionierdenker in bezug auf menschliche Evolution und das Wesen von Energie und Materie normalerweise decken? Es sind nämlich eher die selbsternannten liberalen Humanisten und verbeamteten Techniker, die die Auswanderung ins All mit ihren aufeinanderprallenden, doktrinären Ansichten bedrohen, wobei erstere verstockt argwöhnen, dass jede Flucht aus der Schwerkraft der Erde eine elitäre Befreiung von ihren eigenen zwanghaften, gleichmacherischen Plänen in bezug auf beschränktes Wachstum und intra-planetarische Reisen sei.

Die Antwort des Weltraum-Aspiranten auf sowjetische Einwände lautet natürlich: «Lasset die Schwachen die Erde erben; wir haben weitreichendere Pläne!» Auf den ernsten Vorwurf der Liberalen: «Ihr habt kein Recht, euch von diesem Planeten zu entfernen, noch dazu mit unrechtmässig erworbenen Vorteilen, die ihr den Armen weggenommen habt» lautet die einzige Antwort: Schmieren! Wenn den Verwaltungen klar gemacht wird, dass die Auswanderung ins All – ähnlich wie die Kolonialisierung im 15. Jahrhundert – enorme Energiequellen einbringen wird, deren Kommerzialisierung ihnen übertragen würde, so werden sie zwar intellektuell verletzt, praktisch aber beschwichtigt sein.

Weit schwieriger wird es sein, der von Puttkamer/Glushko-Achse zu entkommen. Wir erinnern uns, dass die genetische Mission des Apollo-Projekts perfekt durchgeführt wurde: Sie brachte Proben von der Mondoberfläche, die genau die Rohmaterialien – und zwar in grosser Anzahl – enthielt, die für die Konstruktion von Weltraumkolonien erforderlich

Jede Pioniergruppe, die sich zusammentut, um eine Raumstation zu entwerfen und zu finanzieren, wird damit eine neue, auf gegenseitiger Übereinstimmung beruhende Realität gestalten.

sind. All dies, so vermuten wir, war nichts weiter als ein unerwarteter und leicht störender Nebeneffekt für die NASA-Organisation, deren Vision von einer ausserplanetarischen Zukunft wir schon in den paramilitärischen Starts der Apollo-Kapseln, im muffig-spiessigen Jubel von Direktor Paine, in den Viking-Sonden und Sky-Labs reflektiert sahen, von denen nichts auf die schockierende Möglichkeit eingeht, dass zivile Amerikaner und ihre Familien darauf bestehen könnten, bei der Pionieraktion aktiv mitzumachen.

Wie Harry G. Stine in seinem Werk **The Third Industrial Revolution** beweist, eröffnet die Industrialisierung des Weltraums ungeahnte neue Perspektiven: «. . . neue industrielle Reiche werden entstehen, neue Milliardäre und Industriekapitäne auftauchen . . .» Viel bedeutender als die ökonomischen sind jedoch die kulturellen Möglichkeiten einer Emigration ins All. Es ist dem bemerkenswerten, anthropologischen Genie von Gerard O'Neill zu verdanken, dass die Konstruktion von mehreren tausend raumzylindrischen Wohneinheiten eine enorme Pluralität von kulturellen Ausdrucksmöglichkeiten und moralischen Systemen garantieren wird. Jede Pioniergruppe, die sich zusammentut, um eine Raumstation zu entwerfen und zu finanzieren, wird damit eine neue, auf gegenseitiger Übereinstimmung beruhende Realität gestalten. Wenn erst einmal körperliche Sicherheit gewährleistet ist, können die Kolonialisten die politischen, kulturellen und ästhetischen Dimensionen des Psychenraums, den sie bewohnen, autonom bestimmen.

Vergleiche mit der Kolonialisierung des 15. Jahrhunderts (Pilgerväter usw.) oder mit den beiden industriellen Revolutionen zielen zu kurz. Die Auswanderungssituation ähnelt eher dem Übergang vom marinen zum amphibischen oder vom reptilischen zum Säugetier-Leben. Versucht doch mal, euch die Schlangenölwerbung zur Zeit der amphibischen Migration vorzustellen:

> «Nutzen auch Sie unsere unbegrenzten Grundstücksperspektiven: Sümpfe, Wälder, Prärien, Höhlen und Erdlöcher! Seien Sie der erste aus ihrem Viertel, der sich Pelz oder Federn wachsen lässt und sich auf mehrfüssigen Apparaturen fortbewegt, klettert und springt!»

Wenn von Puttkamer gegen Schlangenölverkäufer zu Felde zieht, dann zeigt sich daran die ängstliche Sorge des Bürokraten, dass sich Politiker und Wähler gleichermassen vom Enthusiasmus und von Visionen abschrecken lassen könnten, die darauf bauen, dass Regierung und Gesetzgeber die Auswanderung ins All fördern werden. Wir tun gut daran, den trefflichen Rat von Astronaut Russell Schweickart zu beherzigen, die Regierungsbürokratie aus der Weltraumkolonialisierung herauszuhalten und uns auf Privatinitiative und persönlichen Enthusiasmus zu verlassen.

War es denn nicht gerade das Schlangenöl, das das letzte Zeitalter der Entdeckungen hervorbrachte? Kehrte Marco Polo nicht mit aromatischen Gewürzen, Parfums, glänzender Seide, exotischen Kräutern und Medikamenten zurück? Auf welchen harzigen Substanzen begründete sich denn der Reichtum der East India Company? Machte sich nicht Ponce de Leon auf die Suche nach dem Elixier des Lebens? Und versuchte nicht Coronado, die sagenumwitterten sieben Goldstädte zu finden?

Sie sollten sich vor Augen halten, dass jeder grosse Durchbruch von den berühmtesten Wissenschaftlern dieser Zeit verhindert oder verzögert wurde.

Wenn die Auswanderung ins All mehr sein soll als insektoide Bürokratie oder ein weiteres Alaska-Pipeline-Abenteuer, das von Ölpolitikern, der Mond-Mafia und der Interplanetarischen Gewerkschaft für Transport und Verkehr kontrolliert wird, dann ist es genau das Schlangenöl, das die Verhärtung löst, uns um Schwierigkeiten herummanövriert und aus der ganzen Sache ein Unternehmen hedonistischer Befreiung und experimenteller Vielfalt macht. Es gibt wahrhaftig Schlimmeres, als sich noch einmal mit dem merkwürdigen kleinen Roman **Morgenlandfahrt** zu beschäftigen, in dem Hermann Hesse andeutet, dass jede Person, die sich auf die grosse genetische Reise macht, ihre oder seine höchst private und intime Entdeckung zu machen hat.

Wenn man von Puttkamers ominöse Warnung «Schlangenölverkäufer brauchen sich nicht zu bewerben» liest, ist die erste Reaktion «Bürokraten, die anfangen, Kriterien darüber aufzustellen, wer sich bewerben darf und wer nicht, brauchen sich gar nicht erst zu bewerben». Aber das ist ein Rückfall in die irdische Konkurrenzfalle, die uns nicht länger behindern darf. Statt dessen sollte unsere Einladung, sich zu bewerben, an alle gerichtet sein. Wir sind offen für jedermanns Vision. Jede Gruppe soll ihre eigene Sozialstruktur bilden können. Wenn die Herren Akademiker Glushko und von Puttkamer auf einer Weltraumstation leben wollen, auf der ungezügelte Wünsche und Sehnsüchte tabu sind – bitteschön, das können sie haben. Aber bevor sie sich selber zu einer nach-irdischen Realität verurteilen, in der «Schwierigkeiten und ausgewogenes Urteilsvermögen» bevorzugt werden, schlage ich noch zwei Experimente vor. Herr von Puttkamer, Sie sollten sich noch einmal mit der Geschichte der Wissenschaft beschäftigen und sich dabei vor Augen halten, dass jeder grosse Durchbruch von den berühmtesten Wissenschaftlern dieser Zeit verhindert oder verzögert wurde und dass all die respektablen, senilen Prophezeiungen über Atomverschmelzung, Grösse des Universums und Landung auf dem Mond, stets die Schwierigkeiten über- und die Bedeutung unterschätzt haben.

Wäre es indiskret, einmal zu fragen, was denn Frau von Puttkamer und die Puttkamer-Kinder von dem Gegensatz NASA-Probleme und grösstmöglichem privatem Einsatz halten? Wenn unser Schlangenöl eine flüssige Substanz ist, die der Haut gut tut, angenehm prickelnde Gefühle hervorruft und optimistische Wünsche weckt, dann sollte Herr von Puttkamer vielleicht etwas davon kaufen (in von der Regierung gebilligten Laboratorien, versteht sich) und sich und seiner Frau in einer stillen Sternennacht mal eine Dosis davon verpassen. Und dann können wir uns ja nochmal darüber unterhalten, wer im Weltraum leben sollte und wie und warum.

H.O.M.E.s: Ein Grundstücksangebot

Co-Autor: George Koopman
Februar 1976
Bundesgefängnis San Diego

Die Zeit der Mini-Erden auf der Umlaufbahn

Das Leben auf dem Planeten Erde wird zur Zeit von den drei grundlegenden Taktiken des evolutionären Prozesses transformiert:

MIGRATION
MUTATION
METAMORPHOSE (= VERJÜNGUNG)

Die Bewegung vom Gravitationsgefängnis unseres überbevölkerten, mit Energie unterdotierten Planeten weg wird immer schneller nicht nur zu einer futuristischen Spekulation, sondern auch zu einem unumgänglichen Schritt in Richtung Mutation.

Auswanderung ins All ist eine praktische Notwendigkeit.

So wie die ersten Amphibien vom Schlamm zum Wasser überwechselten, werden wir heute vom Mutterplaneten weg in eine ausserirdische Existenz getrieben.

Die Botschaft des DNS-Codes lautet: Auswanderung vom Mutterplaneten!

Leben ist eine Interstellare Gesellschaft für Kommunikation und Transport. Ein freies Unternehmen. Ohne Einschränkung.

Auf den Planeten der gesamten Galaxis wird Leben planmässig in Form von nukleoiden Schablonen ausgesät. Diese «Samen» landen auf Mutterplaneten wie dem unseren, werden von der Sonnenstrahlung aktiviert und entwickeln Nervensysteme.

Die Körper, welche die Nervensysteme und die reproduktiven Samen beherbergen, entwickeln sich den jeweiligen atmosphärischen und Gravitations-Bedingungen des Gastgeberplaneten entsprechend.

Das Nervensystem ist ein Werkzeug zur Entschlüsselung des genetischen Codes.

Und die Botschaft des DNS-Codes lautet: WANDERT AUS! VERJÜNGT EUCH!

Erforschung und Ausbeutung sind genetische Imperative!

Wir halten an der Theorie von der Erde als Mutterplaneten fest, weil es bisher keine Fakten gibt, die sie widerlegen, weil die bekannten Tatsachen sie bestätigen und weil sie sich mit den Gesetzen von **Synchronizität** und **Rekapitulation** deckt.

Synchronizität: Alles, was einem einzelnen Individuum zustösst, wird auch auf mikroskopischer und teleskopischer Ebene reflektiert.

Rekapitulation: Die ersten neun Monate pränatalen Lebens rekapitulieren den gesamten Zirkel der Evolution. Die ersten vierundzwanzig Jahre der individuellen Entwicklung rekapitulieren die vier Stadien der irdischen Evolution: Säugling (marines Wesen), Kind (Säuger), Jugendlicher (Primat) und Erwachsener (sexuell domestiziertes Wesen). Jedes Stadium dient als Raupen- oder Embryo-Vorstufe für die nächste Stufe. Ein unendlicher Zirkel – die Metamorphose schreitet voran.

Die Theorie von der Erde als Mutterplanet empfiehlt sich auch deshalb, weil sie lustig ist, voller Möglichkeiten für die Zukunft und erfreulich schamlos, wenn es um übertriebene Selbsteinschätzung geht. Was könnte amüsanter sein, als plötzlich zu entdecken, dass man

Wir brauchen keine Scheu vor dem Wort «Ausbeutung» zu haben. Auf jeder Energiestufe scheinen die Naturgesetze neue und komplexe Verbindungen von Elementen zu fordern, um den evolutionären Prozess zu beschleunigen.

kurz vor seiner eigentlichen Geburt steht? Die konvulsivischen Zuckungen unserer Spezies, die heute den Frieden des Planeten bedrohen, könnten einfach als natürliche Geburtswehen gedeutet werden.

Dieser Planet kann uns nicht länger fassen. Wir überfüllen und beschmutzen unser Nest.

Rationale sozialistische Pläne, den Bevölkerungszuwachs zu drosseln, die Geburtenzahl einzuschränken, den Gürtel enger zu schnallen und freie Expansion zu begrenzen, sind unnatürlich und selbstmörderisch.

All die bei Bürokraten so beliebten Pläne einer Wachstumsbeschränkung sind anti-evolutionär.

Es liegt in der Natur jeder Lebensform, sich fröhlich und zuversichtlich auszubreiten und zu vermehren.

Ein Embryo kann schliesslich auch nicht plötzlich beschliessen, nicht mehr weiterzuwachsen und bequem im Schoss liegenzubleiben.

Energie konservieren? Unmöglich!

Breitet euch ohne Einschränkung aus. $E = mc^2$.

Die Antwort des Lebens an seine Feinde ist immer die gleiche:

Breitet euch aus! Verausgabt euch! Erforscht! Beutet aus!
Verändert euch!

Es bleibt keine andere Wahl: Das Leben muss den Mutterplaneten verlassen, um zu überleben und sich weiterzuentwickeln.

Als ersten praktischen Schritt schlagen wir die Errichtung sogenannter Space H.O.M.E.s (Mini-Erden auf hoher Umlaufbahn) vor, um innerhalb und ausserhalb des Nervensystems neue Möglichkeiten zu erforschen und zu aktivieren.

Space H.O.M.E.s eröffnen neue unerforschte Territorien, Energiequellen und unbekannte Stimulantien für das Gehirn. Wir brauchen keine Scheu vor dem Wort «Ausbeutung» zu haben. Auf jeder Energiestufe scheinen die Naturgesetz neue und komplexe Verbindungen von Elementen zu fordern, um den evolutionären Prozess zu beschleunigen. Es bleibt uns gar nichts anderes übrig, als jede neue Energiestufe auszubeuten und eine Struktur aufzubauen, mit deren Hilfe wir den nächsten Zirkel erreichen können. Der Embryo beutet die Reserven des Mutterleibes rücksichtslos aus. Der pejorative Charakter des Wortes «ausbeuten» wurde von reaktionären, politischen Gruppen geprägt, die die Verarbeitung von Energie verzögern wollen. Spass beiseite, es hat jedenfalls noch nie ein Beispiel für eine Spezies gegeben, die bei ihrer Entwicklung und für ihr Überleben nicht **alle Energien** benutzt hat, die ihr überhaupt zur Verfügung standen. Nichts kann den Drang nach Auswanderung ins All stoppen. Abgesehen von den logischen Gründen, die für diese Möglichkeit sprechen, muss man sich auch der Tatsache stellen, dass wir gar keine andere Wahl haben. Die Mutation vom irdischen zum interstellaren Leben ist unumgänglich. Wenn auch nur, weil dieser Planet innerhalb der nächsten paar Milliarden Jahre in einer riesigen Sonnen-Eruption explodieren wird. Gesundes Vertrauen in die Weisheit des DNS-Codes sollte uns überzeugen:

Langlebigkeit und Verjüngung sind nicht nur Möglichkeiten, sondern unumgängliche Produkte eines entwickelten Nervensystems. Wir erreichen die Höhere Intelligenz, sobald wir die embryonische Hülle der Erdatmosphäre verlassen.

Das Leben hätte sich nie in diese planetarische Krise hineinmanövriert, wenn es nicht gewusst hätte, wie es da wieder rauskommt.

Die wichtigsten Fragen

Hier sind die Fragen, über die jede einigermassen intelligente Person einmal nachdenken sollte:

Ist physische Unsterblichkeit noch in unserem Leben möglich?

Existiert überhaupt eine Höhere Intelligenz?

Wie können wir diese beiden Ziele erreichen?

Wenn eure Antworten negativ ausfallen, dann ist euch alles egal, ausser eurer Befriedigung durch automatisch gesicherte Bequemlichkeit und temporäre Selbstbelohnung.

Wenn eure Antworten positiv ausfallen, tun sich die lohnendsten, abenteuerlichsten und hoffnungsvollsten Aussichten auf.

Die Menschheit hungert nach Bestätigung dafür, dass die alten philosophischen Sehnsüchte nicht umsonst waren.

Und sie hungert nach der Bestätigung dafür, dass es wirklich einen praktischen Sinn für unsere Existenz gibt. Was wie eine total ausgeflippte Phantasie klingt, wird nach einiger Überlegung die einzig vernünftige Vorstellung.

Ist es unser Schicksal, zu sterben? Gibt es ausser der kontinuierlichen Anhäufung von wissenschaftlichen Erkenntnissen keine Höhere Intelligenz?

Langlebigkeit und Verjüngung sind nicht nur Möglichkeiten, sondern unumgängliche Produkte eines entwickelten Nervensystems. Wir erreichen die Höhere Intelligenz, sobald wir die embryonische Hülle der Erdatmosphäre verlassen.

Die Höhere Intelligenz – das sind nämlich wir selbst in der Zukunft. Ganz gleich, welche dieser Hypothesen man ästhetisch bevorzugt, es bleibt die Tatsache, dass der beste Einsatz unserer Energien, die aufregendste und harmloseste Möglichkeit, die Zeit totzuschlagen, darin besteht, sich vorzustellen, sich zu überlegen, mit der Möglichkeit zu spielen, wie man eine Unsterblichkeitspille entwickeln, den Planeten verlassen oder Kontakt zur Höheren Intelligenz aufnehmen kann. Aus der Geschichte der Wissenschaft haben wir gelernt, dass die einzige Chance, neue Energien zu entdecken, die Suche danach ist.

Und in der Tat, finden wir nicht genau das, was wir suchen? Wenn Höhere Intelligenz nicht existiert, dann ist es Zeit, sie zu erschaffen. In uns selbst, wenn nötig.

Wenn sich Millionen von Auswanderern aus jedem Land zusammentun und gemeinsam daran arbeiten, Unsterblichkeit und Höhere Intelligenz zu erreichen, dann müssen die Resultate, selbst wenn sie negativ ausfallen, auf jeden Fall amüsant, lehrreich und nützlich sein.

Es gibt einfach nichts Besseres, wofür es sich zu leben lohnt.

Diese Anzeige enthält das Angebot, in ein neues Unternehmen zu investieren und damit persönliche Entscheidungsfreiheit und Intelligenz zu steigern, Unsterblichkeit zu erlangen und sich weiter zu entwickeln.

Manche H.O.M.E.s werden sich einem der vielen anderen Projekte anschliessen. Andere werden sich über das gesamte Sonnensystem ausbreiten, wissenschaftliche Arbeiten ausführen oder gewagte Entdeckungsreisen organisieren.

Angebot der
Starseed Agentur

Interstellare Gesellschaft für Kommunikation, Energie, Transport und Erholung

Ab sofort gültig

Kein Händler, Agent oder Regierungsamt ist von H.O.M.E., den Garanten oder dem DNS-Code autorisiert, die Kolonialisierung des Weltraums zu monopolisieren, und jede gegenlautende Darstellung ist einfach lächerlich. Diese Anzeige enthält das Angebot in ein neues Unternehmen zu investieren und damit persönliche Entscheidungsfreiheit und Intelligenz zu steigern, Unsterblichkeit zu erlangen, mehr Spass zu haben, Geld zu machen und sich weiter zu entwickeln. Ausgenommen sind Staaten oder Inseln sowie Personen oder Roboter, wo bzw. denen es nicht gestattet ist, Werbungsangebote dieser Art anzunehmen. Diese Anzeige dient in allen Fällen der Information, dass die Zukunft allen offen steht.

In Verbindung mit diesem Angebot können der DNS-Code und andere ausserirdische Nachbarn Mutationen, Kommunikationssysteme und andere Quanteneffekte einführen, die das Ganze auf einer höheren Ebene stabilisieren. Damit soll vermieden werden, dass sich ein rein irdischer Markt dafür entwickelt. Wenn dies erst passiert ist, werden solche Effekte für jeden Planeten, der seine ausserirdische Geburt erlebt, als normal gelten.

Investition
Auf Bestellung wir die STARSEED AGENTUR (Starseed) Mini-Stationen auf der Umlaufbahn (H.O.M.E.s) produzieren und sie an jede Gruppe, die in einer Welt nach ihren eigenen Vorstellungen leben, arbeiten und sich entwickeln will, übergeben. Die Garanten werden für jede dieser Gruppen eine kooperative Aktiengesellschaft gründen. Die Anteile jeder auf diese Weise entstandenen Gesellschaft können bei Starseed erworben oder wieder abgestossen werden.

Jedes H.O.M.E. wird ein komplettes Öko-System umfassen, hergestellt aus dem besten auf dem Markt erhältlichen, ausserirdischen Material. Es wird exakt auf Schwerkraft, Klima und Umweltbedingungen abgestimmt und berücksichtigt die speziellen philosophischen, kosmologischen, politischen, epistomologischen, ethischen, ästhetischen, ontologischen und eschatologischen Interessen der jeweiligen Auswanderergruppe. Da jedes H.O.M.E. ein autarkes, freies Unternehmen ist, das keine steuerlichen Vergünstigungen oder andere Unterstützungen der alten Erdenregierungen in Anspruch nimmt, wird es selbst finanziert. Manche H.O.M.E.s werden sich möglicherweise einem der vielen anderen Projekte (vgl. Die Gesellschaft) auf dem Gebiet der Dienstleistungs- oder des Informationswesens oder einer der Energie- oder Material-Gruppen anschliessen wollen. Andere wer-

STARSEED wird sich mit der Erfüllung politischer, sozialer, ökonomischer, technologischer und umweltbedingter Forderungen befassen.

den sich über das gesamte Sonnensystem ausbreiten, Aufträge entgegennehmen, wissenschaftliche Arbeiten ausführen oder gewagte Entdeckungsreisen organisieren. Wieder andere werden Antriebssysteme entwickeln, um das Sonnensystem zu verlassen und auf interstellare Reise zu gehen.

Die Kosten eines H.O.M.E.s werden denen irdischer Wohnungen gleicher Qualität und einer ähnlich hohen Bevölkerungsrate entsprechen, eventuell sogar knapp darunter liegen. Unser Angebot gilt für die Konstruktion von H.O.M.E.s zu U.S.-Dollar 100 000.– je Wohneinheit, was in etwa fünftausend Familienwohnungen in jeder beliebigen amerikanischen Vorstadt gleichkommt! Ausserdem stellt Starseed auf Wunsch H.O.M.E.s jeder Grösse und Form, für jede beliebige Gruppe und alle denkbaren Schwerkrafts-, Klima- oder Umweltbedingungen her. Die Partnerschaftsanteile jedes H.O.M.E.s können entweder einbehalten oder bei der STARSEED AGENTUR verkauft werden.

Die Gesellschaft

Mini-Stationen auf hoher Umlaufbahn (H.O.M.E.s) sind unmittelbar von primitiven biologischen Systemen abgeleitet, die im interstellaren Raum entstanden und vor ungefähr drei Milliarden Jahren (vgl. Hoyle und Wickramasinghe) von Meteoriten auf unseren Planeten transportiert worden sind. STARSEED wird sich wie folgt mit der Erfüllung politischer, sozialer, ökonomischer, technologischer und umweltbedingter Forderungen befassen.

Dienstleistungs-Gruppen

Konstruktion: Sorgt für Entwurf, Entwicklung, Fabrikation und Ausstattung von H.O.M.E.s, luxuriösen Mini-Stationen mit multipler Schwerkraft, massgeschneidertem Öko-System, automatisch geregeltem Klima und kostenloser Energieversorgung.

Tourismus: Firmenname **Head Trips Unlimited**; arrangiert Transport und Unterkunft für erholungsbedürftige Besucher aus der Alten Welt; sorgt für Vergnügungsparks und Anlegedocks auf der Umlaufbahn.

Medizin: Behandlung der Auswanderer mit Langlebigkeitsdrogen; Leitung des Select-O-Gee Konvaleszentenkomplexes und der Isolationslabors für genetische Forschung.

Unterhaltung: Leitung der Genetischen Rundfunkgesellschaft mit ihren beiden Stationen WRNS und KDNS. Über das Udall-Förderungsprogramm wird Künstlern die Gelegenheit gegeben, sich mit Material und Umgebung des Weltraums vertraut zu machen.

Informations-Gruppen

Kommunikation: Offeriert ein Telephon- und Informations/Kommunikationsnetz für das gesamte Sonnensystem. Unabhängig von Zeit und Entfernung wird auf der Planetenoberfläche ein globaler Telephonservice via Satelliten-Armbandradio für U.S.-Dollar 10.– pro Anruf eingerichtet.

Überwachung: Umwelt- und Quellenmaterial. Kontrollservice für das komplette Frequenzspektrum mit niedrigeren Kosten als auf der Planetenoberfläche.

Navigation/Lokalisierung: Präzise Lokalisierung von unterirdischer, Oberflächen-, Luft- und persönlicher Fortbewegung innerhalb exakter Koordinatensysteme von Raum und Zeit.

Finden wir nicht genau das, wonach wir suchen?

Wahl: Ferngesteuerter Abruf von individuellen, Gruppen- oder Computer-Entscheidungen oder -Begriffen. Ehemals Gallup/Roper/Harris-Abteilung.

Energie-Gruppen

Sonnenenergie: Konstruktion und Kontrolle von Satelliten für Sonnenenergie, die die Erde mit sauberer elektrischer Energie zu 1 Mio/kW-Stunde preiswerter als mit fossilen Energiequellen versorgt.

Licht: Vermietung von Licht-Zeit an Regionen der Erde, die zusätzliche Beleuchtung verschiedener Intensität für soziale, landwirtschaftliche oder hedonistische Zwecke benötigen.

Material-Gruppen

Rohmaterial: Unter der Leitung dieser Abteilung rüstet die Lunastation mittels Massentransporter Raumraffinerien mit Mondmaterial aus. Zusätzliches Rohmaterial wird von Asteroid-Suchtrupps in Form von kohlestoffhaltigen Chondrit-Asteroiden zur Verfügung gestellt.

Produziert massive Strukturen und feinste Sonnensegel in beliebiger Grösse und aus jedem gewünschten Material. Ehemals Henson/Drexler-Abteilung von Engulf and Devour, Inc.

Baumaterial: Produziert unmischbare Metallegierungen, auf den schwerelosen Raum abgestimmte und entsprechend gehärtete Stahlgussformen, Verbindungs- und Einzelteile.

Produktionsmaterial: Produziert Katalysatoren, Membrane, Pulver und Geräte für Regionen mit keiner bis sehr hoher Schwerkraft, ausserdem im Weltraum raffinierte superreine Materialien.

Optik: Fibern, Linsen, Filter und andere optische Spezialitäten. Zucht von Kristallen in jeder gewünschten Reinheit, Struktur und Grösse.

Biologie: Trennt, reinigt und kultiviert die zahlreichen pharmazeutischen und industriellen Chemikalien, die am kostensparendsten in Umgebungen mit Schwerelosigkeit gewonnen werden können.

Warnung: Die genetische Austauschkommission verlangt, dass jede Mutationsnachricht folgende Warnung in larvalen Symbolen enthält:

Ihr Genetischer Direktor weist darauf hin, dass
MIGRATION
im Verlauf der Evolution immer wieder
METAMORPHOSEN,
Veränderungen des Individuums, und
MUTATIONEN,
Veränderungen der Spezies, verursacht hat.

Höhere Intelligenz sind wir selbst in der Zukunft.

Die STARSEED AGENTUR fordert alle potentiellen Investitoren auf, die möglichen Auswirkungen zu bedenken, die ein Leben von hundertfünfzig bis achthundert Jahren in einer Realität nach eigenen Vorstellungen mit kontrolliertem Wetter, multipler Schwerkraft und freier Energie auf das Nervensystem haben kann.

Konkurrenz

Der Bereich, in dem STARSEED operieren will, ist in höchstem Masse konkurrenzbedroht, da mit grösster Wahrscheinlichkeit höhere Intelligenzen aus mindestens hunderttausend anderen Sternensystemen unserer Galaxis dasselbe Geschäft betreiben. Solche Wesen verfügen vermutlich über grössere Erfahrung und mehr finanzielle Mittel und Möglichkeiten als unser Sonnensystem und Starseed selbst.

Es ist ja mittlerweile bekannt, dass sich STARSEED im weitesten Sinne nicht nur mit anderen Produzenten von Mini-Stationen (Kaiser-Aetna, Irvine, ITT-Leavitt) messen muss, sondern auch mit allen Produzenten, Herstellern und Händlern alternativer Realitäten (Earthfirst, Oneworld, Limitgrowth, Small is Beautiful und Club of Rome). Ausserdem könnte man all jene Individuen und Gruppen als Konkurrenz unseres Unternehmens betrachten, die daran festhalten, dass der Höhepunkt einer Evolution in larvalen Formen bestehe, die in einem zweidimensionalen Planeten/Raum gefangen sind und weniger als hundert Planetenzyklen lang leben.

Verkauf

STARSEED bemüht sich um den Verkauf von Anteilen durch verschiedene selbsternannte Agenten, die auf dem ganzen Planeten verstreut mittels diverser Techniken und Medien Gruppen organisieren, welche mit der Konstruktion von H.O.M.E.s beginnen.

Obgleich gegenwärtig nur wenig solche Gruppen existieren, führt die lange Erfahrung der Gesellschaft mit ähnlichen Unternehmen unter der Leitung des DNS-Codes zu der Überzeugung, dass sie innerhalb von sechs Monaten Vorbestellungen über die veranschlagte 10 (Zehn)-Jahres-Kapazität hinaus verzeichnen wird. Frühere Unternehmen dieser Art waren die Plymouth Bay Raumkolonialisierung, die East India Auswanderungsgesellschaft und die Hudson Bay Interstellare Handelsgesellschaft.

Angestellte und Organisatoren

Der Begründer und Organisator dieser Gesellschaft (der DNS-Code) beschäftigt und organisiert gegenwärtig alles Leben auf dem Planeten.

Risikofaktoren

1. Die Gesellschaft wurde zwar schon vor drei Milliarden Jahren begründet, verfügt aber erst seit einigen zehntausend Jahren über ein Bewusstsein.

2. Obgleich die Gesellschaft zwar Lösungen für die vier grössten systematischen Dilemmas unserer Spezies (Wachstum, Kontrolle, Ausbreitung und Selbstverständnis) gefunden hat, gibt es keinerlei Garantie dafür, dass das begrenzte Bewusstsein der Spezies – das nur auf vorherrschende Machtinteressen bedacht ist – darauf reagieren wird.

Auswanderung ins All – Intelligenz-Steigerung – Lebens-Verlängerung

3. Die hier vorgestellten Ideen stammen von den hochentwickeltsten Köpfen des Sonnensystems, einschliesslich höherer Intelligenz von Princeton, MIT, Stanford, NASA, der Luftraumgemeinde sowie von unseren führenden Futuristen. Sie sind erst nach jahrelangen Studien und intensivster wissenschaftlicher Forschung veröffentlicht worden; trotzdem würden viele Leute diese Ideen lieber ignorieren, statt sie in ihr eigenes Nervensystem zu integrieren.

4. Da es lustig sein wird, im Weltall zu leben, schlauer und reicher zu werden, länger zu existieren und sich zu einer neuen, interstellaren Spezies weiterzuentwickeln ... warum also nicht?

Thimothy Leary
WAS WILL DIE FRAU?
Vorwort von Robert Anton Wilson
Nachwort von Sergius Golowin
318 Seiten
broschiert, 29.80

Timothy Leary
EXO-PSYCHOLOGIE
Handbuch für den Gebrauch des
menschlichen Nervensystems
gemäss den Anweisungen der Hersteller
164 Seiten, 24 Tabellen
broschiert, 28.–

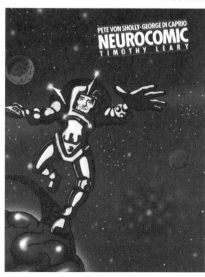

Pete von Sholly
George Di Caprio
NEUROCOMIC –
TIMOTHY LEARY
32 Seiten
broschiert, 10.–

Neue Dimensionen

Robert Anton Wilson
COSMIC TRIGGER
Die letzten Geheimnisse der Illuminaten
Oder an den Grenzen
des erweiterten Bewusstseins
344 Seiten, illustriert
broschiert, 29.80

AUF INS ALL
Unsere Zukunft im Weltraum
Mit Beiträgen von rund 30 Autoren, u. a.
Buckminster Fuller, Gerard O'Neill,
Allen Hynek, Jacques Vallee,
Stewart Brand, Timothy Leary,
Robert Anton Wilson.
384 Seiten, zahlr. Abb.
und Zeichnungen
broschiert, 38.–

James J. Donahoe
DIE KUNST DES TRÄUMENS
Der Weg zur Entwicklung
paranormaler Fähigkeiten
140 Seiten
broschiert, 22.–

Edition 23

Neue Literatur

Ed Sanders
GLANZ UND GLORIA
DER BEATNIKS
Stories der Wilden Generation
155 Seiten
broschiert, 22.–

Ed Sanders
DIE GLORREICHEN BEATNIKS
Weitere Stories der Wilden Generation
158 Seiten
broschiert, 24.–

Tim Hildebrand
ROTWANG
Oder die irre Präzision der Träume
140 Seiten, Photos von Miss Photo
broschiert, 18.–

Jürgen Ploog
NÄCHTE IN AMNESIEN
Stories
190 Seiten, mit 18 Original
Postcard Art-Illustrationen
broschiert, 22.–

Rudy Rucker
WEISSES LICHT
Roman
256 Seiten
broschiert, 28.–

Robert Anton Wilson
SCHRÖDINGERS KATZE
Das Universum nebenan
256 Seiten
broschiert, 28.–

Allgemeine Reihe

Pierre Derlon
**DIE GEHEIME HEILKUNST
DER ZIGEUNER**
248 Seiten, zahlr. Abb.
gebunden, 34.–

Pierre Derlon
**UNTER HEXERN UND
ZAUBERERN**
Die Geheimen Traditionen
der Zigeuner
222 Seiten, zahlr. Abb.
broschiert, 22.–

Alan Watts
DIES IST ES
Und andere Essays über Zen
und Spirituelle Erfahrungen
144 Seiten
broschiert, 22.–

Alan Watts
**GOTT, NICHTS, TOD, ZEIT,
DIE NATUR DES MENSCHEN,
DAS KOSMISCHE DRAMA, EGO,
PHILOSOPHISCHE FANTASIEN**
Je Band 72 Seiten und 30 Fotos,
broschiert, je Band 12.80

Harish Johari
LILA
Das kosmische Spiel
136 Seiten, farbiger Spielplan
gebunden, 38.–

Robert Anton Wilson
DIE ILLUMINATI PAPIERE
170 Seiten, illustriert
broschiert, 28.–

**H. R. Giger's
NECRONOMICON**
Kunstbuch, Vierfarbendruck
82 Seiten
broschiert, DM 44.–/Fr. 38.–

**H. R. Giger
N. Y. CITY**
24 ganz- und doppelseitige Abb.
in Vierfarbendruck,
über 50 Schwarzweiss-Illustrationen
48 Seiten, Grossformat,
broschiert, 39.80

Aleister Crowley
DAS BUCH DES GESETZES
Liber AL vel Legis
Zweisprachig, mit dem
handschriftlichen Original-
Faksimiletext des Autors
151 Seiten
gebunden, 28.–

Fitz Hugh Ludlow
DER HASCHISCH-ESSER
Mit 22 Illustrationen von Sätty
ca. 220 Seiten, Grossformat
broschiert, 38.–

Sergius Golowin
**DAS REICH
DES SCHAMANEN**
Der Eurasische Weg der Weisheit
360 Seiten
zahlreiche Abbildungen
gebunden, 38.–

SPHINX VERLAG BASEL